"十二五"普通高等教育本科规划教材
21世纪全国高等院校汽车类创新型应用人才培养规划教材

汽车评估（第2版）

主　编　鲁植雄
副主编　王永盛　金　涛
主　审　陈　南

内 容 简 介

本书全面系统地论述了二手车评估的基本原理和基本方法。全书共分 10 章，分别为二手车评估的基本原理、汽车使用寿命、二手车手续检查、二手车技术状况鉴定、重置成本法评估二手车价值、收益现值法评估二手车价值、现行市价法评估二手车价值、清算价格法评估二手车价值、二手车评估报告和二手车交易实务。本书内容丰富，图文并茂，实用性较强。

本书可作为高等院校汽车服务工程、车辆工程、交通运输、机械工程专业及相关专业的教材，也可供汽车行业相关从业人员和汽车爱好者参考使用。

图书在版编目(CIP)数据

汽车评估/鲁植雄主编. —2 版. —北京：北京大学出版社，2016.1
（21 世纪全国高等院校汽车类创新型应用人才培养规划教材）
ISBN 978-7-301-26615-1

Ⅰ. ①汽… Ⅱ. ①鲁… Ⅲ. ①汽车—评估—高等学校—教材 Ⅳ. ①U472

中国版本图书馆 CIP 数据核字(2015)第 293303 号

书　　　名	汽车评估(第 2 版)
	Qiche Pinggu
著作责任者	鲁植雄　主编
策 划 编 辑	童君鑫
责 任 编 辑	黄红珍
标 准 书 号	ISBN 978-7-301-26615-1
出 版 发 行	北京大学出版社
地　　　址	北京市海淀区成府路 205 号　100871
网　　　址	http://www.pup.cn　新浪微博：@北京大学出版社
电 子 信 箱	pup_6@163.com
电　　　话	邮购部 62752015　发行部 62750672　编辑部 62750667
印 刷 者	北京溢漾印刷有限公司
经 销 者	新华书店
	787 毫米×1092 毫米　16 开本　18.25 印张　425 千字
	2009 年 8 月第 1 版
	2016 年 1 月第 2 版　2017 年 1 月第 2 次印刷
定　　　价	38.00 元

未经许可，不得以任何方式复制或抄袭本书之部分或全部内容。
版权所有，侵权必究
举报电话：010-62752024　电子信箱：fd@pup.pku.edu.cn
图书如有印装质量问题，请与出版部联系，电话：010-62756370

第 2 版前言

汽车评估是指汽车评估人员在对汽车进行技术鉴定的基础上，运用科学的评估方法，对汽车的现实价格进行评定和估算。

《汽车评估》自 2009 年出版以来，我们收到了各方面的反馈意见，他们对书中的内容提出了许多很好的意见与建议。为了适应汽车评估行业的技术发展和汽车专业人才的培养要求，满足高等学校对"汽车评估"课程改革要求，我们对《汽车评估》进行了修订，主要修订内容如下：

（1）改正了遗留的文字和图形错误。

（2）对原有的结构进行调整，增加了或修改了汽车评估所涉及的一些新法规、新标准、新技术。

（3）制作了与本书配套的电子课件，可免费在北京大学出版社第六事业部的网站（http://www.pup6.com）上下载。

本书从使用角度出发，系统介绍了二手车技术状况鉴定技巧、价值评估的基本理论和基本方法。全书共分 10 章，分别是二手车评估的基本原理、汽车使用寿命、二手车手续检查、二手车技术状况鉴定、重置成本法评估二手车价值、收益现值法评估二手车价值、现行市价法评估二手车价值、清算价格法评估二手车价值、二手车评估报告和二手车交易实务。本书内容重点突出、通俗易懂、实用性强、内容翔实，书中的评估实例均来自二手车交易市场的评估案例。

本书由南京农业大学鲁植雄教授担任主编，并负责全书统稿，王永盛高级评估师和金涛高级评估师担任副主编。参加本书编写、校对和文字整理工作的还有韩英、鞠卫平、李和、高强、朱春莹、龚佳慧、张培友、程准、王中云、刁秀永、钟文军、周晶、徐浩等。

本书由东南大学陈南教授担任主审。陈南教授仔细地阅读了书稿，提出了许多建设性的意见，编者在此表示最诚挚的谢意。

本书是在江苏斯坦得汽车评估中心等单位的支持和关怀下完成的，编者在此表示最诚挚的谢意。

在本书的撰写过程中，我们参考了已出版的相关图书和文献资料，借此机会向有关文章的作者表示衷心的感谢和敬意。

由于编者水平有限，书中难免有谬误和疏漏之处，恳请广大读者批评斧正，并请致信 luzx@njau.edu.cn，我们将认真对待，加以完善。

编 者
2015 年 10 月

第 1 版前言

随着汽车工业的高速发展，我国汽车保有量正以每年15%的速度递增，二手车的交易量迅速上升，年销售量平均增长30%。新旧车销售量比约为3∶1，北京、上海等少数城市已达3∶2，随着我国汽车保有量的迅速增加，这个比例正在向发达国家的1∶3逼近。为了促进我国二手车市场的发育和发展，确保二手车交易市场的正常运作，使消费者买到放心的二手车，二手车评估已成为二手车市场不可缺少的功能项目，并起着重要作用。虽然汽车评估包含新车评估和二手车评估两方面内容，但由于二手车评估的应用较广，而新车评估较为简单且应用范围不多，故本书以二手车评估为主来阐述汽车评估的原理与方法。

二手车评估不仅需要评估人员掌握机动车的结构原理、使用性能、使用情况、使用条件和技术状况，还需要掌握二手车评估的基本原理、方法、评估技巧和一定的市场经济学知识。因此，二手车评估是一个独立的、多学科知识交叉的新兴学科，已自成一体。为了力求全面系统地体现这一学科的基本理论和基本方法，我们特编写此书。

本书从使用角度出发，系统地介绍了二手车技术状况鉴定、价值评估的基本理论和基本方法。全书共分10章，分别为二手车评估的基本原理、汽车使用寿命、二手车手续检查、二手车技术状况鉴定、重置成本法评估二手车价值、收益现值法评估二手车价值、现行市价法评估二手车价值、清算价格法评估二手车价值、二手车评估报告和二手车交易实务。本书内容重点突出、通俗易懂、实用性强、内容翔实、图文并茂，书中的评估实例均来自二手车交易市场的评估案例。

本书可作为高等学校汽车服务工程、车辆工程、交通运输、机械工程专业及相关专业的教材，也可供二手车评估人员、二手车营销人员、汽车保险人员和公估人员、汽车维修人员、汽车爱好者阅读参考。

本书由南京农业大学鲁植雄博士担任主编，并负责全书统稿，江苏省物价局价格认证中心金涛高级评估师和泛华保险公估有限公司王永盛高级评估师担任副主编。参加本书编写、校对和文字整理工作的还有南京农业大学韩英、鞠卫平、李和、高强、李雨晖、赵兰英、万志远、刘奕贯、陈明江、张集乐、王沁敏。

本书由东南大学陈南教授担任主审。陈南教授仔细地阅读了全书的原稿，并提出了许多建设性的意见，编者在此表示最诚挚的谢意。

本书是在南京农业大学、江苏省二手车交易市场、江苏斯坦得汽车评估中心等单位的支持和关怀下完成的；在编写过程中，编者参考了相关图书和文献资料，借此机会向这些部门和相关的作者表示感谢。

为方便教师授课，编者提供本书的多媒体课件、习题集、教学大纲等教学资料，有需要的读者可登录北京大学出版社第六事业部的网站 http://www.pup6.com 免费下载或致信编者电子信箱 luzx@njau.edu.cn 索取。

由于编者水平有限，书中难免有不足和疏漏之处，恳请广大读者批评指正，并请致信于编者电子信箱，编者将认真对待，加以完善。

编　者

2009 年 6 月

目 录

第1章 二手车评估的基本原理 ········ 1
- 1.1 二手车评估的定义、特点和要素 ········ 3
  - 1.1.1 二手车评估定义 ········ 3
  - 1.1.2 二手车评估的特点 ········ 6
  - 1.1.3 二手车评估的要素 ········ 6
- 1.2 二手车评估的主体与客体 ········ 6
  - 1.2.1 二手车评估的主体 ········ 6
  - 1.2.2 二手车评估的客体 ········ 8
- 1.3 二手车评估的依据和目的 ········ 8
  - 1.3.1 二手车评估的依据 ········ 8
  - 1.3.2 二手车评估的目的 ········ 10
- 1.4 二手车评估的原则和流程 ········ 12
  - 1.4.1 二手车评估的原则 ········ 12
  - 1.4.2 二手车评估的流程 ········ 13
- 1.5 二手车评估的价值类型与评估方法 ········ 17
  - 1.5.1 二手车评估的价值类型 ··· 17
  - 1.5.2 二手车评估的评估方法 ··· 19
- 1.6 二手车评估方法的选择 ········ 19
  - 1.6.1 评估方法的区别与联系 ··· 19
  - 1.6.2 评估方法的比较 ········ 20
  - 1.6.3 评估方法的选用 ········ 21
- 习题 ········ 22

第2章 汽车使用寿命 ········ 23
- 2.1 汽车损耗 ········ 27
  - 2.1.1 有形损耗 ········ 27
  - 2.1.2 无形损耗 ········ 28
- 2.2 汽车使用寿命的分类 ········ 28
- 2.3 汽车的经济使用寿命 ········ 29
  - 2.3.1 汽车经济使用寿命的主要指标 ········ 29
  - 2.3.2 经济使用寿命的估算 ········ 31
  - 2.3.3 影响汽车经济使用寿命的因素 ········ 35
- 2.4 汽车折旧 ········ 38
  - 2.4.1 等速折旧法 ········ 38
  - 2.4.2 快速折旧法 ········ 39
- 2.5 汽车报废 ········ 41
  - 2.5.1 按规定使用年限进行强制报废 ········ 41
  - 2.5.2 按行驶里程进行引导报废 ········ 42
  - 2.5.3 机动车报废年限 ········ 43
  - 2.5.4 报废标准与经济使用寿命 ········ 45
- 习题 ········ 46

第3章 二手车手续检查 ········ 48
- 3.1 接受委托 ········ 52
  - 3.1.1 业务洽谈 ········ 52
  - 3.1.2 签订二手车鉴定评估委托书 ········ 54
- 3.2 核查证件 ········ 57
  - 3.2.1 机动车的主要证件 ········ 57
  - 3.2.2 检查证件的方法 ········ 68
- 3.3 核查税费 ········ 70
  - 3.3.1 机动车的主要税费凭证 ··· 70
  - 3.3.2 核查税费凭证的方法 ········ 76
- 3.4 车辆拍照 ········ 77
  - 3.4.1 拍摄要求 ········ 77
  - 3.4.2 拍摄流程 ········ 78
- 习题 ········ 79

第4章 二手车技术状况鉴定 ········ 80
- 4.1 静态检查 ········ 84
  - 4.1.1 静态检查所需的工具和用品 ········ 84

4.1.2 静态检查的主要内容 …… 84
4.1.3 鉴别走私和拼装车辆 …… 87
4.1.4 鉴别盗抢车辆 …………… 88
4.1.5 鉴别事故车辆 …………… 88
4.1.6 检查发动机舱 …………… 94
4.1.7 检查车舱 ………………… 104
4.1.8 检查行李舱 ……………… 111
4.1.9 检查车底 ………………… 113
4.2 动态检查 …………………………… 118
4.2.1 动态检查的主要内容 …… 118
4.2.2 路试前的准备 …………… 119
4.2.3 发动机工作性能检查 …… 121
4.2.4 汽车路试检查 …………… 124
4.2.5 自动变速器的路试检查 …………………… 127
4.2.6 路试后的检查 …………… 129
4.3 仪器检查 …………………………… 130
4.4 二手车技术状况的分级 …………… 131
4.4.1 分级标准 ………………… 132
4.4.2 汽车六大分项进行技术鉴定与分值分布 ………… 132
4.4.3 五级车(即事故车)的确定 ………………………… 139
习题 …………………………………………… 139

第5章 重置成本法评估二手车价值 …………… 141

5.1 重置成本法的基本原理 …………… 143
5.1.1 重置成本法的定义 ……… 143
5.1.2 重置成本法的计算公式 …………………… 144
5.1.3 重置成本法的特点 ……… 146
5.2 重置成本的估算 …………………… 146
5.2.1 重置成本的构成 ………… 146
5.2.2 重置成本的确定方法 …… 149
5.3 车辆贬值的估算 …………………… 152
5.3.1 车辆实体性贬值估算 …… 152
5.3.2 车辆功能性贬值估算 …… 154
5.3.3 车辆经济性贬值估算 …… 155
5.4 成新率的计算方法 ………………… 156

5.4.1 使用年限法确定成新率 …………………… 157
5.4.2 行驶里程法确定成新率 …………………… 160
5.4.3 整车观测法确定成新率 …………………… 162
5.4.4 技术鉴定法确定成新率 …………………… 162
5.4.5 部件鉴定法确定成新率 …………………… 163
5.5 综合调整系数的确定 ……………… 164
5.5.1 综合调整系数的构成 …… 164
5.5.2 各系数的选取 …………… 164
5.6 评估实例分析 ……………………… 167
5.6.1 重置成本法的评估步骤 …………………… 167
5.6.2 评估实例 ………………… 167
习题 …………………………………………… 173

第6章 收益现值法评估二手车价值 …………… 175

6.1 收益现值法的基本原理与运用 … 177
6.1.1 收益现值法的定义 ……… 177
6.1.2 收益现值法的基本原理 …………………… 177
6.1.3 收益现值法的应用前提 …………………… 178
6.1.4 收益现值法的特点 ……… 178
6.1.5 收益现值法的计算方法 …………………… 178
6.2 收益现值法中各评估参数的确定 ………………………………… 181
6.2.1 剩余使用年限的确定 …… 181
6.2.2 预期收益额的确定 ……… 181
6.2.3 折现率的确定 …………… 182
6.3 评估实例分析 ……………………… 186
6.3.1 收益现值法的评估步骤 …………………… 186
6.3.2 评估实例 ………………… 186
习题 …………………………………………… 189

第7章 现行市价法评估二手车价值 …… 190

- 7.1 现行市价法的基本原理与运用 … 192
  - 7.1.1 现行市价法的定义 …… 192
  - 7.1.2 现行市价法的基本原理 …… 192
  - 7.1.3 现行市价法的应用前提 …… 193
  - 7.1.4 现行市价法应用的几个基本概念 …… 193
  - 7.1.5 现行市价法的特点 …… 194
- 7.2 现行市价法的评估方法 …… 194
  - 7.2.1 直接比较法 …… 194
  - 7.2.2 类比调整法 …… 195
  - 7.2.3 成本比率估价法 …… 197
- 7.3 评估实例分析 …… 199
  - 7.3.1 现行市价法的评估步骤 …… 199
  - 7.3.2 评估实例 …… 199
- 习题 …… 204

第8章 清算价格法评估二手车价值 …… 206

- 8.1 清算价格法的基本原理与运用 …… 208
  - 8.1.1 清算价格法的定义 …… 208
  - 8.1.2 清算价格法的原理 …… 208
  - 8.1.3 清算价格法的适用范围 …… 208
  - 8.1.4 决定清算价格的主要因素 …… 208
- 8.2 清算价格法的评估方法 …… 209
  - 8.2.1 现行市价折扣法 …… 209
  - 8.2.2 意向询价法 …… 209
  - 8.2.3 拍卖法 …… 209
- 8.3 评估实例分析 …… 216
  - 8.3.1 清算价格法的评估步骤 …… 216
  - 8.3.2 评估实例 …… 217
- 习题 …… 218

第9章 二手车评估报告 …… 219

- 9.1 二手车评估报告的作用与格式 … 221
  - 9.1.1 二手车评估报告的概念与作用 …… 221
  - 9.1.2 撰写二手车评估报告的类型 …… 222
  - 9.1.3 二手车评估报告的基本要求 …… 222
  - 9.1.4 二手车评估报告的格式 …… 223
- 9.2 二手车评估报告的编写 …… 225
  - 9.2.1 二手车评估报告的基本内容 …… 225
  - 9.2.2 二手车评估报告撰写的技术要点 …… 227
- 9.3 二手车评估档案管理 …… 228
  - 9.3.1 编写和签发二手车评估报告 …… 228
  - 9.3.2 确认二手车评估报告 …… 229
  - 9.3.3 复议二手车评估报告 …… 230
  - 9.3.4 归档二手车评估报告 …… 230
  - 9.3.5 保管二手车评估报告 …… 230
- 9.4 二手车评估报告的实例分析 …… 231
- 习题 …… 239

第10章 二手车交易实务 …… 240

- 10.1 二手车交易流程 …… 243
  - 10.1.1 二手车交易流程概述 … 243
  - 10.1.2 二手车交易的工作程序 …… 244
- 10.2 二手车交易需提供的材料 …… 246
  - 10.2.1 过户类交易需提供的材料 …… 246
  - 10.2.2 转出(转籍)类交易需提供的材料 …… 247
  - 10.2.3 机动车退牌需提供的材料 …… 248
  - 10.2.4 机动车(新车)上牌需提供的材料 …… 248

10.2.5 机动车(二手车)上牌
需提供的材料 ……………… 249
10.3 出售二手车的标示 …………… 249
10.3.1 二手车标示的目的 …… 249
10.3.2 二手车标示的主要
内容 …………………… 249
10.4 签订二手车交易合同 ………… 251
10.4.1 订立二手车交易合同的
基本准则 ……………… 251
10.4.2 交易合同的主体 ……… 252
10.4.3 交易合同的内容 ……… 252
10.4.4 交易合同的变更和
解除 …………………… 253
10.4.5 违约责任 ……………… 253
10.4.6 合同纠纷处理方式 …… 254
10.4.7 二手车交易合同的
种类 …………………… 254

10.5 二手车的质量担保 …………… 262
10.5.1 二手车质量担保的
意义 …………………… 262
10.5.2 待售二手车基本
技术条件 ……………… 263
10.5.3 二手车质量担保的
基础工作 ……………… 266
10.5.4 二手车质量担保的
适用范围 ……………… 267
10.5.5 二手车质量担保条例 … 268
10.5.6 二手车质量认证书 …… 271
习题 ………………………………… 271

**附录 二手车鉴定评估师国家
职业标准** …………………… 272

参考文献 …………………………… 279

第1章 二手车评估的基本原理

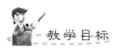 教学目标

通过本章的学习,要求掌握二手车评估的特点和评估要素;掌握二手车评估的主体与客体;理解二手车评估的依据和目的;掌握二手车评估的原则和程序;掌握二手车评估的价值类型与评估方法;能正确选择二手车评估方法。

 教学提示

随着我国机动车的保有量迅速上升,二手车交易、置换屡创新高,这表明我国二手车市场已迈入了新的历史阶段,二手车评估是二手车交易规范的保证,为此,应熟悉并掌握二手车评估的基本原理和方法。本章重点讲述二手车评估的8个基本要素(即主体、客体、评估依据、评估目的、评估原则、评估程序、价值类型与评估方法),尤其是鉴定评估人员的职业道德。

本章教学要点

知识要点	掌握程度	相关知识
二手车评估的定义与特点	了解机动车、二手车、二手车评估的定义；理解二手车评估的特点；了解二手车评估的八大基本要素	机动车、汽车、乘用车、商用车、二手车、二手车评估的定义；二手车评估的三大特点；二手车评估的八大基本要素
二手车评估的主体与客体	理解二手车评估人员与二手车评估机构的内涵；理解二手车评估客体的内涵	二手车评估人员的基本条件；二手车评估机构的基本条件；不能交易的二手车
二手车评估的依据和目的	理解二手车评估的几大依据；掌握变动二手车产权与不变动二手车产权评估的目的	二手车评估的理论依据、行为依据、法律依据、产权依据、取价依据；变动二手车产权的评估目的；不变动二手车产权的评估目的
二手车评估的原则和程序	理解二手车评估的工作原则和经济原则；掌握二手车评估的程序	二手车评估的工作原则；二手车评估的经济原则；二手车评估的程序
二手车评估的价值类型与评估方法	理解二手车评估的价值类型及其区别；了解4种评估方法的定义	二手车评估的重置成本、现行市价、收益现值、清算价格、报废价值、残余价值6种价值类型；6种价值类型的区别
二手车评估方法的选择	理解评估方法的区别与联系；能正确比较几种评估方法；能正确选用评估方法	4种评估方法的区别；4种评估方法的比较；4种评估方法的选用

二手车评估的基本原理 第1章

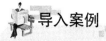导入案例

《二手车鉴定评估技术规范》已出台，鉴定评估有法可依

中华人民共和国国家质量检验检疫总局、中国国家标准化管理委员会发布的GB/T 30323—2013《二手车鉴定评估技术规范》（简称《规范》）已于2014年6月1日正式实施。这意味着二手车行业有了统一的鉴定规范标准，按规定每辆二手车都会有一张"体检表"明示具体车况，包括是否为重大事故修复车。

2014年5月30日，中国汽车流通协会在北京召开"《二手车鉴定评估技术规范》国家标准贯彻暨二手车认证品牌发布会"。作为组织、起草和执行机构，中国汽车流通协会号召全国汽车流通企业本着对消费者负责的态度和诚信经营的原则，自即日起在二手车经营过程中全面按照《规范》要求，对二手车车况进行检测，向消费者明示车辆真实技术状况；同时，告知广大消费者要购买有认证标识的二手车或向经营者索要"二手车技术状况表"。

《规范》对各个部位的检测都规定了量化分值，鉴定评估结果将通过最终得分来量化车辆技术状况。另外，中国汽车流通协会启动了以"行"为标识的认证二手车品牌。该认证品牌由中国汽车流通协会组织发起，由第三方鉴定评估机构在全国范围内实施，交易时卖方必须出示交易车辆的清单数据，使消费者对交易车辆有完整的了解。如果消费者发现鉴定评估报告与实际车辆技术状况不符，中国汽车流通协会郑重承诺，"错一罚十"，即"行"认证二手车联盟将承担最高十倍的鉴定评估费用赔偿。

目前第三方评估机构的普遍化，恰恰体现了市场的需求，即改善目前二手车交易市场、二手车经纪公司、4S店，甚至修理厂中存在的评估不规范、不专业、不透明现象。高价买来的二手车，使用一段时间才发现是事故车、实际行驶里程与里程表不一等问题，在二手车的消费纠纷中屡见不鲜。而二手车的评估混乱一直阻碍着二手车市场的健康发展。首个二手车评估国家标准的出台，将健康有效地促进二手车市场的发展。

不过，《规范》并没有强制执行效力，这意味着二手车行不一定会在二手车辆上放一张"体检表"。从目前的实际情况来看，二手车行业只不过多了一个标准，并不意味着能够解决4S店、二手车行自己鉴定的问题。毕竟由谁鉴定现在仍是问题，另外，车辆在哪儿检测、如何检测、车况检测的流程步骤和方式方法，现在谁都没有答案，以及鉴定费用由谁承担等问题也还没处理好。

虽然以上问题可能导致《规范》难以真正得到执行，但消费者在购买二手车时，毕竟多了一层保障，就算前期不作强制要求，实际效果不大，但起码象征着二手车行业迈出了走向规范化的第一步。

1.1 二手车评估的定义、特点和要素

1.1.1 二手车评估定义

1. 机动车的定义

根据GA 802—2014《机动车类型 术语和定义》的规定，机动车是指以动力装置驱

动或者牵引，上道路行驶的供人员乘用或者用于运送物品及进行工程专项作业的轮式车辆，包括汽车及汽车列车、挂车、摩托车、轮式专用机械车、有轨电车、特型机动车和上道路行驶的拖拉机，但不包括虽有动力装置但最大设计车速、整备质量、外廓尺寸符合有关国家标准的残疾人机动轮椅车、电动自行车。

1）汽车

汽车是指由动力驱动，具有4个或4个以上车轮的非轨道承载的车辆，主要用于：①载运人员和/或货物（物品）；②牵引载运货物（物品）的车辆或特殊用途的车辆；③专项作业。

汽车还包括与电力线相连的车辆，如无轨电车；整车整备质量超过400kg的不带驾驶室的三轮车辆；整车整备质量超过600kg的带驾驶室的三轮车辆。

汽车是机动车中应用最广、数量最大、最常见的、与广大人民群众关系最为密切的一种机动车。所以，若不作特别说明，本书中所谓的机动车和二手车，均是指汽车和二手汽车。而鉴定评估的有关内容，也是以二手汽车为主，希望通过二手汽车的鉴定评估技术，举一反三、触类旁通，从而能鉴定其他的二手机动车，如工程机械、拖拉机、摩托车等。

目前的汽车分类标准参照国际惯例，将过去的载货汽车、客车、轿车三大类，改为乘用车、商用车两大类。

乘用车是指在其设计和技术特性上主要用于载运乘客及其随身行李和（或）临时物品的汽车，包括驾驶人座位在内最多不超过9个座位。它也可以牵引一辆挂车。乘用车共分为11种：普通乘用车、活顶乘用车、高级乘用车、小型乘用车、敞篷车、舱背乘用车、旅行车、多用途乘用车、短头乘用车、越野乘用车、专用乘用车。

商用车是指在设计和技术特性上用于运送人员和货物的汽车，并且可以牵引挂车，乘用车不包括在内。商用车包括客车、半挂牵引车和货车3类。

2）汽车列车

汽车列车是指一辆汽车与一辆或多辆挂车组成的机动车，共有8种类型：乘用车列车、客车列车、货车列车、牵引杆挂车列车、铰接列车、双挂列车、双半挂列车、平板列车。

3）挂车

挂车是指就其设计和制造上需由汽车或拖拉机牵引，才能在道路上正常使用的一种无动力的道路车辆。用于载运人员和（或）货物，或特殊用途。挂车分为牵引杆挂车、半挂车和中置轴挂车3种类型。

4）摩托车

摩托车是指由动力装置驱动的，具有2个或3个车轮的道路车辆，但不包括以下车辆。

(1) 整车整备质量超过400 kg的不带驾驶室的三轮车辆。

(2) 整车整备质量超过600 kg的带驾驶室的三轮车辆。

(3) 最大设计车速、整车整备质量、外廓尺寸等反指标笔盒相关国家标准和规定，专供残疾人驾驶的机动轮椅车。

(4) 电驱动的，最大设计车速不大于20 km/h，具有人力骑行功能，而且整车整备质量、外廓尺寸、电动机额定功率等反对票符合相关国家标准规定的两轮车辆。

5）轮式专用机械车

轮式专用机械车是指有特殊结构和专门功能，装有橡胶车轮可以自行行驶，最高设计车速大于20km/h的轮式机械，如装载机、平地机、挖掘机、铲车、推土机等，但不包括叉车。

6）有轨电车

有轨电车是指以电动机驱动，有轨道承载的机动车。

7）特型机动车

特型机动车是指质量参数和（或）尺寸参数超出 GB 1589—2004《道路车辆外廓尺寸、轴荷及质量限值》元宝的汽车、挂车和汽车列车。

8）上道路行驶的拖拉机

上道行驶的拖拉机是指手扶拖拉机等最高设计车速不大于 20 km/h 的轮式拖拉机和最高设计车速不大于 40 km/h、牵引挂车方可从事道路运输的轮式拖拉机。

2．二手车的定义

中华人民共和国商务部（以下简称商务部）、中华人民共和国公安部（以下简称公安部）、国家工商行政管理总局（以下简称工商总局）、国家税务总局（以下简称税务总务）令 2005 年第 2 号《二手车流通管理办法》中首次提出了二手车的概念，并给出了二手车的定义，即二手车是指从办理完注册登记手续到达到国家强制报废标准之前进行交易并转移所有权的机动车。并明确"二手车"的内涵与"旧机动车"相同。

《二手车流通管理办法》取代了 1998 年出台的《旧机动车交易管理办法》。在以往的国家正式文件中，一直没有出现过"二手车"，有的只是"旧机动车"。在《二手车流通管理办法》中，首次明确了"二手车"的内涵与"旧机动车"相同。

尽管只是提法上的不同，但是"旧机动车"会让人感觉车辆很破旧，几乎没什么好车，从而在一定程度上影响了人们的消费情绪。"二手车"则通俗易懂，提法上也更中性，同时与国际惯例接轨。其实二手车不等于旧车，只要上了牌照的车就是二手车。而实际上有很多七八成新的车流入二手车市场。

在国外，二手车确实不等于旧车，我国目前体现得还不充分。这是因为不少国家对新车销售年限有严格的规定，例如，国外年生产 600 万辆新车，卖掉了 500 万辆，剩下的 100 万辆，过了规定的一两年新车销售时间，就不能再进入新车的渠道销售，这些车就进入拍卖场，也就归入二手车一族了。

3．二手车评估的定义

二手车评估是指对二手车进行技术状况检测、鉴定，确定某一时点价值的过程。具体来讲，二手车评估是指依法设立，具有执业资质的二手车评估机构和二手车评估人员，接受国家机关和各类市场主体的委托，按照特定的目的，遵循法定或公允的标准和程序，运用科学的方法，对经济和社会活动中涉及的二手车所进行的技术鉴定，并根据鉴定结果对二手车在鉴定评估基准日的价值进行评定估算的过程。

正确认识二手车评估的定义，必须把握以下两点。

（1）二手车评估既是科学也是艺术与经验的结合。也就是说，正确的二手车技术状况鉴定及二手车价格的估计、推测与判断，必须依赖于一套科学严谨的二手车评估理论和方法。但又不能完全拘泥于有关的理论和方法，还必须依赖于评估人员的经验，因为二手车价格形成的因素复杂多变，不是任何人用数学公式能够计算出的。

（2）二手车评估不是对评估对象的主观给定，而是把二手车客观实在的价值通过评估活动，正确地反映出来。即二手车评估是基于对二手车客观实在的价值认识以后，运用科学的评估理论、方法和长期积累的评估经验将其表达出来。而不是把某一个主观想象的数据强加给评估对象,尽管评估表现为一种主观活动,甚至带有一些主观色彩。

做好二手车评估工作,不仅有利于引导企业正确地做出价格决策,有利于保障司法诉讼和行政执法等活动的顺利进行,有利于维护法人和公民合法利益,而且对维护正常的社会经济秩序,促进经济发展具有重要意义。因此,深入研究、探讨二手车评估问题,建立一套完整、科学、适用的二手车评估方法,以保证其鉴定评估结论客观、公正、合理,就显得更为重要。

1.1.2 二手车评估的特点

二手车作为一类资产,既是生产资料,也是消费资料。作为生产资料,二手车是用于生产或经营的车辆,其特征是有明显的价值转移,对产权所有者产生收益,如营运载货车、客车、工厂用于生产使用的叉车、工程上用于生产使用的挖掘机等。作为家庭的消费资料,二手车是一般家庭中仅次于房产的第二大财产,用于生活和生产服务,以交通代步为主的车辆,其特征是没有明显的价值转移,对所有者不产生经济收益,车辆价值随使用年限及使用里程数的增加而降低。二手车自身有着如下几个特点。

(1) 其单位价值大、使用时间长。
(2) 和房地产一样,所有权须登记,其使用管理严格,税费附加值较高。
(3) 其使用强度、使用条件、维护保养水平的差异较大,并有较高的技术含量。

由于二手车有其自身特点,从而决定了二手车评估的特点,其主要特点如下。

(1) 二手车评估以技术鉴定为基础。由于机动车本身具有较强的工程技术特点,其技术含量较高。机动车在长期的使用中,由于机件的摩擦和自然力的作用,它处于不断磨损的过程中。随着使用里程和使用年数的增加,车辆实体的有形损耗和无形损耗加剧;其损耗程度的大小,因使用强度、使用条件、维护保养水平等而产生很大差异。因此,评定车辆实物和价值状况,往往需要通过技术检测等技术手段来鉴定其损耗程度。

(2) 二手车评估都以单台为评估对象。由于二手车单位价值相差比较大、规格型号多、车辆结构差异很大,为了保证评估质量,对于单位价值大的车辆,一般都是分整车或分部件逐台、逐件地进行鉴定评估;为了简化鉴定评估工作程序、节省时间,对于以产权转让为目的、单位价值小的车辆,也不排除采取"提篮作价"的评估方式。

(3) 二手车评估要考虑其手续构成的价值。由于国家对车辆实行"户籍"管理,使用税费附加值高,因此,对二手车进行鉴定评估时,除了估算其实体价值以外,还要考虑由"户籍"管理手续和各种使用税费构成的价值。

1.1.3 二手车评估的要素

在二手车评估过程中,涉及 8 个基本要素,即鉴定评估主体、鉴定评估客体、鉴定评估依据、鉴定评估目的、鉴定评估原则、鉴定评估流程、鉴定评估价值和鉴定评估方法。

1.2 二手车评估的主体与客体

1.2.1 二手车评估的主体

二手车评估的主体是指二手车评估业务的承担者,即从事二手车评估的机构及专业人员。由于二手车评估直接涉及当事人双方的权益，是一项政策性、专业性都很强的工作，因此无论是对专业评估机构，还是对专业评估人员都有较高的要求。

1. 二手车评估人员

由于汽车是技术含量极高的商品，二手车交易又属于特殊商品的流通，与其他资产评估师相比，二手车鉴定评估师必定要具有以下条件。

（1）要求掌握的知识面广。机动车鉴定评估理论和方法以资产评估学为基础，涉及经济管理、市场营销、金融、价格、财会及机械原理、汽车构造等多方面的知识。

（2）要求有较高的政治、政策敏感度。汽车价格极易受到国家政策影响而发生变动，因此既要熟知《国有资产评估管理办法》《机动车强制报废标准规定》《二手车流通管理办法》等政策法规，还要及时掌握因国家相关政策的变动对车辆价格造成的改变。

（3）要求掌握必要的驾驶技术和实际技能。房地产评估师不要求一定会建房子，但二手车鉴定评估师却一定要会开汽车。而且还能够使用检测仪器和设备，通过目测、耳听、手摸等手段了解二手车外观和总成的基本状况，并能够通过上路测试判断出发动机、传动系统、转向系统、制动系统等基本要素的工作性能。

（4）要求能够及时更新基准价。由于汽车产品更新换代快，技术创新日新月异，加之市场经济条件下市场价格难以预测，这就要求二手车评估人员能迅速收集相关信息，及时对基准价做出有效的调整。

除了保证二手车评估质量以外，二手车评估的从业人员还需经过严格的考试或考核，取得劳动和社会部颁发的《二手车鉴定评估师》或《高级二手车鉴定评估师》证书。二手车鉴定评估师是指取得二手车鉴定评估师国家职业资格的人员。高级二手车鉴定评估师是指取得高级二手车鉴定评估师国家职业资格的人员。

2. 二手车评估机构

二手车鉴定评估机构是指从事二手车鉴定评估经营活动的第三方服务机构。

我国政府2006年5月颁布的《行政单位国有资产管理暂行办法》第三十八条规定：行政单位国有资产评估工作应当委托具有资产评估资质的资产评估机构进行。

我国政府2006年5月颁布的《事业单位国有资产管理暂行办法》第四十条规定：事业单位国有资产评估工作应当委托具有资产评估资质的评估机构进行。

根据GB/T 30323—2013《二手车鉴定评估技术规范》规定，二手车评估机构应当具备下列条件。

（1）具有3名以上二手车鉴定评估师，1名以上高级二手车鉴定评估师。
（2）经营面积不少于200m^2。
（3）具备汽车举升设备。
（4）具备车辆故障信息读取设备、车辆结构尺寸检测工具或设备。
（5）具备车辆外观缺陷测量工具、漆面厚度检测设备。
（6）具备照明工具、照相机、螺钉旋具、扳手等常用操作工具。
（7）具备计算机等办公设施。
（8）具备符合国家有关规定的消防设施。

二手车鉴定评估机构均应有二手车鉴定评估机构核准证书，其式样如图1.1所示。

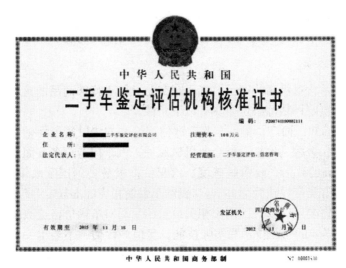

图 1.1　二手车鉴定评估机构核准证书

1.2.2　二手车评估的客体

二手车评估的客体是指被评估的车辆。二手车评估的一个主要目的就是在二手车的交易过程中准确地确定二手车的价格，并以此作为买卖成交的参考底价。根据《二手车流通管理办法》的规定，以下 9 种车辆不允许进行交易。

（1）已报废或达到国家汽车报废标准的车辆。

（2）在抵押期间或未经海关批准的海关监管的车辆。

（3）在人民法院、人民检察院、行政执法部门依法查封、扣押期间的车辆。

（4）通过盗窃、抢劫、抢夺、诈骗等违法手段获得的车辆。

（5）发动机号码、车辆识别代码（VIN 码）与登记号码不相符，或有锉改迹象的车辆。

（6）走私、非法拼（组）装的车辆。

（7）没有办理必备证件、税费、保险和无有效机动车安全技术检验合格标志的车辆，或手续不齐全的车辆。

（8）在本行政辖区以外的公安机关交通管理部门注册登记的车辆。

（9）国家法律、行政法规禁止经营的车辆。

此外，车辆上市交易前，必须先到公安交通管理机关申请临时检验，经检验合格，在其行驶证上签注检验合格记录后，方可进行交易。检验被交易车辆的车架号码和发动机号码的符号、数字及各种外文字母的全部拓印，发现不一致或有改动、凿痕、锉痕、重新打刻等人为改变或毁坏的，对车辆一律扣留审查。

1.3　二手车评估的依据和目的

1.3.1　二手车评估的依据

二手车评估工作和其他工作一样，在评估时必须有正确科学的依据，这样才能得出较正确的结论。二手车评估的依据是指评估工作所遵循的法律、法规、经济行为文件及其他参考资料，一般包括理论依据、行为依据、法律依据、产权依据和取价依据等。

1. 理论依据

二手车评估的理论依据就是资产评估学。汽车是属于机器设备一类的资产，评估时实际操作方法和程序按国家有关规定进行。

我国在对机动车评估工作方面开展得较晚。20 世纪 90 年代后期，由于我国汽车工业有了较大的发展，二手车市场才开始活跃起来。近年来二手车市场蓬勃发展，二手车评估工作全面展开。但应该说，我国二手车评估工作还刚刚起步，还要不断地积累实践经验，从理论和实践两个方面推进评估工作，使二手车评估不断深入，评估质量不断提高。

二手车评估一般属于单项资产评估的范畴，它不像一个工厂、一个企业整体资产评估那么复杂。但由于汽车是一种严管商品，就单项资产来说，其价值较高，结构比较复杂，涉及的面也比较广。虽然资产评估的一些基本理论和方法可用于二手车评估，但也有许多区别。

汽车是一种消费品，也是一种消耗品。买汽车一般不可能保值，更谈不上会增值。就像计算机一样，是一种消耗品。买汽车就只有贬值，使用时间越长，贬值就越多，最后报废，不能上路行驶，没有使用价值，就剩下报废价值了。所以，在二手车评估中，不断地总结经验，探索一些新的符合汽车特点的并且简单、实用、便捷的评估方法和理论，是广大评估师特别是高级评估师的一项义不容辞的责任。

国外二手车市场也有类似的新的评估理论和方法的应用。前面已述及美国是资产评估学说应用和创建最早的国家之一。它对二手车评估，不用任何固定的计算公式，而是根据市场历年来大量交易报告的统计资料分析，得出具有代表性的参考价格，形成二手车价格指南，从而来确定需要评估的二手车的价格，操作起来方便实用，并被广大二手车消费者所认同。当然，这只能在二手车市场发育比较完善的基础上才能进行。我国二手车市场形成的时间还不长，远不及美国那么完善。但业内人士还是在不断地研究和思考我国二手车市场发展情况，注意总结经验，探索符合我国二手车市场的评估理论和方法。

2. 行为依据

行为依据是指实施二手车评估行业的依据。一般包括经济行为成立的有关决议文件及评估当事方的评估业务委托书，主要是指二手车鉴定评估委托书。

3. 法律依据

法律依据是指二手车评估所遵循的法律法规，其主要包括以下内容。

（1）国家标准 GB/T 30323—2013《二手车鉴定评估技术规范》，2014 年 6 月 1 日实行。

（2）《二手车流通管理办法》，商务部、公安部、工商总局、税务总局令 2005 年第 2 号，2005 年 8 月 29 日发布。

（3）《机动车强制报废标准规定》，商务部、国家发展和改革委员会、公安部、环境保护部令 2012 年第 12 号公布，2013 年 5 月 1 日起施行。

（4）《中央行政事业单位国有资产管理暂行办法》，国管资〔2009〕167 号，2009 年 7

月2日发布实施。

(5)《中华人民共和国机动车登记规定》公安部第102号令，2008年5月27日发布实施。

(6)《公安部关于修改〈机动车登记规定〉的决定》公安部第124号令，2012年8月21日发布实施。

(7)国家标准GB 7258—2012《机动车运行安全技术条件》，2012年9月12日实施。

(8)其他方面的政策法规。

4. 产权依据

产权依据是指表明机动车权属证明的文件，其主要是指机动车登记证书。

5. 取价依据

取价依据是指实施二手车评估的机构或人员，在评估工作中直接或间接地取得或使用对二手车评估有借鉴或佐证作用的资料，主要包括价格资料和技术资料。

1) 价格资料

价格资料包括二手车整车销售价格、易损零部件价格、车辆精品装备价格、维修工时定额和维修价格资料；国家税费征收标准、车辆价格指数变化、各品牌车型残值率等资料。

2) 技术资料

技术资料包括机动车的技术参数，新产品、新技术、新结构的变化；车辆故障的表面现象与差别；车辆维修工艺及国家有关技术标准等资料。

1.3.2 二手车评估的目的

二手车评估的目的是为了正确反映二手车的价值及变动，为将要发生的经济行为提供公平的价格尺度，并且回答为什么要对二手车进行鉴定评估。同时，它告诉二手车评估机构市场在哪里，到哪里去寻找评估业务。在二手车评估市场，二手车评估的主要目的可分为两大类：一类为变动二手车产权，另一类为不变动二手车产权。

1. 变动二手车产权

变动二手车产权是指车辆所有权发生转移的经济行为，包括二手车的交易、置换、拍卖、转让、并购、投资、抵债、捐赠等。

1) 车辆交易

二手车在交易市场上进行买卖时，买卖双方对二手车交易价格的期望是不同的，甚至相差甚远。因此，需要鉴定评估人员对被交易的二手车进行鉴定评估，评估的价格作为买卖双方成交的参考底价。

2) 车辆置换

置换的概念源于海外，它强调的是旧物品(次等的、较差的)与新物品(较好的)进行交换，这种交换具有不等价性，由置换方给予差额补贴。置换业务有两种情况：一种是以旧换新业务；另一种是以旧换旧业务。两种情况都会涉及对置换车辆的鉴定评估。二手车评估结果的公平与否，直接关系到置换双方的利益。车辆的置换业务，尤其是以旧换新业务，在我国的二手车市场是一个崭新的业务，有着广阔的市场前景。

3）车辆拍卖

拍卖是指以公开竞价的形式，将特定物品或者财产权利转让给最高应价者的买卖方式。对于公务车、执法机关罚没车辆、抵押车辆、企业清算车辆、海关获得的抵税车辆、放弃车辆和私家车等，都需要对其进行鉴定评估，为拍卖车辆活动提供拍卖底价。此外，还有与拍卖方式基本类似的招标底价。

4）其他

其他经济行为如企业发生联营、兼并、出售、股份经营或破产清算时，也需要对企业所拥有的二手车进行鉴定评估，以充分保证企业的资产权益。

2. 不变动二手车产权

不变动二手车产权是指车辆所有权未发生转移的经济行为，它包括二手车的保险、抵押贷款、担保、典当、纳税评估、司法鉴定（海关罚没、盗抢、财产纠纷等）。

1）车辆保险

在对车辆进行投保时，所缴纳的保险费高低直接与车辆成本的价值大小有关。同样，当被保险车辆发生保险事故，保险公司需要对事故进行理赔时，为了保障双方的利益，需要对保险理赔车辆进行公平的鉴定评估。除对碰撞车进行车损评估外，还应对火烧车和浸水车进行鉴定评估。

2）抵押贷款

银行为了确保放贷安全，要求贷款人以机动车作为贷款抵押。银行为了确保贷款的安全性，要对二手车进行鉴定评估。而这种贷款安全性的高低在一定程度上取决于对抵押车辆评估的准确性。一般情况下，该评估值要比市场价格略低。

3）担保

担保是指车辆的所有单位或所有人，以其拥有的二手车为其他单位或个人的经济行为提供担保，并承担连带责任的行为。

4）典当

当典当双方对当物车辆的价值认定存在较大的悬殊时，为了保障典当业务的正常进行，可以委托二手车评估人员对当物车辆的价值进行评估，典当行以此可以作为放款的依据。当物车辆发生绝当时，对绝当车辆的处理，同样也需要委托二手车评估人员为其提供鉴定评估服务。

5）纳税评估

纳税评估是指政府为纳税赋税，由评估人员估定的作为机动车纳税基础的价格。具体纳税价格视纳税政策而定。

6）司法鉴定

司法鉴定按性质的不同可分为刑事案件和民事案件。

刑事案件一般是指盗抢车辆、走私车辆、受贿车辆等，其委托方一般是指国家司法机关和行政机关，其委托目的是为取证需要。

民事案件是指法院执行阶段的各种车辆，其委托方一般是人民法院，委托目的是案件执行需要进行抵债变现。

上述两种情况都要求鉴定评估人员对车辆进行评估，有助于把握事实的真相，确保司法公正，因此要求极高。

在接受车辆评估委托时，明确车辆的评估目的是十分重要的。对车辆的鉴定评估是一种市场价格的评估，所以对于客户提出不同的委托目的，有不同的评估方法。对于同一辆车，由于不同的评估目的，评估出来的结果也有所不同。

1.4 二手车评估的原则和流程

1.4.1 二手车评估的原则

二手车评估的基本原则是对二手车评估行为的规范。正确理解和把握二手车评估的原则，对于选择科学、合理的二手车评估方法，提高评估效率和质量具有十分重要的意义。

二手车评估的原则分为工作原则和经济原则两大类。

1. 工作原则

二手车评估的工作原则是评估机构与评估工作人员在评估工作中应遵循的基本原则，包括合法性原则、独立性原则、客观性原则、科学性原则、公平性原则、规范性原则、专业化原则和评估时点原则等。

1) 合法性原则

二手车评估行为必须符合国家法律、法规，必须遵循国家对机动车户籍管理、报废标准、税费征收等政策要求，这是开展二手车评估的前提。

2) 独立性原则

独立性原则包括两个方面：一是要求二手车评估机构和工作人员应该依据国家的法规和规章制度及可靠的资料数据，对被评估的二手车价格独立地做出评估结论，且不受外界干扰和委托者的意图影响，保持独立公正；二是评估行为对于委托当事人应具有非利害和非利益关系。评估机构必须是独立的评估中介机构，评估人员必须与评估对象的利益涉及者没有任何利益关系。决不能既从事交易服务经营，又从事交易评估。

3) 客观性原则

客观性原则要求鉴定或评估结果应以充分的事实为依据，鉴定评估过程中的预测推理和逻辑判断等只能建立在市场和现实的基础资料及现实的技术状态上。

4) 科学性原则

科学性原则是指二手车评估机构和人员运用科学的方法、程序、技术标准和工作方案开展活动。即根据评估的基准日、特定目的，选择适用的方法和标准，遵循规定的程序实施操作。

5) 公平性原则

公平、公正、公开是二手车评估机构和工作人员应遵守的一项最基本的道德规范。要求鉴定评估人员的思想作风态度应当公正无私，评估结果应该是公道、合理，而绝不能偏向任何一方。

6) 规范性原则

规范性原则要求鉴定评估机构建立完整、完善的管理制度及严谨的鉴定作业流程。管理上要建立回避制度、审复制度、监督制度；作业流程制度要科学、严谨。

7) 专业化原则

专业化原则要求二手车评估工作尽量由专业的鉴定评估机构来承担。同时还要求二手车评估行业内部存在专业技术竞争，以便为委托方提供广阔的选择余地，并要求鉴定评估人员接受国家专门的职业培训，职业技能鉴定合格以后由国家统一颁发执业证书，持证上岗。

8) 评估时点原则

评估时点，又称评估基准日、评估期日、评估时日，是一个具体日期，通常用年、月、日表示，评估额是在该日期的价格。二手车市场是不断变化的，二手车价格具有很强的时间性，它是某一时点的价格。在不同时点，同一辆二手车往往会有不同的价格。

评估时点原则是要说明，评估实际上只是求取某一时点上的价格，所以在评估一辆二手车的价格时，必须假定市场情况停止在评估时点上，同时评估对象（即二手车的状况）通常也是以其在该时点时的状况为准。"评估时点"并非总是与"评估作业日期"（进行评估的日期）相一致的。一般将评估人员进行实车勘察的日期定为评估时点，或因特殊需要将其他日期指定为评估时点。确立评估时点原则的意义在于：评估时点是责任交代的界限和评估二手车时值的界限。

2. 经济原则

二手车评估的经济原则是指在二手车评估过程中，进行具体技术处理的原则。它是二手车评估原则的具体体现，是在总结二手车评估经验及市场能够接受的评估准则的基础上形成的，主要包括预期收益原则、替代原则、最佳效用原则。

1) 预期收益原则

预期收益原则是指在对营运性车辆评估时，车辆的价值可以不按照其过去形成的成本或购置价格决定，但必须充分考虑它在未来可能为投资者带来的经济效益。车辆的市场价格主要取决于其未来的有用性或获利能力。未来效用越大，评估值就越高。

预期收益原则要求在进行评估时，必须合理预测车辆的未来获利能力及取得获利能力的有效期限。

2) 替代原则

替代原则是商品交换的普遍规律，即价格最低的同质商品对其他同质商品具有替代性。据此原理，二手车评估的替代原则是指在评估中，面对几个相同或相似车辆的不同价格时，应取较低者为评估值，或者说评估值不应高于替代物的价格。这一原则要求评估人员从购买者角度进行二手车评估，因为评估值应是车辆潜在购买者愿意支付的价格。

3) 最佳效用原则

最佳效用原则是指若一辆二手车同时具有多种用途，在公开市场条件下进行评估时，应按照其最佳用途来评估车辆价值。这样既可保证车辆出售方的利益，又有利于车辆的合理使用。

1.4.2 二手车评估的流程

二手车评估作为一个重要的专业领域，情况复杂、作业量大。在进行二手车评估时，应分步骤、分阶段地实施相应的工作。从专业评估角度而言，二手车评估大致要经历以下几个流程，如图1.2所示。

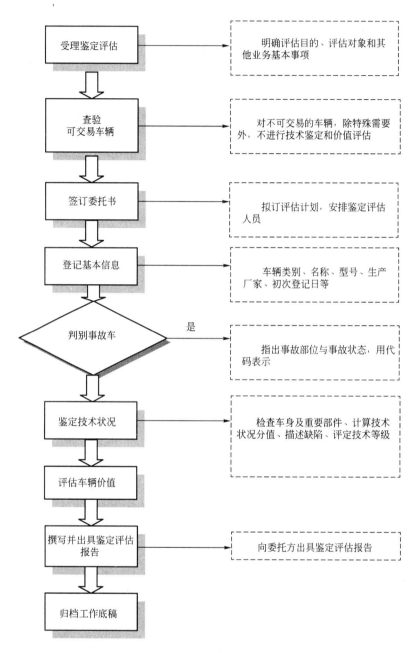

图 1.2　二手车评估流程

1. 受理鉴定评估

了解委托方及其车辆的基本情况，明确委托方要求，主要包括委托方要求的评估目的、评估基准日、期望完成评估的时间等。

2. 查验可交易车辆

（1）查验机动车登记证书、行驶证、有效机动车安全技术检验合格标志、车辆购置税完税证明、车船使用税缴付凭证、车辆保险单等法定证明、凭证是否齐全，并按照表1-1检查所列项目是否全部判定为"Y"。

表1-1 可交易车辆判别表

序号	检查项目	判别
1	是否达到国家强制报废标准	Y否 N是
2	是否为抵押期间或海关监管期间	Y否 N是
3	是否为人民法院、检察院、行政执法等部门依法查封、扣押期间的车辆	Y否 N是
4	是否为通过盗窃、抢劫、诈骗等违法犯罪手段获得的车辆	Y否 N是
5	发动机号与机动车登记证书登记号码是否一致，且无凿改痕迹	Y是 N否
6	车辆识别代号或车架号码与机动车登记证书登记号码是否一致，且无凿改痕迹	Y是 N否
7	是否为走私、非法拼组装车辆	Y否 N是
8	是否为法律法规禁止经营的车辆	Y否 N是

（2）如发现表1-1中所述的法定证明、凭证不全，或表1-1检查项目任何一项判别为"N"的车辆，应告知委托方，不需继续进行技术鉴定和价值评估（司法机关委托等特殊要求的除外）。

（3）发现法定证明、凭证不全，或者表1-1中第1项、第4～8项任意一项判断为"N"的车辆应及时报告公安机关等执法部门。

3. 签订二手车鉴定评估委托书

对相关证照齐全、表1-1检查项目全部判别为"Y"的，或者司法机关委托等特殊要求的车辆，签署二手车鉴定评估委托书。

二手车鉴定评估委托书是鉴定评估机构与委托方对各自权力、责任和义务的约定，是一种经济合同性质的契约。

二手车鉴定评估委托书应写明：委托方和评估机构的名称、住所、工商登记注册号、上级单位、鉴定评估资格类型及证书编号；评估目的、评估范围、被评估车辆的类型和数量、评估工作起止时间、评估机构的其他具体工作任务；委托方须做好的基础工作和配合工作；评估收费方式和金额；反映评估业务委托方和评估机构各自的责任、权力、义务及违约责任的其他具体内容。

二手车鉴定评估委托书必须符合国家法律法规和二手车鉴定评估行业管理规定，并做到内容全面、具体，含义清晰准确。

4. 登记基本信息

（1）登记车辆使用性质信息，明确营运与非营运车辆。

(2) 登记车辆基本情况信息，包括车辆类别、名称、型号、生产厂家、初次登记日期、表征行驶里程等。如果表征行驶里程如与实际车况明显不符，应在二手车鉴定评估报告或二手车技术状况表有关技术缺陷描述时予以注明。

5. 鉴定车辆技术状况

(1) 车辆技术状况鉴定要达到的基本目的：为车辆的价值估算提供科学的评估证据；为期望使用者提供车辆技术状况的质量公证；为车辆发生的经济行为提供法律依据。

(2) 车辆技术状况鉴定要鉴定的基本事项：识别伪造、拼装、组装、盗抢、走私车辆；鉴别手续牌证的真伪；鉴别由事故造成的严重损伤；鉴别由自然灾害（水淹、火烧）造成的严重损伤；鉴别车辆内部和外部技术状况。

(3) 车辆技术状况鉴定方法：主要有静态检查、动态检查、仪器检查等。

6. 评估车辆价值

(1) 确定估算方法。二手车鉴定评估应熟知、理解并正确运用市价法、收益法、成本法、清算价格法及这些评估方法的综合运用。对同一被评估车辆宜选用两种以上的评估方法进行评估。有条件选用市价法进行评估的，应以市价法为主要的评估方法。营运车辆的评估在评估资料可查并齐全的情况下，可选用收益法为其中的一种评估方法。二手车鉴定评估一般适宜采用市价法和成本法进行评估。

(2) 评价评估结果。对不同评估方法估算出的结果，应进行比较分析。当这些结果差异较大时，应寻找并排除出现的原因。对不同评估方法估算出的结果应做下列检查。

① 计算过程是否有误。
② 基础数据是否准确。
③ 参数选择是否合理。
④ 是否符合评估原则。
⑤ 公式选用是否恰当。
⑥ 选用的评估方法是否适宜评估对象和评估目的。

在确认所选用的评估方法估算出的结果无误之后，应根据具体情况计算求出一个综合结果。在计算求出的综合结果的基础上，应考虑一些不可量化的价格影响因素，对结果进行适当的调整，或取用，或认定该结果作为最终的评估结果。当有调整时，应在评估报告中明确阐述理由。

7. 撰写并出具《二手车鉴定评估报告》

(1) 根据车辆技术状况鉴定等级和价值评估结果等情况，按照要求撰写《二手车鉴定评估报告》，做到内容完整、客观、准确，书写工整。

(2) 按委托书要求及时向客户出具《二手车鉴定评估报告》，并由鉴定评估人与复核人签章、鉴定评估机构加盖公章。

8. 归档工作底稿

将《二手车鉴定评估报告》及其附件与工作底稿独立汇编成册，存档备查。档案保存一般不低于5年；鉴定评估目的涉及财产纠纷的，其档案至少应当保存10年；法律法规另有规定的，从其规定。

1.5　二手车评估的价值类型与评估方法

1.5.1　二手车评估的价值类型

资产评估的价值类型是指资产评估价值的质的规定性,即评估价值内涵,是资产评估价值形式上的具体化。

资产评估的价值类型应与特定经济行为相匹配,不同的评估目的决定了不同的价值内涵,决定了评估项目应选择的价值类型。价值类型的确定,对评估方法的选用具有约束性,评估价值是价值类型与评估方法即评估价值质的规定和量化过程共同作用的结果。合理选择资产评估价值类型是资产评估具有科学性和有效性的根本前提。

关于资产评估的价值类型,从不同的角度出发有着不同的表述。目前,理论界有两种表述方式。

一种是将价值类型分为市场价值和非市场价值。市场价值是指在公开市场条件下自愿买方与自愿卖方在评估基准日进行交易的价值估计数额,当事人双方应自主谨慎行事,不受任何强迫压制。非市场价值是指不满足市场价值成立的资产在非公开市场条件下实现的价值。

另一种表示是将资产评估价值归纳为重置成本、现行市价、收益现值、清算价格、报废价值、残余价值6种价值类型。

1. 重置成本价值类型

重置成本是指在现行条件(市场条件与技术条件)下,按功能重置车辆,并使其处在用状态所耗费的成本。

重置成本与历史成本一样,都是反映车辆在购置、运输、注册、登记等购建过程中全部费用的价格。只是重置成本以现行价格和费用标准作为计价依据。车辆在全新状态下,即刚购买时,其重置成本与历史成本是一致的。但由于二手车或长或短地保留了一段时期,在此期间,不论是否使用,车辆的价值、技术等因素都可能发生变化,从而影响车辆的重置更新费用,使车辆的重置成本与历史成本发生差异。

车辆的重置成本以功能重置为依据,但由于对现行技术条件利用不同,可分为复原重置成本与更新重置成本。两者的区别在于:复原重置成本是指按照与被评估车辆的材料、制造标准、设计结构等相同的条件,以现时价格购置相同的全新车辆所需的全部成本;更新重置成本是指利用新材料、新设计、新技术标准等,以现时价格购置相同或相似功能的全新车辆所支付的全部成本。两者的共同点在于均按现行市价与费用标准核计成本。

一般情况下,进行重置成本计算时,如果可以同时取得复原重置成本和更新重置成本,应选用更新重置成本。如果不存在更新重置成本,再考虑选用复原重置成本。

重置成本作为资产计价概念,不是以重置全价,而是以重置净价为依据。重置净价只是重置全价扣除各种损耗的余额。

重置成本是被评估车辆处于在用状态或可使用状态时的价值,因此适用重置成本价格计量的前提条件有以下两条。

(1) 车辆已完成购置过程，处于可使用状态，或正处于营运之中。

(2) 可继续使用。车辆可以按重置成本计价，不仅仅是车辆处于在用状态，更重要的是社会承认处于在用状态的车辆对未来经营的有效性。车辆对未来经营的有效性可以完全不受过去和现在是否有效的影响。

2. 收益现值价值类型

收益现值是指根据车辆未来的预期获利能力，以适当的折现率将未来收益折成现值。从"以利索本"的角度来看，收益现值就是为获得车辆取得预期收益的权利所需支付的货币总额。在折现率相同的情况下，车辆未来的效用越大，获利能力越强，其评估值就越大。投资者购买车辆时，一般要进行可行性分析，只有在预期回报率超过评估时的折现率时，才可能支付货币购买车辆。

使用收益现值价格计量的前提条件是车辆可以按其预期收益的现值进行评估，车辆投入使用后可连续获利。

3. 现行市价价值类型

现行市价又称变现价格，是指车辆在公开市场上的销售价格。由于是对预期投入市场车辆的评估，因此，这里的"销售"可以是实际销售，也可以是模拟销售。

现行市价的最基本特征是价格源于公平市场。所谓公平市场，即充分竞争的市场，卖方不存在对市场垄断，买卖双方的交易行为都是自愿的，都有足够的时间与能力了解市场行情。

车辆以现行市价价格进行价值评估时，需具备以下两个基本条件：

(1) 需要存在一个充分发育、活跃、公平的二手车交易市场；

(2) 与被评估车辆相同或类似的车辆在市场上有一定的交易量，能够形成市场行情。

4. 清算价格价值类型

清算价格是指企业由于破产等原因，以变卖车辆的方式来清偿债务或分配剩余权益状况的车辆价格。显然，清算价格是非正常的市场价格。它与现行市价相比，两者的根本区别在于：现行市价是公平市场价格；而清算价格是非正常市场上的拍卖价格，这种价格由于受到期限限制和买主限制，一般大大低于现行市价。

适用于清算价格计量的二手车评估业务主要有企业破产清算，以及因抵押、典当等不能按期偿债而导致的车辆变现清偿等。

5. 报废价值价值类型

报废价值主要是指机动车报废后，可回收金属的价值，如钢、铁、铝、铜等。这一部分价值在以后的评估中，为计算方便，通常省略不计。本书在后述所举案例中，也未考虑报废价值。

6. 残余价值价值类型

残余价值即残值，是指机动车报废后，某些零部件的回收价值，如机动车的某些控制装置、齿轮、轴或仪表等。这种情况在我国的有些汽车上还是比较常见的，因为我国的汽车可进行大修。大修时，可更换发动机、变速器等一些重要部件。更换以后，当汽车整车已使用到报废年限，但这些中途更换的主要部件尚未到报废标准所规定的年限，还有剩余的使用寿命期。这样的部件还有相当的残余价值存在。

7. 各种价值类型的联系与区别

重置成本价值类型与现行市价价值类型的联系主要表现在：决定重置成本的因素与决定现行市价的最基本因素相同，即现有条件下，生产功能相同的车辆所花费的社会必要劳动时间。但是现行市价的确定还需考虑其他与市场相关的因素。一是车辆功能的市场性，即车辆的功能能否得到市场承认。例如，一辆设计及制造质量都很好的专用车辆，尽管它在某一特定领域内具有很强的功能，但一旦退出该领域，其功能就难以完全被市场所接受。二是供求关系的影响。现行市价价格随供求关系的变化，将会出现波动。由此可见，现行市价与重置成本的区别在于：现行市价以市场价格为依据，车辆价格受市场因素约束，并且其评估值只接受市场检验；而重置成本只是模拟条件下重置车辆的现行价格。

现行市价价值类型与收益现值价值类型在价格形式上有相似之处，两者都是评估公平市场价格。但是两者的价格内涵不同：现行市价主要是车辆进入市场的价格计量；而收益现值主要是以车辆的获利能力进入市场的价格计量。

现行市价价值类型与清算价格价值类型均是市场价格，两者的根本区别在于：现行市价是公平市场价格；而清算价格是非正常市场上的拍卖价格，一般大大低于现行市价。

1.5.2 二手车评估的评估方法

评估方法是指二手车评估所运用的特定技术，它是实现二手车评估价值的手段和途径。评估方法主要有现行市价法、重置成本法、收益现值法和清算价格法 4 种方法。在这 4 种评估方法中，就可操作性而言，常采用重置成本法对车辆的价值进行评定和估算。

1.6 二手车评估方法的选择

1.6.1 评估方法的区别与联系

1. 重置成本法与收益现值法

重置成本法与收益现值法的区别在于：前者是历史过程，后者是预期过程。重置成本法比较侧重对车辆过去使用状况的分析。尽管重置成本法中的更新重置成本是现时价格，但重置成本法中的其他许多因素都是基于对历史的分析，再加上对现时的比较后得出结论。例如，有形损耗就是基于被评估车辆的已使用年限和使用强度等来确定的。由此可见，如果没有对被评估车辆的历史判断和记录，那么运用重置成本法评估车辆的价值是不可能的。

与重置成本法相比，收益现值法的评估要素完全是基于对未来的分析。收益现值法不必考虑被评估车辆过去的情况怎样，也就是说，收益现值法从不把被评估车辆已使用年限和使用程度作为评估基础。收益现值法所考虑和侧重的是被评估对象未来能给予投资者带来多少收益。预期收益的测定是收益现值法的基础。一般而言，预期收益越大，车辆的价值越大。

2. 重置成本法与现行市价法

理论上讲，重置成本法也是一种比较方法。它是将被评估车辆与全新车辆进行比较的过程，而且这里的比较更侧重于性能方面。例如，评估一辆二手车时，首先要考虑重新购置一台全新的车辆时需花多少成本，同时还需进一步考虑二手车的陈旧状况和功能、技术情况。只有充分考虑这一系列因素后，才可能给二手车定价。而上述过程都涉及与全新车辆的比较，否则就无法确定二手车的价格。

与重置成本法相比较，现行市价法的出发点更多地表现在价格上。由于现行市价法比较侧重价格分析，因此对现行市价法的运用便十分强调市场化程度。如果市场很活跃，参照车辆很容易取得，那么运用现行市价法所取得的结论就会更可靠。现行市价法的这种比较性，相对于重置成本法而言，其条件更为广泛。

运用重置成本法时，也许只需有一个或几个类似的参照车辆即可。但是运用现行市价法时，必须有更多的市场数据。如果只取某一数据作比较，那么现行市价法所作的结论必将受到怀疑。

3. 收益现值法与现行市价法

如果说收益现值法与现行市价法存在某种联系，那么这一联系就是现行市价法与收益现值法的结合。通过把现行市价法和收益现值法结合起来评估车辆的价值，在二手车市场交易发达的国家应用得相当普遍。

从评估观点看，收益现值法中任何参数的确定，都具有人的主观性。因为预期收益、折现率等都是不可知的参数，也容易引起争议。但是这些参数在运用收益现值法评估车辆价值时必须明确，否则收益现值法就不能使用。然而，一旦从估计上来考虑收益现值法中的参数，那么这就涉及估计依据问题。对这样的问题，在市场发达的地方，解决的方式便是寻求参照车辆，通过选择参照车辆，进一步计量其收益折现率及预期年限，然后将这些参照车辆数据比较有效地运用到被评估车辆上，以确定车辆的价值。

把收益现值法和现行市价法结合起来使用，其目的是降低评估过程中的人为因素，更好地反映客观实际，从而使车辆的评估更能体现市场观点。

4. 清算价格法与现行市价法

清算价格法与现行市价法，都是基于现行市场价格确定车辆价格法的方法。所不同的是，利用现行市价法确定的车辆价格，如果被出售者接受，而不被购买者接受，出售者有权拒绝交易。但利用清算价格法确定的清算价格，若不能被买方接受，清算价格就失去意义。这就使得利用清算价格进行的评估，完全是一种站在购买方立场上的评估，在某种程度上，这可以被认为是一种取悦于购买方的评估。

1.6.2 评估方法的比较

1. 重置成本法

采用重置成本法的优点是比较充分地考虑了车辆的损耗，评估结果更趋于公平合理。在不易计算车辆未来收益或难以取得市场参照车辆的条件下，可广泛地使用。缺点是工作量较大，且经济性损耗也不易准确计算。

2. 收益现值法

采用收益现值法的优点是与投资决策相结合，容易被交易双方接受；能比较真实准确地反映车辆本金化的价格。缺点是预期收益额预测难度大，受主观判断和未来不可预知因素的影响较大。

3. 现行市价法

采用现行市价法的优点是能够客观地反映车辆目前的市场情况，其评估参数指标直接从市场上获得，评估值能反映市场的现实价格，评估结果易被各方理解和接受。缺点是由于我国二手车交易市场的发育仍不完善，寻找参照车辆有一定困难。

4. 清算价格法

清算价格法仅限于在特定条件下使用。在我国，关于清算价格法的理论与实践都有待进一步总结与完善。

1.6.3 评估方法的选用

1. 重置成本法的适用范围

重置成本法是二手车评估中的一种常用方法，它适用于继续使用前提下的二手车评估。对在用车辆，可直接运用重置成本法进行评估，无须作较大的调整。目前，我国二手车交易市场尚需进一步规范和完善，运用现行市价法和收益现值法的客观条件受到一定的制约；而清算价格法仅在特定的条件下才能使用。因此，重置成本法在二手车评估中得到了广泛的应用。

2. 收益现值法的选用

二手车评估多数情况下采用重置成本法，但在某些情况下，也可选用收益现值法。运用收益现值法进行二手车评估的前提是被评估车辆具有独立的、能连续用货币计量的可预期收益。由于在车辆的交易中，人们购买的目的往往不在于车辆本身，而是车辆的获利能力。因此，该方法较适于从事营运的车辆。

3. 现行市价法的选用

现行市价法的选用首先必须以市场为前提，它是借助于参照车辆的市场成交价或变现价运作的(该参照车辆与被评估车辆相同或相似)。因此，一个发达活跃的车辆交易市场是现行市价法得以广泛运用的前提。

此外，现行市价法的选用还必须以可比性为前提。运用该方法评估车辆市场价值的合理性与公允性，在很大程度上取决于所选取的参照车辆的可比性如何。可比性包括两方面内容：

(1) 被评估车辆与参照车辆之间在规格、型号、用途、性能、新旧程度等方面应具有可比性。

(2) 参照车辆的交易情况(如交易目的、交易条件、交易数量、交易时间、交易结算方式等)与被评估车辆将要发生的情况具有可比性。

以上所述的市场前提和可比前提，既是运用现行市价法进行二手车评估的前提条件，同时也是对运用现行市价法进行二手车评估的范围界定。对于车辆的买卖,以车辆作为投资参股、合作经营,均适用现行市价法。

4. 清算价格法的选用

清算价格法适用于企业破产、抵押、停业清理时要售出的车辆。这类车辆必须同时满足以下3个条件,方可利用清算价格法进行出售。

(1) 具有法律效力的破产处理文件、抵押合同及其他有效文件。

(2) 车辆在市场上可以快速出售变现。

(3) 清算价格足以补偿因出售车辆所付出的附加支出总额。

习　　题

1. 何谓二手车?二手车与机动车有何区别?
2. 何谓二手车评估?怎样正确认识二手车评估?
3. 二手车评估有什么特点?
4. 二手车有哪些评估要素?
5. 简述二手车评估人员应遵循的职业道德。
6. 根据《二手车流通管理办法》的规定,哪些车辆不允许交易?
7. 二手车评估具有哪些依据?分别论述。
8. 二手车评估目的有哪两大类?
9. 二手车评估的工作原则包括哪些?经济原则包括哪些?
10. 简述二手车评估的工作流程。
11. 何谓价值类型?有哪些价值类型?简述各种价值类型的联系与区别。
12. 二手车评估方法有哪些?简述各个评估方法之间的区别与联系。
13. 在实际二手车评估中,如何正确地选择评估方法?

第 2 章
汽车使用寿命

本章要求学生掌握汽车有形损耗和无形损耗；掌握汽车的技术使用寿命、经济使用寿命和合理使用寿命；掌握汽车经济使用寿命的主要指标、估算方法和影响因素；掌握汽车等速折旧法和快速折旧法；了解汽车报废标准。

汽车使用寿命是指汽车从开始使用到不能使用的整个时期。汽车使用寿命的实质是从技术和经济上分析汽车的使用极限。在使用过程中，由于磨损、老化等原因，汽车性能随着使用年限（或行驶里程）的增加而逐渐下降，到了一定期限就应报废，这是一种自然规律。如果把汽车的使用寿命无限延长，不断地进行维修，用很高的代价来持续车辆运行，这就必然会出现车况下降，需消耗大量的配件和材料，花费较多的劳动工时，致使维修费用急剧上升。由于车辆老旧，其动力性、经济性都将大幅下降，造成燃、润料消费增加。此外，小修频率上升，零部件的可靠性与汽车完好率下降，同时还会使汽车的平均技术速度下降，排气污染与噪声均较严重。必须更新现有劣等汽车，提高工作效率，降低费用，减少污染。所以，研究汽车的使用寿命对汽车的报废更新具有重要意义。本章重点讲述汽车损耗、经济使用寿命和折旧方法。

 本章教学要点

知识要点	掌握程度	相关知识
汽车损耗	掌握有形损耗的两种情况；熟悉无形损耗的两种情况	汽车部件的磨损曲线；两种有形损耗；两种无形损耗
汽车使用寿命的分类	熟悉汽车技术使用寿命；熟悉汽车经济使用寿命；熟悉汽车合理使用寿命	技术使用寿命的定义与特点；经济使用寿命的定义与特点；合理使用寿命的定义与特点
汽车的经济使用寿命	掌握汽车经济使用寿命的主要指标；熟悉经济使用寿命的估算；了解影响汽车经济使用寿命的因素	规定使用年限、行驶里程、使用年限的定义与确定；最小平均费用法、低劣化数值法、面值法计算汽车经济使用寿命的方法；车辆损耗、车辆来源与使用强度、车辆使用条件分别对经济使用寿命的影响
汽车折旧	掌握等速折旧法的原理与计算方法；掌握年份数求和法的原理与计算方法；掌握余额递减折旧法的原理与计算方法	等速折旧法的计算公式；年份数求和法的计算公式；余额递减折旧法的计算公式
汽车报废	掌握我国的汽车报废标准；掌握修改后的汽车报废标准；熟悉机动车报废年限；了解报废标准与经济使用寿命	2013年修订的《机动车强制报废标准规定》；各种机动车报废年限与强制报废年限；汽车规定使用年限与经济使用寿命间的关系

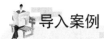导入案例

一些老旧汽车的排放高，油耗大，为了鼓励这些老旧汽车报废更新，缩短其使用寿命，我国财政部和商务部联合制定了《老旧汽车报废更新补贴资金管理办法》，并每年公布老旧汽车报废更新补贴车辆范围及补贴标准。

老旧汽车报废更新补贴资金管理办法（财建〔2013〕183号）

第一章　总则

第一条　根据《报废汽车回收管理办法》和《国务院批转财政部、国家计委等部门〈交通和车辆税费改革实施方案〉的通知》（国发〔2000〕34号）要求，为进一步规范管理和使用老旧汽车报废更新专项补贴资金（以下简称补贴资金），制定本办法。

第二条　本办法所称老旧汽车报废更新，是指按有关规定报废老旧汽车，并换购新车。

第三条　本办法所称补贴资金，是指根据《国务院批转财政部、国家计委等部门〈交通和车辆税费改革实施方案〉的通知》规定，从车辆购置税中安排的用于老旧汽车报废更新补贴的专项资金。

第四条　财政部、商务部根据补贴资金额度、老旧汽车数量和国家政策，于每年12月底之前制定并向社会公告下一年度全国补贴车辆范围和补贴标准。

第五条　商务部会同财政部指导省级商务、财政主管部门组织实施老旧汽车报废更新补贴工作。

第二章　补贴资金的申请、审核和发放

第六条　各市（州）商务主管部门应当会同财政部门设立老旧汽车报废更新联合服务窗口（以下简称联合服务窗口），受理、审核补贴资金申请。有条件的区（县）也可设立联合服务窗口。联合服务窗口设置地点应当方便车主办理补贴资金申请手续。

商务主管部门应当及时向社会公布联合服务窗口的设置地点、办公时间、负责人员、联系方式等信息。

第七条　商务主管部门是联合服务窗口的牵头单位，负责审核申请车辆是否属于申领补贴范围，相关申领手续是否齐全、真实、有效等，主要包括审核《报废汽车回收证明》的有效性、车主提交的《老旧汽车报废更新补贴资金申请表》等有关材料，核对信息管理系统中回收的报废车辆有关信息，录入申请、补贴信息，综合协调、汇总数据等工作。对符合条件的申请，转交财政部门；对不符合条件的，退回申请人并说明理由。

财政部门负责对商务主管部门审核通过的补贴信息进行核对，并对符合要求车主发放补贴资金。

第八条　符合条件的老旧汽车报废更新车主，应当于车辆报废更新当年9月1日至下一年1月31日期间，到报废车辆车籍所在地市（州）、县联合服务窗口申请补贴资金，并填写《老旧汽车报废更新补贴资金申请表》、提供车辆报废更新的相关材料。

车主逾期申领补贴资金的，有关部门不予受理。

第三章　补贴资金管理

第九条　财政部会同商务部参考各地汽车保有量、上一年度补贴资金发放情况等因

素，于每年5月底前向省级财政部门预拨补贴资金，省级财政部门应当于当年6月底前将预拨补贴资金下达市(州)。

第十条 省级财政部门应当会同商务主管部门于每年3月31日前将上一年度老旧汽车报废更新补贴工作总结和资金清算表报送财政部、商务部。商务部负责汇总全国补贴资金发放和清算情况并报送财政部。财政部根据补贴资金发放情况和清算申请与各地进行清算。

第十一条 补贴资金的支付按照财政国库管理制度有关规定执行。各地结余的补贴资金，应当纳入下一年度补贴资金总量中统筹安排，专款专用。

第四章 保障措施

第十二条 省级商务主管部门要加强统筹规划，引导报废汽车回收拆解企业合理布局、完善回收网络，支持有条件的企业向县延伸回收网点，鼓励企业开展上门服务，方便车主交车和办理相关手续，并及时向社会公布承担老旧汽车报废更新车辆回收工作的回收拆解企业及其回收网点名单、联系方式。

第十三条 各地商务主管部门要积极与财政部门沟通和协调。

第十四条 各地商务、财政主管部门应当通过电视、网络、报纸等渠道，加强政策宣传，保证车主及时准确了解老旧汽车报废更新补贴范围、标准、申请办理程序等，并对车主在申请补贴过程中的问询做好相关解释工作。

第五章 监督管理

第十五条 财政部、商务部指导省级财政、商务主管部门对老旧汽车报废更新补贴实施监督管理。

各地财政、商务主管部门应在各自职责范围内加强对老旧汽车报废更新补贴实施、资金发放、信息统计上报等情况的跟踪检查和监督管理，确保资金安全和及时发放。

第十六条 省级商务主管部门要组织做好补贴资金申请办理资料存档、信息统计工作。对本地补贴资金申请办理、发放资料，应当作为工作档案留存，并由专人负责管理。

第十七条 省级财政、商务主管部门对老旧汽车报废更新补贴实施情况，应当每年组织重点抽查。财政部、商务部对实施情况进行不定期检查。

对未按规定审核补贴资金申请、上报补贴资金发放情况，或者所报补贴资金发放情况不真实的，暂缓安排该地区补贴资金；情节严重的，在全国范围内通报。

第十八条 对挪用、骗取补贴资金的单位和个人，依据《财政违法行为处罚处分条例》等有关规定进行处理。

任何单位或者个人均有权对补贴资金的发放情况进行监督、举报。

第六章 附则

第十九条 本办法由财政部会同商务部负责解释。

第二十条 各省级财政、商务主管部门可结合本地实际情况制定本地区补贴资金管理和发放具体实施细则，并报财政部、商务部备案。

本办法自发布之日起施行，《财政部 国家经贸委关于发布〈老旧汽车汽车报废更新补贴资金管理暂行办法〉的通知》(财建〔2002〕742号)同时废止。

2014年老旧汽车报废更新补贴车辆范围及补贴标准

2014年1月1日—12月31日期间交售给报废汽车回收企业的，使用10年以上(含10年)且未达到规定的使用年限，并于当年更新的半挂牵引车和总质量大于12000kg(含12000kg)的重型载货车（含普通货车、厢式货车、仓栅式货车、封闭货车、罐式货车、平板货车、集装箱车、自卸货车、特殊结构货车等车型，不含全挂车和半挂车），补贴标准为每辆车18000元人民币。

2.1 汽车损耗

一般来说，汽车的损耗有两种形式，即有形损耗和无形损耗。

2.1.1 有形损耗

汽车的有形损耗是指其本身实物形态上的损耗，又称物质损耗。它是汽车在存放和使用过程中，由于物理和化学原因而导致车辆实体发生的价值损耗，也即由于自然力的作用而发生的损耗。有形损耗的发生有两种情况。

第一种情况：汽车在使用过程中，由于零部件发生摩擦、冲击、振动、腐蚀、疲劳和日照老化等现象而产生的损耗。这种有形损耗通常表现为汽车零部件的原始尺寸、间隙发生变化，公差配合性质和精度降低；零部件变形，产生裂纹，以致断裂损坏等。这种有形损耗具有一定的规律性，大致可分为3个阶段，如图2.1所示。

第一阶段为初期磨损(磨合)阶段。在这个阶段，汽车的行驶速度不能太高，最好不要满载运行。因为汽车零部件在加工装配过程中，其相对运动的表面不可避免地具有一定的粗糙度，当相互配合作相对运动时，表面上的凸峰由于摩擦会很快被磨平，配合间隙适中。汽车磨合期的长短，各汽车公司都有严格的规定。一般欧美国家的汽车约为7000km，日本的汽车约为5000km，也有

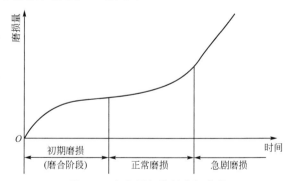

图 2.1 汽车零部件的磨损曲线

的车为3000km，甚至有的车型为1500km。使用中，必须按汽车厂家的规定，跑到磨合期的里程数，按时进行首次保养，如更换机油、清洗空气滤清器、调整间隙等，使汽车处于最佳状态。

第二阶段为正常磨损阶段。在这个阶段，汽车零部件表面上的高低不平已被磨去，磨损速度较第一阶段缓慢，磨损情况较稳定，磨损量随行驶里程的增加而均匀正常地增加，持续时间较长，这段曲线较平缓。此阶段车主应严格按汽车制造厂家在使用手册中规定的技术要求使用汽车，也就是通常所说的正常使用，尽可能延长其正常磨损阶段。

第三阶段是急剧磨损阶段。这一阶段由于破坏了正常磨损关系，从而使磨损加剧，磨损量急剧上升，这段曲线较陡，上升快。此时，汽车各零部件的精度、技术性能和效率明显下降，使用费用急剧增加，油耗、排放超标。

从上述磨损规律可知：如果汽车在使用中加强维护保养，合理使用，则可延长其正常使用阶段的期限，从而提高经济效益，减少使用费用的支出。此外，对汽车要定期地进行检查，发现问题，及时解决，"小病不理，大病吃苦"，在进入急剧磨损阶段之前就进行修理，以免遭到不可逆转的破坏性损耗。

第二种情况：汽车在存放闲置过程中，由于自然力的作用，使汽车腐蚀、老化，或由于管理不善和缺乏必要的养护而使其自然丧失精度和工作能力。这种损耗与闲置时间和保管条件有关。例如，起动时所用的蓄电池在长期闲置中，若没有定期地进行养护，会使其丧失工作能力而报废。发动机在长期的闲置中，首先应进行封存，或至少每年进行维护保养和发动一次，否则就有可能因缸内锈蚀而影响其使用寿命。

汽车存在的上述两种损耗形式不是以单一形式表现出来的，而往往是共同作用。其损耗使汽车的使用性能变差，价值降低，到一定程度可使汽车完全丧失使用价值。在经济上，显然会导致汽车使用费用不断上升，经济效益逐步下降。在有形损耗严重时，若不采取措施，就会引起行车事故，从而带来极大的经济损失，甚至危及生命。

2.1.2 无形损耗

所谓无形损耗，是由于科学技术的进步和发展，从而导致车辆的损耗与贬值。这也分以下两种情况。

第一种情况：因技术不断进步引发劳动生产率提高，而现在再生产制造与原性能和结构相同的车辆，其社会必要劳动时间会减少，致使重新生产制造结构相同车辆的成本降低，造成现有车辆的价值损耗而贬值。这种无形损耗并不会影响汽车本身的技术特性和功能，汽车可以继续使用，一般也不需要更新。但是，若汽车的贬值速度比维修汽车的费用提高的速度还快，修理费用高于贬值后的车辆价值，这时就应考虑更新了。

第二种情况：因科学技术的进步，不断出现性能更完善、运输效率更高的车辆而使原有车辆在技术上显得陈旧和落后，而产生损耗和贬值。这时，如果继续使用原有车辆，就会降低经济效益。这种经济效益的降低，反映在原有车辆使用价值的局部或全部丧失，这就产生了用新的车辆来取代原有旧的车辆的必要性。不过这种更新的经济合理性取决于原有车辆的贬值程度及经济效益下降的幅度。例如，电控燃油喷射系统的成功使用，使汽车的燃油经济性和排放污染都有明显的改善，使原有化油器汽车产生贬值，并逐渐淘汰退出市场。

2.2 汽车使用寿命的分类

汽车使用寿命主要可分为技术使用寿命、经济使用寿命和合理使用寿命。三者的关系一般可表示为

$$技术使用寿命 \geqslant 合理使用寿命 \geqslant 经济使用寿命$$

1. 技术使用寿命

汽车的技术使用寿命指汽车已达到技术极限状态，而不能用修理的方法恢复其主要使

用性能的使用期限。汽车的技术使用寿命取决于汽车各总成的设计水平、制造质量和合理使用与维修。其技术极限状态在结构上表现为零部件的工作尺寸、工作间隙极度超标；在性能上表现为汽车的动力性、使用经济性、使用安全性和可靠性极度下降。

汽车到达技术使用寿命时，应进行报废处理。

2. 经济使用寿命

汽车的经济使用寿命指综合考虑汽车使用中的各种消耗，以取得汽车使用最佳经济效果为出发点进行分析，保证汽车总使用成本最低时的使用期限。随着汽车使用时间和行驶里程的延长，汽车的技术状况不断变坏，汽车维修费、燃料费等经营费用不断增加。当汽车使用到某一年限后，继续使用将使其经济性变坏。根据汽车使用的经济效益所确定的汽车寿命，称为汽车的经济使用寿命。

汽车的经济使用寿命是确定汽车最佳更新时机的依据。

3. 合理使用寿命

汽车的合理使用寿命指以汽车经济使用寿命为基础，考虑整个国民经济发展和能源节约的实际情况后，所制定出的符合我国实际情况的使用期限。也就是说，汽车已经达到经济寿命，但是否更新应视国情而定，如更新汽车的来源及更新资金等。

对于汽车，我国早已颁布汽车报废标准。现行的《机动车强制报废标准规定》从2013年5月1日起施行，是在充分考虑上述因素、我国国情和报废标准与国际接轨的基础上颁布的，是二手车评估的重要依据之一。

2.3　汽车的经济使用寿命

2.3.1　汽车经济使用寿命的主要指标

汽车在经济使用寿命时期内，其使用的经济效益最佳，因此得到了广泛的关注。研究表明：在汽车经济使用寿命时期内，汽车制造费用平均只占总费用的15%，而使用和维修费则占85%。

发达国家的汽车经济使用寿命完全按经济规律确定，除考虑车辆本身的运行费用增长外，还须考虑新车型性能的改进和价格下降等因素。表2-1列出了几个主要汽车国的载重汽车的平均经济使用寿命。

表2-1　主要国家的载重汽车平均经济使用寿命

国别	美国	日本	德国	法国	英国	意大利	中国
平均经济使用寿命/年	10.3	7.5	11.5	12.1	10.6	11.2	10

汽车经济使用寿命的主要指标有规定使用年限、行驶里程、使用年限和大修次数。

1. 规定使用年限

规定使用年限是汽车从投入运行到报废的年数。用其作为经济使用寿命的量标，除考虑了运行时间以外，还考虑了汽车停驶闲置期间的自然损耗。这种计量方法虽然较简单，但是，尚未真实地反映出汽车的使用强度和使用条件对寿命的影响，造成同年限汽车差异较大。例如，两辆同型号的汽车，一辆每天运行8h，另一辆则每天只运行2h，其使用强度相差很大，但规定使用年限是一样的。

车辆规定使用年限是指汽车报废标准中的报废年限。我国汽车的规定使用年限为9个等级，即8年、9年、10年、12年、13年、15年、20年、30年、不限。

2. 行驶里程

行驶里程是指汽车从开始投入运行到报废，这期间累计行驶的里程数。将其作为汽车使用寿命的量标比较客观地反映了汽车的使用强度，但它也不能反映使用条件对汽车的影响，也未考虑汽车停驶闲置期间的自然损耗。例如，有的汽车长年在大、中城市行驶，道路全为铺设路面。而有的汽车则长期在山区、边远地区行驶，道路条件较差。使用行驶里程这个量标，则没有考虑这种差异。

应该说，汽车累计行驶里程数是考核汽车各项技术性能指标的重要参数，是一个很实用、很实际的量标，充分反映了汽车使用强度的大小。汽车使用性质不同，同年限的汽车其累计行驶里程数相差是很大的。一般来说，同年限的专业运输车辆，行驶里程数较大。

3. 使用年限

使用年限是指汽车的总行驶里程与年平均行驶里程之比所得的折算年限，即

$$T_{折} = \frac{L_{总}}{L_{年}}$$

式中，$T_{折}$——折算年限（年）；

$L_{总}$——总的累计行驶里程（km）；

$L_{年}$——年平均行驶里程（km/年）。

年平均行驶里程是用统计方法确定的，与车辆的技术状态、完好率、平均技术速度和道路条件等因素有关。据统计，我国城市和市郊运输车辆平均行驶里程一般为4万km左右，长途货运为5万km左右。对于营运汽车在使用过程中，由于车辆的技术状况、平均技术速度和道路条件等因素的不同，年平均行驶里程的差异较大，但车辆的年平均使用强度基本相同。因此，按折算年限基本上可以在全国范围内取得统一指标。这对于社会专业运输和社会零散使用车辆也是适用的。但由于使用强度相差太大，年平均行驶里程也不相同，其使用年限也不相同。社会零散车辆的管理水平、使用水平、维修水平一般都比较低，所以这些车辆又不能按专业运输车辆的指标要求，应相对于专业运输企业车辆的使用寿命做适当的修正。这种（使用年限）表示方法既反映了车辆的使用情况、使用强度，又包括了运行条件和某些停驶时间较长的车辆的自然损耗。

4. 大修次数

大修次数指车辆报废之前所经历的大修次数。汽车经几次大修后报废最为经济，对这一问题，需综合考虑购买新车的费用、旧车未折完的费用、大修费用和经营费用等。

就全国来说，采用使用年限这个量标比采用行驶里程更为合理些，因为我国地域辽阔，地理、气候、道路条件差异较大，管理水平有高有低。有些省市，即使使用年限相

同，而车辆总行驶里程有长、有短，车辆技术状况也不相同。为此采用使用年限作为主要考核指标更为确切。

2.3.2 经济使用寿命的估算

计算汽车经济使用寿命的方法主要有最小平均费用法、低劣化数值法、应用现值及投资回收系数估算法、面值法、模式法、折现法、判定大修与更新界限法等方法。

1. 最小平均费用法

平均费用即平均使用成本或开支，一般由年均维修费用和年均折旧费用组成。计算公式为

$$C_n = \frac{\sum V + \sum B}{T}$$

式中，C_n——每年的平均费用，即年均使用成本；
　　$\sum V$——累计运行中的维修费用；
　　$\sum B$——累计折旧费用；
　　T——使用年数。

一般情况下，随着使用年限的增长，平均运行维修费用增加，而年均折旧费用下降。可把年平均费用 C_n 最小的那个年份作为最佳的更新周期，也就是汽车的经济使用寿命。

图2.2中的汽车年均费用曲线，反映了年均运行维修费用和年均折旧费用的变化。最小的年均费用所对应的年数，即为其经济使用寿命。超过此经济使用寿命的年份，其年均费用又将上升。因此，汽车使用到年均使用费用最小的年限就更新最为经济。

现举例说明此种估算方法的应用。

【例2-1】现购得一辆微型轿车，原值为40000元。每年的运行维修费用和折旧后的每年净值见表2-2。试计算其最佳更新周期，即经济使用寿命期。根据表2-2中的数据按最小平均费用法进行计算，结果见表2-3。

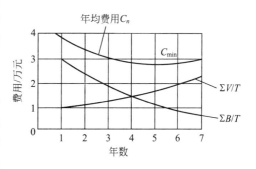

图2.2　汽车年均费用曲线

表2-2　某车年运行维修费用和折旧后的年净值　　（单位：元）

使用年数	1	2	3	4	5	6	7	8	9	10
运行维修费用	5000	6000	7000	8000	9000	12000	14000	16000	18000	20000
净值	30000	22000	16000	12000	8000	6000	4000	2000	1000	0

表2-3　按最小平均费用法计算经济使用寿命期　　（单位：万元）

使用年数 T	1	2	3	4	5	6	7	8	9	10
累计维修费用 $\sum V$	0.5	1.1	1.8	2.6	3.5	4.7	6.1	7.7	9.5	11.5
累计折旧费用 $\sum B$	1.0	1.8	2.4	2.8	3.2	3.4	3.6	3.8	3.9	4.0

(续)

总使用成本 $\sum V + \sum B$	1.5	2.9	4.2	5.4	6.7	8.1	9.7	11.5	13.4	15.5
年均费用 C_n	1.5	1.45	1.4	1.35	1.34	1.35	1.38	1.43	1.49	1.55

从表 2-3 的计算结果可以看出，平均费用最低的为 $C_5=1.34$ 万元，故这辆汽车最佳使用期限为 5 年。若再继续使用下去平均费用 C_n 就又上升了。若使用到 7 年以上，就很不经济了。所以，其更新的最佳期限为 5 年，退一步讲，最好不要超过 7 年。工业发达国家一般 5 年左右更新一代车是有一定道理的。

2. 低劣化数值法

汽车随着使用年限的增长，有形损耗和无形损耗都不断加剧，运行维修费用相应加大，这就是汽车运行成本低劣化现象。若能按统计资料预测到这种低劣化程度，则可能在汽车使用早期就可预测其最佳更新周期，即汽车的经济使用寿命。

假定汽车的原始价值为 K，其使用年限为 T，则每年费用为 K/T。使用中，由于汽车性能逐年低劣化，从而导致运行费用每年以 λ 的数值增加。T 年后其残值为 Q，则汽车最佳使用期计算如下。

因低劣化值在汽车使用的第一年年末为 λ，第二年年末则为 2λ，……，第 T 年年末为 $T\lambda$，为 λ 的等差级数，则 T 年的平均低劣化值为

$$\frac{\lambda+2\lambda+\cdots+T\lambda}{T}=\frac{(T+1)\lambda}{2}$$

则平均总费用 C 为

$$C=\frac{K-Q}{T}+\frac{(T+1)\lambda}{2}$$

对上式可用求极值的方法使年均费用最小，也就是对时间求一阶导数，并令其等于零，即可求出 $C_{\min}$ 值。此值就为汽车的最佳更新周期，也就是其经济使用寿命。

若 Q 为常数，对上式求导，并令其等于零，即令 $\dfrac{dC}{dT}=0$，则有

$$-\frac{K-Q}{T^2}+\frac{\lambda}{2}=0$$

$$T=\sqrt{\frac{2(K-Q)}{\lambda}}$$

式中，T——汽车最佳使用年份数（年）；
K——汽车原值；
Q——汽车使用 T 年后的残值；
λ——低劣化值。

若不计残值，即令 $Q=0$，则上式变化为

$$T=\sqrt{\frac{2K}{\lambda}}$$

上式就是计算汽车最佳更新周期的公式。现用例 2-2 的微型轿车进行其经济使用寿命的估算。

【例 2-2】 上例微型轿车原值 K 为 4.0 万元,假设残值 Q 为零。每年运行费用增加值 λ 为 0.3 万元,求该微型轿车最佳更新周期,即经济使用寿命。

解:该车的最佳更新周期为

$$T=\sqrt{\frac{2K}{\lambda}}=\sqrt{\frac{2\times 4.0}{0.3}}=5.16(年)$$

3. 应用现值及投资回收系数估算法

在计算汽车经济寿命时,若考虑到利率对年使用费用的影响,就应把已发生的费用或预期将要发生的费用作现值进行计算。在同一时间基点上,将所涉及的各项费用按现在的价值折算出总的费用,称为年使用现值。其折算公式为

$$P=S/(1+i)^T$$

式中,P——现值;

S——未来值,即第 T 年付出的费用;

i——利率;

$1/(1+i)^T$——现值系数。

设汽车使用过程中,平均每年陆续付出的费用为 R(称为年当量使用费用),每年陆续付出费用的总和为 P(以现在的费用值表示,称为现值)。则 R 与 P 之间的关系为

$$P=\frac{R}{(1+i)}+\frac{R}{(1+i)^2}+\cdots+\frac{R}{(1+i)^{T-1}}+\frac{R}{(1+i)^T}$$

$$=\frac{R}{(1+i)^T}[(1+i)^{T-1}+\cdots+(1+i)+1]$$

$$=\frac{R}{(1+i)^T}\cdot\frac{(1+i)^T-1}{i}$$

$$R=P\frac{i(1+i)^T}{(1+i)^T-1}$$

式中,$\dfrac{i(1+i)^T}{(1+i)^T-1}$——投资回收系数。

年当量使用费用 R 是为了使支出的现值可与每年由更新而获得的效益进行比较而提出的。当列表计算后,选出年当量使用费用 R 最小时的使用年限 T,即为经济寿命年限。

以表 2-4 所列数据为例,取利率 $i=10\%$,$b=0.218$,$K_0=10.500$ 元,列表计算,经济寿命为 11 年,结果见表 2-5。因此,考虑利率时汽车经济寿命计算值将比不考虑利率影响时稍有增加。

表 2-4 某汽车运输公司对某国产汽车使用成本的统计

里程段 D/万 km	平均累计里程 X/100km	维修费 Y_1/(元/1000km)	大修费 Y_0/(元/1000km)	燃料费 Y_2/[元/(1000t·km)]	燃料费折算系数 C/t	总费用 $Y=Y_1+Y_0+Y_2+C$/(元/km)
0~10	90	91.77	0	49.5105	3.33	256.4
10~15	117.65	91.79	0	48.7808	3.33	254.3
20~25	244.11	94.20	47.15	51.8829	3.33	314.4
25~30	268.76	97.34	47.15	53.2102	3.33	321.8

(续)

里程段 D/万 km	平均累计里程 X/100km	维修费 Y_1/ (元/1000km)	大修费 Y_0/ (元/1000km)	燃料费 Y_2/ [元/(1000t·km)]	燃料费折算系数 C/t	总费用 $Y=Y_1+Y_0+Y_2+C$/(元/km)
30～35	340.88	105.42	52.16	56.1802	3.33	344.6
45～50	486.67	115.66	58.13	52.3003	3.33	347.5
50～55	529.33	127.33	60.46	55.3093	3.33	371.7
55～60	575.55	128.06	60.46	58.5105	3.33	383.6
60～65	625.69	124.24	68.15	60.7087	3.33	394.5
65～70	676.37	123.19	68.15	59.5886	3.33	389.7
70～75	726.59	128.67	73.48	60.2703	3.33	402.5
75～80	776.29	130.27	73.48	60.9009	3.33	406.5
$\sum X$	5457.89				$\sum Y$	4187.50
$\sum X^2$	3097781.6				$\sum Y^2$	1492372.150

注：燃料费的折算系数是把1000t·km燃料费折算成1000车·km燃料费，$C=$（主车标记吨位+挂车标记吨位×拖挂率）×实载率。

表 2-5 汽车经济寿命计算表

年限 T/年 ①	年使用费用/元 ②	现值系数 ③	年使用费用现值/元 ④=②×③	现金合计 ⑤=K_0+④	投资回收系数 ⑥	年当量使用费用/元 ⑦=⑤×⑥
1	8752	0.909	7955.57	18455.57	1.100	20301.13
2	9004	0.826	7437.30	25892.87	0.576	14914.29
3	9256	0.751	6591.26	32844.13	0.402	13203.34
4	9508	0.683	6493.96	39338.09	0.316	12430.84
5	9760	0.621	6060.96	45399.05	0.264	11985.35
6	10012	0.565	5656.78	51055.83	0.230	11742.84
7	10264	0.513	5265.43	56321.26	0.205	1154.86
8	10516	0.467	4910.97	61232.23	0.187	11450.43
9	10768	0.424	4565.63	65797.86	0.174	11448.83
10	11020	0.386	4253.72	70051.58	0.163	11418.41
11	11272	0.351	3956.47	74008.05	0.154	11397.24
12	11524	0.319	3676.16	77684.21	0.147	11419.58

4. 面值法

面值法是一种仅以账面数字作为分析基础的经济分析法。与低劣化数值相比，面值法可避免数据统计困难，适于在实际生产中分析和预估本单位车辆的经济使用寿命。

假定以 $K_0=30000$ 元购入一台新车，预计可使用 10 年，其价值将随着使用年限的增加而降低，而运行成本则增加。将这些有关的数据列表，并计算其总使用成本和在使用期间的年平均使用成本，则可以得到年平均使用成本最低的使用年限，见表 2-6。

表 2-6 汽车年总使用成本

年限 ①	汽车残值/元 ②	年折旧 ③=(K_0-②)/①	运行成本/元 ④	累计运行成本/元 ⑤=Σ④	总使用成本/元 ⑥=③+⑤	年均使用成本/元 ⑦=⑥/①
1	25000	5000	3200	3200	8200	8200
2	20000	5000	3850	7050	12050	6025
3	15000	5000	4300	11350	16350	5450
4	10000	5000	4700	16050	21050	5263
5	8000	4400	5200	21250	25650	5130
6	6000	4000	5600	26850	30850	5142
7	4000	3714	6100	32950	36664	5238
8	3000	3375	6500	39450	42825	5353
9	2000	3111	7000	46450	49561	5507
10	1000	2900	7200	53650	56550	5655

面值法通常列表计算。由表 2-6 中的数据可看出，第 5 年年末为最佳经济的寿命时期，因为该年与其他几年相比，该车的年平均使用成本最低。

2.3.3 影响汽车经济使用寿命的因素

影响机动车经济使用寿命的因素有车辆的损耗、车辆的来源与使用强度、车辆的使用条件等。

1. 车辆的损耗

首先从车辆的有形损耗和无形损耗两个方面进行分析。

无形损耗是指由于技术进步、生产发展，出现了性能好、生产效率高的新车型，或原车型价格下降等情况，促使在用车辆提前更新而产生的损耗，实际上是旧车型相对新车型的贬值。

有形损耗是指车辆在使用过程中本身的消耗。有形损耗主要与车辆使用成本有关。车辆的使用成本一般包括

$$C=C_1+C_2+C_3+C_4+C_5+C_6+C_7+C_8$$

式中，C_1——燃料费用；
C_2——维护和小修费用；
C_3——大修费用；
C_4——基本折旧费用；
C_5——轮胎费用；
C_6——驾驶员工资费用；

C_7——管理费用；

C_8——养路费。

其中 $C_5 \sim C_8$ 是与车辆经济使用寿命无关的因素。当使用寿命确定后，C_4 基本是一个定值，只有 C_1、C_2、C_3 随行驶里程（或使用年限）的增长、车况的下降而增加。因此，对 C_1、C_2、C_3 与车辆经济寿命有关的因素作进一步分析，从而可按最佳经济效益确定其经济使用寿命。

1) 车辆的燃料费用

车辆随行驶里程的增加，其技术状况会逐渐变坏，主要性能不断下降，燃料和润滑材料的消耗不断增加。

2) 车辆的维修费用

维修费用是指车辆在使用过程中，各级维护费用及日常小修费用的总和。它主要由维修过程中实际消耗的工时费和材料费用来确定。随车辆行驶里程的增加，各级维护作业中的附加小修项目和日常小修作业项目的费用随之增加，其变化关系基本上是线性关系，如图 2.3 所示。

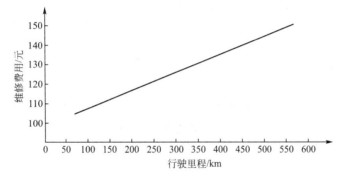

图 2.3　车辆行驶里程与维修费用的关系

车辆的行驶里程与维修费用的关系可用下式表示

$$C = a + bL$$

式中，C——维修费用；

a——维修费用的初始值；

b——维修费用的增长强度（由试验统计资料来确定）；

L——累计行驶里程。

公式中的 b 值是维修费用随行驶里程增加的增长强度，不同车型和不同的使用条件下的 b 值也不相同。常把维修费用增长强度 b 作为确定汽车经济使用寿命的主要依据之一，b 值越大，车辆维修费用随行驶里程增加的速度越快。

3) 车辆的大修费用

车辆在使用过程中，当其动力性和经济性下降到一定程度，无法用正常的维护和小修方法使其恢复正常使用状态时，就必须进行大修。

根据国内初步统计表明，新车第一次大修费用一般为车辆原值的 10% 左右。以后随里程（或年限）的增长，大修费用也逐渐增加，另外大修间隔里程也在逐渐缩短。在计算大修费用时，要把某次的大修费用均摊在此次大修至下次大修的间隔里程段内，即相当于对大修后间隔里程段的投资。

2. 车辆的使用强度

不同的使用者，对车辆的使用强度差异比较大，各种车辆的使用强度从每年1万～15万km不等，常见的车辆使用强度见表2-7。

表2-7 车辆使用强度

车辆类型	私家车	商用车	出租车	公交车	长途客车	大货车
车辆使用强度/（万km/年）	1～3	2～5	10～15	8～12	10～20	8～12

一般来说，私家生活用车不仅维护保养较好，而且年平均行驶里程数较小；相反营运性车辆，年平均行驶里程数就很大，使用强度也很大。而公务、商务用车，则介于上述两者之间，使用强度一般。

汽车的使用强度与使用部门有关。交通运输部门、专门从事运输生产的车辆，使用条件复杂，使用强度较大。但车辆维修水平也较高。这部分车辆主要指的是客、货运输车辆。特别是货车，为了提高劳动生产率，通常带有拖挂车，实载率较高，甚至超载。这些车辆一般很少进入二手车流通领域，运输单位通常用到报废为止。城市公共交通车辆也是从"生"到"死"常年服役，不参与二手车市场的交易。

城市出租车，其使用强度极大，车辆机件磨损上升速率很快，大大影响了车辆的使用寿命。而且这些车辆的管理、使用、维修水平差异很大，有少数出租车公司对于车况疏于管理，大多数出租车实行昼夜两班制。出租车进入二手车市场的不少，对于其车况，在评估中需特别注意。

还有一些机关、企事业单位的公务、商务用车，这些车辆一般没有专业的管理机构和维修基地，使用情况也存在较大差异。这些车辆进入二手车市场的较多。政府有关部门的公务用车更换后，均需进入二手车市场。评估时应注意考虑其实际技术状况，了解其使用维修情况。一般来说，这些车辆使用强度不大，车况也较好。

显然，使用强度越大，其经济使用寿命越短。

3. 车辆的使用条件

1）道路条件

道路对汽车使用寿命影响很大，直接影响车辆技术速度。道路条件差，车辆技术速度就慢，燃料消耗增大，车辆磨损增大，经济使用寿命则短。

对汽车使用寿命有较大影响的道路条件主要是道路等级和路面情况两个因素。我国道路分为两类。

第一类：汽车专用公路、高速公路、一级公路和二级汽车专用公路。

第二类：一般二级公路、三级公路和四级公路。

高速公路具有特别的经济意义。我国高速公路发展极快，专供汽车分道高速行驶，一般时速均在100km以上，采用全立交、全封闭形式。一、二级汽车专用公路多为大、中城市的铺设路面，或者是连接重要经济中心之间专供汽车行驶的道路。三级公路主要是用来沟通县级以上城市的干线公路。四级公路主要是沟通县、乡、村等的支线公路。

目前，我国正在实施"社会主义新农村建设"，改善农村经济，提高其发展水平。实施"要想富,先修路"的村村通公路的规划。无需很长时间,我国广大农村的交通条件将会得到极大改善,同时也给汽车使用寿命的提高带来极大影响。

2)自然条件

我国幅员辽阔,各地自然、地理条件差异较大,温度、湿度、年降雨量、空气中的含氧量、沙尘含量差异也较大,造成车辆的经济使用寿命有一定的差异。

4. 经济水平

我国各地的经济水平差异也很大,东南沿海经济发达,而中西部经济较落后,这也造成了车辆经济使用寿命的差异。如出租车的使用年限从 3 年至 8 年不等,而有的地方 8 年后还可以使用。

5. 国家能源、环保政策

国家能源、环保政策的主要影响是缩短了汽车的使用寿命。这些政策限制了耗能多、排放不达标的汽车的使用,或使其提前报废,也增加了其年检次数,提高了汽车的使用成本。

1)缩短了机动车的使用寿命

根据国家能源、环境政策,对不达标的机动车限制使用或者使其提前报废,大大加速了机动车的更新速度,缩短了不达标机动车的正常使用寿命。许多在用的"黄标"车,除限驶地区外,一年内还需多次检测,大大增加了使用成本,从而加速了使用寿命的到达。根据国家二手车交易市场信息部门的预测,新的排放标准的实施,主流的二手车型交易寿命缩短了 15%,由原来的 6 年下降到 5 年左右。

2)增加了使用成本

国家对不符合要求的在用机动车进行限制使用,不准其进入某些重要或敏感的地区。此外,还要频繁地对其进行检测,甚至强制报废。这些举措都导致机动车使用成本的增加,从而加速了超标机动车退出使用的进度。

2.4 汽车折旧

汽车折旧是指汽车随着时间的推移或在使用过程中,由于损耗而转移到产品中去的那部分价值。对于营运车辆,当这部分价值随着车辆产生收益的回收、积累,则形成汽车的折旧基金。折旧基金是为了补偿汽车的磨损而逐年提取的专用基金,其主要目的是在汽车不能使用或不再使用时,用折旧基金购置新车辆,实现汽车更新。

车辆折旧根据车辆的价值、使用年限,用所规定的折旧方法进行计算。常用的汽车折旧方法有等速折旧法和快速折旧法两种,其中等速折旧法应用较广。

2.4.1 等速折旧法

等速折旧法又称直线折旧法、使用年限法或平均折旧法,是指用车辆的原值除以车辆使用年限,从而求得年均折旧额的方法。计算公式为

$$D_t = \frac{1}{N}(K_o - S_V)$$

式中,D_t——汽车年均折旧额;

K_0——汽车原值；
S_V——汽车残值；
N——汽车规定的折旧年限。

2.4.2 快速折旧法

快速折旧法常分为年份数求和法和余额递减折旧法两种。

1. 年份数求和法

年份数求和法是指每年的折旧额可用车辆原值减去残值的差额乘一个逐年变化的递减系数来确定的一种方法。此递减系数的分母为车辆使用年限历年数字的累计之和，即每年递减系数的分母均相等；分子的大小等于当年时止还余有的使用年数，例如，当 $N=5$ 时，则分母为 $1+2+3+4+5=15$；分子在第 3 年时，还余有使用年限 2 年，则分子为 2，此年的递减系数为 2/15。一般来讲，车辆使用年限为 N 时，递减系数的分母等于 $N(N+1)/2$，分子等于 $N+1-t$。年份数求和的计算公式为

$$D_t = (K_0 - S_V) \times \frac{N+1-t}{\frac{N(N+1)}{2}}$$

式中，$\frac{N+1-t}{N(N+1)/2}$——递减系数（或年折旧率）；

t——汽车在使用期限内某一确定年度。

2. 余额递减折旧法

余额递减折旧法是指任何年的折旧额用现有车辆原值乘以在车辆整个寿命期内恒定的折旧率，接着用车辆原值减去该年折旧额作新的原值，下一年重复这一算法，直到折旧总额分摊完毕。在余额递减中所使用的折旧率，通常大于直线折旧率，当使用的折旧率为直线折旧率的两倍时，称为双倍余额递减法，具体计算公式为

$$D_t = K_0 a (1-a)^{t-1}$$

式中，a——折旧率，直线法的折旧率为 $a=1/N$；

t——汽车在使用期内某一确定年度。

应用该公式计算时，若在使用期终仍有余额，为了使折旧总额到使用期终分摊完毕，到一定年度后，要改用等速折旧法。

3 种方法计算出的折旧率是不同的，汽车的规定使用年限分为 8 年、10 年和 15 年 3 种，其每年的折旧率见表 2-8，对比如图 2.4 所示。

表 2-8 3 种方法计算折旧率

使用年限	折旧率/(%)								
	规定年限 8 年			规定年限 10 年			规定年限 15 年		
	等速折旧法	年份数求和法	双倍余额递减法	等速折旧法	年份数求和法	双倍余额递减法	等速折旧法	年份数求和法	双倍余额递减法
1	0.1250	0.2222	0.2500	0.1000	0.1818	0.2000	0.0667	0.1250	0.1333
2	0.1250	0.1944	0.1875	0.1000	0.1636	0.1600	0.0667	0.1167	0.1156

(续)

使用年限	折旧率/(%)								
	规定年限8年			规定年限10年			规定年限15年		
	等速折旧法	年份数求和法	双倍余额递减法	等速折旧法	年份数求和法	双倍余额递减法	等速折旧法	年份数求和法	双倍余额递减法
3	0.1250	0.1666	0.1406	0.1000	0.1455	0.1280	0.0667	0.1083	0.1001
4	0.1250	0.1389	0.1055	0.1000	0.1273	0.1024	0.0667	0.1000	0.0868
5	0.1250	0.1111	0.0791	0.1000	0.1091	0.0819	0.0667	0.0917	0.0752
6	0.1250	0.0833	0.0593	0.1000	0.0909	0.0655	0.0667	0.0833	0.0652
7	0.1250	0.0556	0.0445	0.1000	0.0727	0.0524	0.0667	0.0750	0.0565
8	0.1250	0.0278	0.0334	0.1000	0.0545	0.0419	0.0667	0.0667	0.0470
9				0.1000	0.0364	0.0336	0.0667	0.0583	0.0424
10				0.1000	0.0182	0.0268	0.0667	0.0500	0.0368
11							0.0667	0.0417	0.0319
12							0.0667	0.0333	0.0276
13							0.0667	0.0250	0.0239
14							0.0667	0.0167	0.0207
15							0.0667	0.0083	0.0180

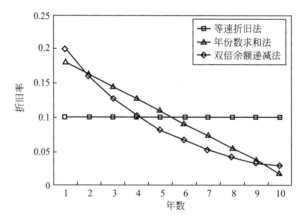

图2.4 3种方法计算折旧率对比(以10年为例)

从表2-8和图2.4中可以看出,等速折旧法的每年折旧率是相等的;年份数求和法的每年折旧率是不相等的,且呈直线规律下降;双倍余额递减法的每年折旧率也是不相等的,但其变化规律为指数曲线。

【例2-3】某汽车的原值为10万元,规定使用年限为10年,残值忽略不计,试用上述两种快速折旧法分别计算其折旧额。

计算结果分别见表2-9和表2-10。

表 2-9 用年份数求和法计算折旧

年数	基数/元	递减系数/元	年折旧额/元	累计折旧额/元
1	100000	10/55	18181	18181
2		9/55	16363	34544
3		8/55	14545	49089
4		7/55	12727	61816
5		6/55	10909	72725
6		5/55	9090	81815
7		4/55	7272	89087
8		3/55	5454	94541
9		2/55	3636	98177
10		1/55	1818	100000

表 2-10 用双倍余额递减法计算折旧

年数	基数/元	折旧率/(%)	年折旧额/元	累计折旧额/元
1	100000	20	20000	20000
2	80000	20	16000	36000
3	64000	20	12800	48800
4	51200	20	10240	59040
5	40960	20	8192	67232
6	32768	20	6553.6	73785.6
7	26214.4	25	6553.6	80339.2
8	26214.4	25	6553.6	86892.8
9	26214.4	25	6553.6	93446.4
10	26214.4	25	6553.6	100000

注：为使累计折旧额在第 10 年期终分摊完毕，第 7 年起用等速折旧法。

2.5 汽车报废

经过长期使用后，车型老旧、性能低劣、物料消耗严重、维修费用过高、继续使用不经济且不安全的汽车应予以报废。车辆报废应根据车辆报废的技术条件，提前报废会造成运力浪费，过迟报废则又增大运输成本，影响运力更新。

2.5.1 按规定使用年限进行强制报废

《机动车强制报废标准规定》经 2012 年 8 月 24 日商务部第 68 次部务会议审议通过，

并经国家发展和改革委员会、公安部、环境保护部同意，2012年12月27日，商务部、国家发展和改革委员会、公安部、环境保护部令2012年第12号公布。《机动车强制报废标准规定》共11条，明确根据机动车使用和安全技术、排放检验状况，国家对达到报废标准的机动车实施强制报废的，自2013年5月1日起施行。

《机动车强制报废标准规定》已经酝酿多年。此前，我国机动车相关报废标准始于1997年7月15日发布的《汽车报废标准》，其中对于私家车的强制报废标准为期限10年，行驶10万km。之后，随着我国汽车工业的迅速发展，车辆技术水平的提升，这一限制显得过于苛刻。在2000年的《汽车报废标准规定》中，虽然私家车仍有年限限制，但是可通过年检将标准延长为15年。2006年，商务部就《机动车强制报废标准规定》征求意见，其中首次取消了小、微型非营运载客汽车使用年限限制，被认为是最为重要的变化。

2013年我国新修订的《机动车强制报废标准规定》规定：已注册机动车有下列情形之一的应当强制报废，其所有人应当将机动车交售给报废机动车回收拆解企业，由报废机动车回收拆解企业按规定进行登记、拆解、销毁等处理，并将报废机动车登记证书、号牌、行驶证交公安机关交通管理部门注销。

（1）达到本规定各类汽车的规定使用年限的。

① 小、微型出租客运汽车使用8年，中型出租客运汽车使用10年，大型出租客运汽车使用12年。

② 租赁载客汽车使用15年。

③ 小型教练载客汽车使用10年，中型教练载客汽车使用12年，大型教练载客汽车使用15年。

④ 公交客运汽车使用13年。

⑤ 其他小、微型营运载客汽车使用10年，大、中型营运载客汽车使用15年。

⑥ 专用校车使用15年。

⑦ 大、中型非营运载客汽车（大型轿车除外）使用20年。

⑧ 三轮汽车、装用单缸发动机的低速货车使用9年，装用多缸发动机的低速货车及微型载货汽车使用12年，危险品运输载货汽车使用10年，其他载货汽车（包括半挂牵引车和全挂牵引车）使用15年。

⑨ 有载货功能的专项作业车使用15年，无载货功能的专项作业车使用30年。

⑩ 全挂车、危险品运输半挂车使用10年，集装箱半挂车20年，其他半挂车使用15年。

⑪ 正三轮摩托车使用12年，其他摩托车使用13年。

⑫ 小、微型非营运载客汽车、大型非营运轿车、轮式专用机械车无使用年限限制。

（2）经修理和调整仍不符合机动车安全技术国家标准对在用车有关要求的。

（3）经修理和调整或者采用控制技术后，向大气排放污染物或者噪声仍不符合国家标准对在用车有关要求的。

（4）在检验有效期届满后连续3个机动车检验周期内未取得机动车检验合格标志的。

2.5.2 按行驶里程进行引导报废

如果汽车的规定使用年限未达到《机动车强制报废标准规定》的规定要求，但行驶里程长，使用强度大，汽车技术状况差。《机动车强制报废标准规定》也提出了引导报废规定。

达到下列行驶里程的机动车，其所有人可以将机动车交售给报废机动车回收拆解企业，由报废机动车回收拆解企业按规定进行登记、拆解、销毁等处理，并将报废的机动车登记证书、号牌、行驶证交公安机关交通管理部门注销。

（1）小、微型出租客运汽车行驶60万km，中型出租客运汽车行驶50万km，大型出租客运汽车行驶60万km。

（2）租赁载客汽车行驶60万km。

（3）小型和中型教练载客汽车行驶50万km，大型教练载客汽车行驶60万km；

（4）公交客运汽车行驶40万km。

（5）其他小、微型营运载客汽车行驶60万km，中型营运载客汽车行驶50万km，大型营运载客汽车行驶80万km。

（6）专用校车行驶40万km。

（7）小、微型非营运载客汽车和大型非营运轿车行驶60万km，中型非营运载客汽车行驶50万km，大型非营运载客汽车行驶60万km。

（8）微型载货汽车行驶50万km，中、轻型载货汽车行驶60万km，重型载货汽车（包括半挂牵引车和全挂牵引车）行驶70万km，危险品运输载货汽车行驶40万km，装用多缸发动机的低速货车行驶30万km。

（9）专项作业车、轮式专用机械车行驶50万km。

（10）正三轮摩托车行驶10万km，其他摩托车行驶12万km。

2.5.3 机动车报废年限

根据《机动车强制报废标准规定》的规定，机动车规定使用年限（报废年限）及行驶里程参考值见表2-11。汽车类型的划分见表2-12。

表2-11 机动车规定使用年限（报废年限）及行驶里程参考值

车辆类型与用途				使用年限/年	行驶里程参考值/万km
汽车	载客	营运	出租客运 小、微型	8	60
			出租客运 中型	10	50
			出租客运 大型	12	60
			租赁	15	60
			教练 小型	10	50
			教练 中型	12	50
			教练 大型	15	60
			公交客运	13	40
			其他 小、微型	10	60
			其他 中型	15	50
			其他 大型	15	80
			专用校车	15	40
		非营运	小、微型客车、大型轿车*	不限	60
			中型客车	20	50
			大型客车	20	60

(续)

车辆类型与用途			使用年限/年	行驶里程参考值/万 km
汽车	载货	微型	12	50
		中、轻型	15	60
		重型	15	70
		危险品运输	10	40
		三轮汽车、装用单缸发动机的低速货车	9	无
		装用多缸发动机的低速货车	12	30
	专项作业	有载货功能	15	50
		无载货功能	30	50
挂车	半挂车	集装箱	20	无
		危险品运输	10	无
		其他	15	无
	全挂车		10	无
摩托车		正三轮	12	10
		其他	13	12
轮式专用机械车			不限	50

注：1. 表中机动车主要依据 GA 802—2008《机动车类型 术语和定义》进行分类；标注 * 车辆为乘用车。
2. 对小、微型出租客运汽车（纯电动汽车除外）和摩托车，省、自治区、直辖市人民政府有关部门可结合本地实际情况，制定严于表中使用年限的规定，但小、微型出租客运汽车不得低于 6 年，正三轮摩托车不得低于 10 年，其他摩托车不得低于 11 年。
3. 营运车辆（包括出租车）转为非营运车辆或非营运车辆转为营运车辆，均按营运车辆（出租车）年限计算。

表 2-12　汽车类型的划分

车型		定义
载客汽车	微型	车长小于或等于 3500mm 且发动机气缸总排量小于或等于 1000mL 的载客汽车
	小型	车长小于 6000mm 且乘坐人数小于等于 9 人的载客汽车，但不包括微型载客汽车
	中型	车长小于 6000mm 且乘坐人数为 10~19 人的载客汽车
	大型	车长大于或等于 6000mm 或者乘坐人数大于或等于 20 人的载客汽车
载货汽车	微型	车长小于或等于 3500mm 且总质量小于或等于 1800kg 的载货汽车，但不包括三轮汽车和低速货车
	轻型	车长小于 6000mm 且总质量小于 4500kg 的载货汽车，但不包括微型载货汽车、三轮汽车和低速货车

(续)

车型		定义
载货汽车	中型	车长大于或等于6000mm 或者总质量大于或等于4500kg 且小于12000kg 的载货汽车，但不包括低速货车
	重型	总质量大于等于12000kg 的载货汽车
	三轮 （三轮汽车）	以柴油机为动力，最大设计车速小于或等于 50km/h，总质量小于或等于 2000kg，长小于或等于 4600mm，宽小于或等于 1600mm，高小于或等于 2000mm，具有 3 个车轮的货车。其中，采用转向盘转向、由传递轴传递动力、有驾驶室且驾驶人座椅后有物品放置空间的，总质量小于或等于 3000kg，车长小于或等于 5200mm，宽小于或等于 1800mm，高小于或等于 2200mm
	低速 （低速货车）	以柴油机为动力，最大设计车速小于 70km/h，总质量小于或等于 4500kg，长小于或等于 6000mm，宽小于或等于 2000mm，高小于或等于 2500mm，具有 4 个车轮的货车
专项作业车		专项作业车的规格术语分为重型、中型、轻型、微型，具体参照载货汽车的相关规定确定

2.5.4 报废标准与经济使用寿命

国内外概不例外地均以经济使用寿命为基础，综合考虑国民经济的发展水平和能源情况、环保要求。此外，还需考虑广大人民群众的经济状况、消费水平、承受能力等，从而确定符合本国国情的规定使用年限。一般来说，其规定使用年限均超过经济使用寿命期。西方发达国家汽车的规定使用年限比较接近经济使用寿命期。而发展中国家，汽车的规定使用年限都大大超过其经济使用寿命期。

我国的汽车报废标准中，有的规定使用年限就大大超过经济使用寿命。这是从我国目前的实际情况出发，综合考虑了一般家庭的经济收入、生活水平、消费水平、消费习惯、承受能力、资源情况及我国汽车工业发展水平等而确定的。根据发达国家的历史情况，今后，我国对汽车的规定使用年限也会逐渐向经济使用寿命期靠近。

汽车经济使用寿命是动态的、可变的、非刚性的，它受各种因素的影响。合理正确地使用，精心维护，适时维修，则可延长汽车的经济使用寿命期。反之，则会缩短。而根据经济使用寿命来确定的汽车规定使用年限，在一段相对稳定的时期内，就成为一个固定的、不可变的、刚性的数字，决定了汽车的使用寿命（不考虑延长报废期）。

在《机动车强制报废标准规定》中，首次取消了对非营运小型汽车行驶年限的规定。对非营运性汽车不再把使用年限作为报废指标，更多考量排放和安全技术状况，这将对汽车生产企业提出更高要求。

在新的修订后的强制报废标准中，增加汽车排放要求是一项重大变革，这在以前的强制报废标准中是没有的，修订后将把排放要求作为决定汽车报废的主要考核指标，这将加速不少排放不合格的老旧车型的淘汰速度。

《机动车强制报废标准规定》指出：非营运小型汽车自注册登记后的第 15 年起车辆需要每年进行两次年检，超过 20 年的从第 21 年起每年定期检验 4 次。年检中对高龄车辆进行了严格规定,非营运小型汽车在进行功率检验时,底盘输出功率不得低于发动机额定功率的60%或最大净功率的65%。同时规定:在3个机动车检验周期内的车辆,安全不合格、环保不达标将强制报废。功率检验项目也将取代现有的油耗项目,用以淘汰性能指标较差的车辆。由此看来,虽然放宽了车辆使用年限,但是加强了老旧车辆的淘汰,尤其是对于环保标准进行了严格把控。

新的《机动车强制报废标准规定》将加速汽车更新速度,提升二手车品质,使一些"老爷车"、事故车等尽快淡出,进一步扩大汽车的销量。

习　　题

1. 什么是汽车有形损耗和无形损耗?有形损耗分哪两种情况?无形损耗分哪两种情况?
2. 汽车使用寿命包括哪三大类?三者之间有何关系?
3. 汽车的经济使用寿命有哪些主要指标?分别论述。
4. 简述应用最小平均费用法估算汽车经济使用寿命的原理。
5. 简述应用低劣化数值法估算汽车经济使用寿命的原理。
6. 简述应用面值法估算汽车经济使用寿命的原理。
7. 简述应用现值及投资回收系数估算法估算汽车经济使用寿命的原理。
8. 论述影响汽车经济使用寿命的主要因素。
9. 简述不同类型车辆的使用强度情况。
10. 何谓汽车折旧?通常有哪些方法?
11. 简述等速折旧法的基本原理。
12. 简述年份数求和法的基本原理。
13. 简述余额递减折旧法的基本原理。
14. 简述各类汽车的报废年限或里程数。
15. 机动车强制报废标准与汽车经济使用寿命有何关系?
16. 某机动车的原值为15万元,规定使用年限为10年,残值忽略不计。试用年份数求和法计算其折旧额,并将计算结果(取整数)填入表2-13。

表2-13　年份数求和法折旧表

年份	基数/元	递减系数/年折旧率	年折旧额/元	累计折旧额/元
1	150000			
2				
3				
4				
5				
6				
7				
8				
9				
10				

17. 机动车的原值为 30 万元,规定使用年限为 10 年,残值忽略不计,试用双倍余额递减法计算其折旧额,并将计算结果(取整数)填入表 2-14。(说明:采用双倍余额递减法时,为使累计折旧额在第 10 年期终分摊完毕,第 7 年起用等速折旧法。)

表 2-14 双倍余额递减法折旧表

年数	基数/元	折旧率/(%)	年折旧额/元	累计折旧额/元
1				
2				
3				
4				
5				
6				
7				
8				
9				
10				

注:为使累计折旧额在第 10 年期终分摊完毕,第 7 年起用等速折旧法。

第3章
二手车手续检查

 教学目标

本章要求学生掌握二手车评估业务洽谈的主要内容；能签订二手车评估委托书（合同）；能拟定二手车评估方案；掌握机动车来历凭证的类型及查验方法，掌握机动车行驶证的查验方法及识伪技巧；掌握机动车登记证书的查验方法，掌握机动车号牌类型和识伪方法；掌握道路运输证的查验方法；了解机动车安全技术检验制度，掌握机动车安全技术检验合格标志的查验方法；了解国家规定车辆购置税的征收和免征范围，掌握车辆购置税完税证明的查验方法；掌握车船使用税缴付凭证的查验方法；了解车辆保险的种类，掌握车辆保险单的查验方法；掌握拍摄距离、角度、光线对车辆拍照的影响；掌握二手车拍照的基本步骤。

 教学提示

二手车手续检查是指进行二手车价值评估前的一系列工作，主要包括接受委托、核查证件、核查税费、车辆拍照等。本章重点是签订鉴定评估委托书（合同）、二手车各种证件（机动车来历凭证、机动车行驶证、机动车登记证书、机动车号牌、道路运输证、机动车安全技术检验合格标志等）的检查与识伪，以及二手车各种凭证（车辆购置税、车船使用税缴付凭证、车辆保险费等）的检查与识伪。

本章教学要点

知识要点	掌握程度	相关知识
接受委托	熟悉业务洽谈；掌握签订二手车评估委托书（合同）	洽谈内容、洽谈礼仪；二手车评估委托合同的格式、二手车评估作业表
核查证件	掌握机动车的主要证件；熟悉检查机动车证件的方法	机动车来历凭证、机动车行驶证、机动车登记证书、机动车号牌、道路运输证和机动车安全技术检验合格标志等证件的特征与内容；机动车主要证件识伪的技巧与方法
核查税费	掌握机动车主要税费凭证；熟悉核查机动车主要税费凭证方法	车辆购置税完税证明、养路费缴付凭证、车船使用税缴付凭证、车辆保险单等税费凭证的特征与内容；机动车主要税费凭证的技巧与方法
车辆拍照	掌握拍摄要求；了解拍摄流程	拍摄距离、拍摄角度与光照方向等对车辆拍照的影响；拍摄技巧与方法

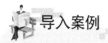 **导入案例**

二手车肇事不赔，原车主状告保险公司

原告：甲某。

被告：乙保险公司。

原告甲某为其名下的汽车向乙保险公司投保了商业保险，其中车辆损失险和商业第三者险的保险金额分别为 14 万元和 30 万元，保险期限自 2007 年 11 月 25 日零时起至 2008 年 11 月 24 日 24 时止。乙保险公司的保险经办人为王某。甲某为车辆投保后将该车转让给于某并到车管所办理了车辆过户手续。2008 年 9 月 2 日，于某驾驶该车发生事故，事故发生时，事故车辆登记在于某名下。甲某称车辆过户时，已向乙保险公司的保险经办人王某明确告知要求办理相关手续，并已将有关资料交给王某。为此，甲某提交一份署名为王某的"证明"佐证。但一审时王某没有作为证人出庭作证。

事发后，甲某向乙保险公司提出索赔要求，但乙保险公司以保险车辆所有权发生转移时未向其办理批改手续为由拒赔。甲某遂起诉至法院，要求赔偿 10651 元。

二审期间，出具"证明"的王某出庭作证，称其是乙保险公司的业务员，甲某的保险合同是通过其投保的，甲某曾告知其要变更被保险人，并将相关书面材料交予自己，自己向甲某出具了一份收条，内容为"现收到甲某交来车辆更名过户资料一批"。

【争议焦点】未及时更改保险责任在谁？

甲某认为：自己已告知保险业务员王某要求办理更名，并将有关资料交给王某。王某未及时告知乙保险公司办理批改手续，批改手续未完成是乙保险公司工作人员疏忽大意，保险公司自身监管工作不力造成的。

乙保险公司认为：

（1）保险合同所附的保险条款明确载明："保险车辆转卖、转让、赠送他人、变更用途等，应立即书面通知本公司办理批改手续。根据双方签订的保险合同条款，发生意外事故时，保险车辆所有权发生转移，未办理批改手续的，不负赔偿责任。"发生意外事故时，保险车辆所有权发生转移，甲某的转让行为没有通知保险公司，未向公司办理批改手续，甲某转让车辆给于某时即丧失保险利益，保险合同终止，保险公司不再承担保险责任。

（2）保险业务员的失职行为是其个人行为，公司不应承担责任。

【裁判结果】业务员疏忽保险公司"埋单"。

此案经一、二审法院审理认为，本案争议的焦点在于甲某在被保险车辆转让后，是否已经通知了乙保险公司进行批改。二审期间保险业务员王某的证言及王某向甲某出具的收条可以证明甲某的主张，即被保险车辆过户后，已经通知了乙保险公司并将有关书面材料交给保险业务员王某。上述行为已经可以证明甲某履行了书面通知乙保险公司批改的义务，至于因保险公司的业务人员工作疏忽未能在出险之前进行实际批改，属于保险公司的内部责任问题。甲某投保时是通过保险公司的业务员办理，申请批改当然也可以通过业务员办理，要求被保险人到保险人的营业所在地办理批改过于严苛。

综上，法院认为甲某已经通知了乙保险公司批改被保险人，乙保险公司因自身原因未能及时办理批改手续，对在保险期间内发生的保险事故仍应承担保险赔偿责任。据此，

法院判决支持了甲某要求支付保险赔偿款的诉讼请求。

【法官手记】

本案涉案保险事故发生于2008年9月20日,当时适用的是2002年修订的《中华人民共和国保险法》,该法第三十四条规定:"保险标的的转让应当通知保险人,经保险人同意继续承保后,依法变更合同。但是,货物运输保险合同和另有约定的合同除外。"因此,甲某应当通知乙保险公司,并经保险公司同意继续承保后,变更被保险人。甲某已经通过保险业务员履行了通知义务,由于保险公司业务员的疏忽,未及时办理批改,因此,在未批改保单的情况下,保险公司仍要承担赔偿责任。

现在有关车辆保险转让的法律规定,与本案发生时的法律规定有所不同。现行有效的是2009年修订的《中华人民共和国保险法》,该法第四十九条规定:"保险标的转让的,保险标的的受让人承继被保险人的权利和义务。保险标的的转让的,被保险人或受让人应当及时通知保险人,但货物运输保险合同和另有约定的合同除外。因保险标的的转让导致危险程度显著增加的,保险人自收到前款规定的通知之日起三十日内,可以按照合同约定增加保险费或者解除合同。保险人解除合同的,应当将已收取的保险费,按照合同约定扣除自保险责任开始之日起至合同解除之日止应收的部分后,退还投保人。被保险人、受让人未履行本条第二款规定的通知义务的,因转让导致保险标的的危险程度显著增加而发生的保险事故,保险人不承担赔偿保险金的责任。"

上述法律规定适用于车辆保险时,应作如下解释。首先,车辆转让后,相应的保险权利义务由受让人(即买方)承继,保险合同继续有效,并且不以通知保险公司为条件。这一点对二手车的买方是有利的。如果甲某的车辆转让发生在2009年《中华人民共和国保险法》实施后,则保险公司不能以车辆转让未经通知保险公司办理批改为由拒绝赔偿,因为此时保险合同是自动继续有效的。其次,除车辆保险合同另有约定外,买方或卖方应及时通知保险公司车辆转让的事实,如果因未履行通知义务,转让导致车辆危险程度显著增加而发生的保险事故,保险公司不承担赔偿责任。虽然保险公司不能以未经通知保险公司办理批改为由拒绝赔偿,但是如果转让导致车辆危险程度显著增加的,保险公司可以以此为理由拒绝赔偿。

而何谓转让后车辆危险程度是否会显著增加,目前尚没有统一的判断标准,也无典型案例指导,谨慎起见建议买卖双方特别是买方应及时通知保险公司,让保险公司在30日内决定是否继续承保。一般来说,车辆转让不会导致危险程度显著增加的情况下,保险公司会继续承保、批改保单和变更被保险人。如保险公司拒绝继续承保,应解除保险合同,退还解除合同之日起的保费。

关于通知保险公司的方式,法律没有明确规定,可以是口头的或书面的。建议为避免不必要的纠纷,车辆过户后,买方或卖方应第一时间书面通知保险公司,或直接到保险公司办理批改保单。如果委托保险业务员办理,则最好以书面方式通知,由保险业务员出具收条或书面证明,证明已通知保险公司车辆转让的事实,以免日后发生争议无法举证。本案甲某胜诉的主要原因是二审期间保险公司业务员证明甲某确已通知过办理批改手续,并有收条为证。

资料来源:http://www.dayoo.com/roll/201205/31/10001538_108391218.htm

3.1 接受委托

3.1.1 业务洽谈

1. 洽谈内容

业务洽谈是二手车评估的第一项工作，是一项重要的日常工作，也是企业生存的基础。业务洽谈工作的好坏直接影响二手车评估机构的形象和信誉，因此，鉴定评估人员应该重视并做好业务洽谈工作。

与客户进行业务洽谈的主要内容有车主基本情况、车辆情况、委托评估的意向、时间要求等。通过业务洽谈，应该初步了解下述情况。

1）车主单位（或个人）的基本情况

车主即机动车所有人，指车辆所有权的单位或个人。了解洽谈的客人是否是车主，是车主则有车辆处置权，否则，无车辆处置权。

2）评估目的

评估目的是评估所服务的经济行为的具体类型，根据评估目的，选择计算标准和评估方法。一般来说，委托二手车交易市场评估的大多数属于交易类业务，车主要求鉴定评估的目的大都是作为买卖双方成交的参考底价。

3）评估对象及其基本情况

（1）二手车类别：是汽车，还是拖拉机，或是摩托车。

（2）机动车名称、型号、生产厂家、燃料种类、出厂日期。

（3）机动车管理机关初次注册登记的日期、已使用年限、行驶里程。

（4）机动车来历：是市场上购买，还是走私罚没处理或是捐赠免税车。

（5）车籍：车辆牌证发放地。

（6）使用性质：是公务用车、商用车，还是专业运输车或是出租营运车。

（7）各种证件税费等是否齐全，是否年检和保险。

（8）事故情况：有无发生过事故，事故的位置、更换的主要部分和总成情况。

（9）现时技术状况：了解发动机异响、排烟、动力、行驶等情况。

（10）大修次数：有无大修，大修次数等。

（11）选装件情况：是否加装音响、真皮座椅、桃木内饰等选装件，与基本配置的差异等。

在洽谈中，上述基本情况已摸清楚以后，就应该做出是否接受委托的决定。如果不能接受委托，应该说明原因，客户对交易中有不清楚的地方，应该接受咨询，耐心地给予解答和指导；如果接受委托，就要签订二手车鉴定评估委托书。

2. 洽谈礼仪

1）语言礼仪

语言是人类进行信息交流的符号系统。狭义的语言指由文字的形、音、义构成的人工符号系统。广义的语言包括一切起沟通作用的信息载体：说话、写字、距离、手势、眼神、体势、表情等。谈判的语言能充分反映一个人的能力、修养和素质。

2)服装礼仪

鉴定评估人员在接待与拜访客户时，做到形象得体、举止适度、尊重客户，能够使双方关系有一个良好的开端，并且能突出企业形象。要做到形象得体，鉴定评估人员必须注意衣着、装饰、化妆、整洁4个方面的问题。

3)电话交流礼仪

电话可以将必要的信息准确、迅速地传给对方。真诚、愉快的电话交谈可促进与客户的关系，电话交流的质量是赢得客户的重要保证。

电话交流的要点包括如下内容。

(1) 电话交谈时，姿势应端正，不要吃东西或嚼口香糖，敷衍客户。

(2) 在电话机旁放记事本和笔，以便记下通话要点。

(3) 问候客户，并使用礼貌词语。用简短的语言说明问题。

(4) 对来电问询不能回答时，不要简单地将电话转来转去，一开始就要确定将电话直接转给谁。

(5) 通电话时，要比当面谈话说得慢些、清楚些。

(6) 请教客户姓名，通话时尽可能多地称呼对方。

(7) 通话时不要与身旁的人谈不相干的事。

接电话和打电话的程序见表3-1和表3-2。

表3-1 接电话的程序

步　骤	要　点	常用接听电话语言
1. 拿起电话机，以端正的姿势和语态接听	准备好记事本和笔；电话响铃时拿起听筒	对你正在接待的客户说："对不起，我先接个电话"
2. 问候，自我介绍	先报公司名称，然后报自己的姓名；告诉对方可以为他提供帮助	您好。这是××公司，我是××。能为您做点什么吗？ 对不起，让您久等了。我是××，是前几天为您服务的××。能为您做什么吗
3. 辨认对方	如对方未报姓名，主动询问	对不起，请问您是哪位
4. 仔细听对方讲话	务必要做笔记；不时插入"是的"或"我明白"，表示你在倾听	很乐意为您的车子做鉴定评估。请说车型、年款、初次登记日期…… 对，请接着说……
5. 重复对方的讲话	总结笔记中的重点，确认已记下所有重要信息	××先生(小姐)，我确认一下。我们定在××时候……您的电话是××，对吧
6. 再次告诉客户你的姓名	再次提及你的姓名，可以加深客户印象，认为这个人会关心他	谢谢您的预约。请记住我叫××。请您来到时找我
7. 挂断电话之前向对方致谢	不要在对方挂断电话之前先挂电话	谢谢您的来电

表 3-2　打电话的程序

步　骤	要　点	常用拨打电话的语言
1. 打电话之前的准备工作——主题、客户、姓名、电话号码	拟订通话提纲。准备必需的文件。通话时要保持良好的姿势	您好,我是××,是这次负责您的……鉴定评估人员
2. 拨号。如有人回答,要向他(她)问好并作自我介绍	确认没有拨错电话	您好,我叫××,是××公司的鉴定评估人员。请问××先生(小姐)在吗
3. 辨认答话的人	感谢客户惠顾	谢谢您今早惠顾本公司
4. 询问客户能否抽空接听电话	—	我打电话是要告诉您,……我可以耽误您几分钟解释一下吗
5. 说要说的事	—	我们没有发现您的汽车保险单,请提供给我们
6. 确认客户已明白你的解释	简明扼要	我希望您能理解进行车辆路试检查的必要性,您同意对您的车进行路试吗
7. 重述要点	归纳协议要点	该车的估价为××,交易时间定为××
8. 再次提及你的姓名并感谢客户	再次提及你的姓名以明确你的职责	您来时请找我。我叫××,是××公司的鉴定评估人员。谢谢您,××先生(小姐)
9. 挂断电话	不要在客户挂断电话之前挂断电话	—

3.1.2　签订二手车鉴定评估委托书

1. 二手车鉴定评估委托书的主要内容

二手车鉴定评估委托书又称为二手车鉴定评估委托合同,是指二手车评估机构与法人、其他组织或自然人相互之间为实现二手车评估的目的,明确相互权利义务关系所订立的协议。

二手车鉴定评估委托书是受托方与委托方对各自权利责任和义务的协定,是一项经济合同性质的契约。二手车鉴定评估委托书应写明的内容如下。

(1) 委托方和二手车评估机构的名称、住所、工商登记注册号、上级单位、二手车评估人员资格类型及证件编号。

(2) 鉴定评估目的、车辆类型和数量。

(3) 委托方须做好的基础工作和配合工作。

(4) 鉴定评估工作的起止时间。

(5) 鉴定评估收费金额及付款方式。

(6) 反映协议双方各自的责任、权利、义务及违约责任的其他内容。

二手车鉴定评估委托书必须符合国家法律、法规和资产评估业的管理规定。涉及国有资产占有单位要求申请立项的二手车评估业务，应由委托方提供国有资产管理部门关于评估立项申请的批复文件，经核实后，方能接受委托，签署委托合同。

2. 二手车鉴定评估委托书的格式

二手车鉴定评估委托书的格式式样见表3-3。

表3-3 二手车鉴定评估委托书（示范文本）

委托书编号：＿＿＿＿＿＿＿＿＿＿＿＿

委托方名称（姓名）：　　　　　　　　法人代码证（身份证）号：
鉴定评估机构名称：　　　　　　　　　法人代码证：
委托方地址：　　　　　　　　　　　　鉴定评估机构地址：
联系人：　　　　　　　　　　　　　　电话：

　　因 □交易 □典当 □拍卖 □置换 □抵押 □担保 □咨询 □司法裁决需要，委托人与受托人达成委托关系，号牌号码为＿＿＿＿＿＿＿＿＿，车辆类型为＿＿＿＿＿＿＿＿＿，车架号（VIN码）为＿＿＿＿＿＿的车辆进行技术状况鉴定并出具评估报告书，＿＿＿＿年＿＿＿＿月＿＿＿＿日前完成。

委托评估车辆基本信息

车辆情况	厂牌型号		使用用途	营运 □ 非营运 □
	总质量/座位/排量		燃料种类	
	初次登记日期	年 月 日	车身颜色	
	已使用年限	年 个月	累计行驶里程（万km）	
	大修次数	发动机(次)	整车(次)	
	维修情况			
	事故情况			
价值反映	购置日期	年 月 日	原始价格（元）	
备注：				

委托方：（签字、盖章）　　　　　　　受托方：（签字、盖章）
　　　　　　　　　　　　　　　　　　（二手车鉴定评估机构盖章）
　　　　年　月　日　　　　　　　　　　　　　　　　年　月　日

注：(1) 委托方保证所提供的资料客观真实，并负法律责任。
　　(2) 仅对车辆进行鉴定评估。
　　(3) 评估依据：《机动车运行安全技术条件》《二手车鉴定评估技术规范》等。
　　(4) 评估结论仅对本次委托有效，不作它用。
　　(5) 鉴定评估人员与有关当事人没有利害关系。
　　(6) 委托方如对评估结论有异议，可于收到二手车鉴定评估报告之日起10日内向受托方提出，受托方应给予解释。

3. 确定鉴定评估方案

鉴定评估方案是二手车评估人员进行该项二手车评估的规划和安排。其主要内容包括评估目的、评估对象和范围、评估基准日，协助评估人员工作的其他人员安排，现场工作计划、评估程序、评估具体工作和时间安排，拟采用的评估方法及其具体步骤等。确定鉴定评估方案后，下达二手车鉴定评估作业表，进行鉴定评估工作。二手车鉴定评估作业表的式样参见表3-4和表3-5。

表3-4 二手车鉴定评估作业表(式样一)

车主		所有权性质	□公 □私	联系电话	
住址				经办人	
原始情况	厂牌型号		号牌号码		车辆类型	
	车辆识别代号(VIN)				车身颜色	
	发动机号				车架号	
	载质量/座位/排量				燃料种类	
	初次登记日期		年 月	车辆出厂日期	年 月
	已使用年限	年 月	累计行驶里程	万 km	使用用途	
检查核对交易证件	证件	□原始发票 □机动车登记证书 □机动车行驶证 □法人代表证或身份证 □其他
	税费	□购置附加税 □车船使用税 □保险费 □其他
结构特点	
现时技术状态	
维护保养情况			现时状态	
价值反映	账面原值（元）			车主报价(元)	
	重置成本(元)		成新率/(%)		评估价格(元)	
鉴定评估目的	
鉴定评估说明	

二手车评估人员(签名)　　　　　　　　　　　　　　　复核人(签名)
　年　月　日　　　　　　　　　　　　　　　　　　　　年　月　日

注：(1) 现时技术状况：必须如实填写对车辆进行技术鉴定的结果，客观真实地反映出二手车主要部件(含车身、底盘、发动机、电气、内饰等)及整车的现时技术状况。

(2) 鉴定评估说明：应详细说明重置成本的计算方法成新率的计算方法及评估价格的计算方法。

表 3-5 二手车鉴定评估作业表(式样二)

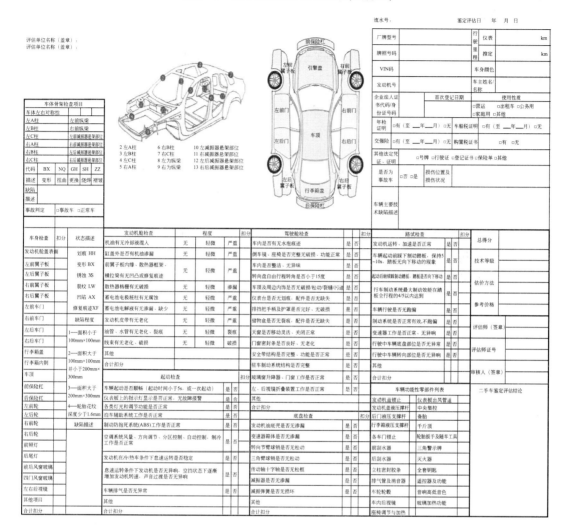

3.2 核查证件

3.2.1 机动车的主要证件

机动车的主要证件包括机动车来历凭证、机动车行驶证、机动车登记证书、机动车号牌、道路运输证、机动车安全技术检验合格标志和检查环保检验合格标志等法定证件。

1. 机动车来历凭证

根据《机动车登记规定》(公安部第102号令,2008年10月1日起实施)中的规定,机动车来历凭证主要包括以下几个方面。

(1) 在国内购买的机动车,其来历证明是全国统一的机动车销售发票(图 3.1),或者二手车交易发票(图 3.2)。在国外购买的机动车,其来历证明是该车销售单位开具的销售发票及其翻译文本，但海关监管的机动车不需提供来历证明。

（2）人民法院调解、裁定或者判决转移的机动车，其来历证明是人民法院出具的已经生效的"调解书"、"裁定书"或者"判决书"，以及相应的"协助执行通知书"。

（3）仲裁机构仲裁裁决转移的机动车，其来历证明是"仲裁裁决书"和人民法院出具的"协助执行通知书"。

（4）继承、赠予、中奖、协议离婚和协议抵偿债务的机动车，其来历证明是继承、赠予、中奖、协议离婚、协议抵偿债务的相关文书和公证机关出具的"公证书"。

（5）资产重组或者资产整体买卖中包含的机动车，其来历证明是资产主管部门的批准文件。

（6）机关、企业、事业单位和社会团体统一采购并调拨到下属单位未注册登记的机动车，其来历证明是全国统一的机动车销售发票和该部门出具的调拨证明。

（7）机关、企业、事业单位和社会团体已注册登记并调拨到下属单位的机动车，其来历证明是该单位出具的调拨证明。被上级单位调回或者调拨到其他下属单位的机动车，其来历证明是上级单位出具的调拨证明。

（8）经公安机关破案发还的被盗抢且已向原机动车所有人理赔完毕的机动车，其来历证明是"权益转让证明书"。

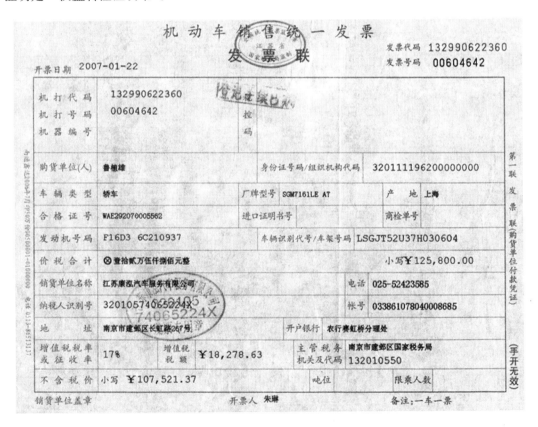

图 3.1　新车销售统一发票

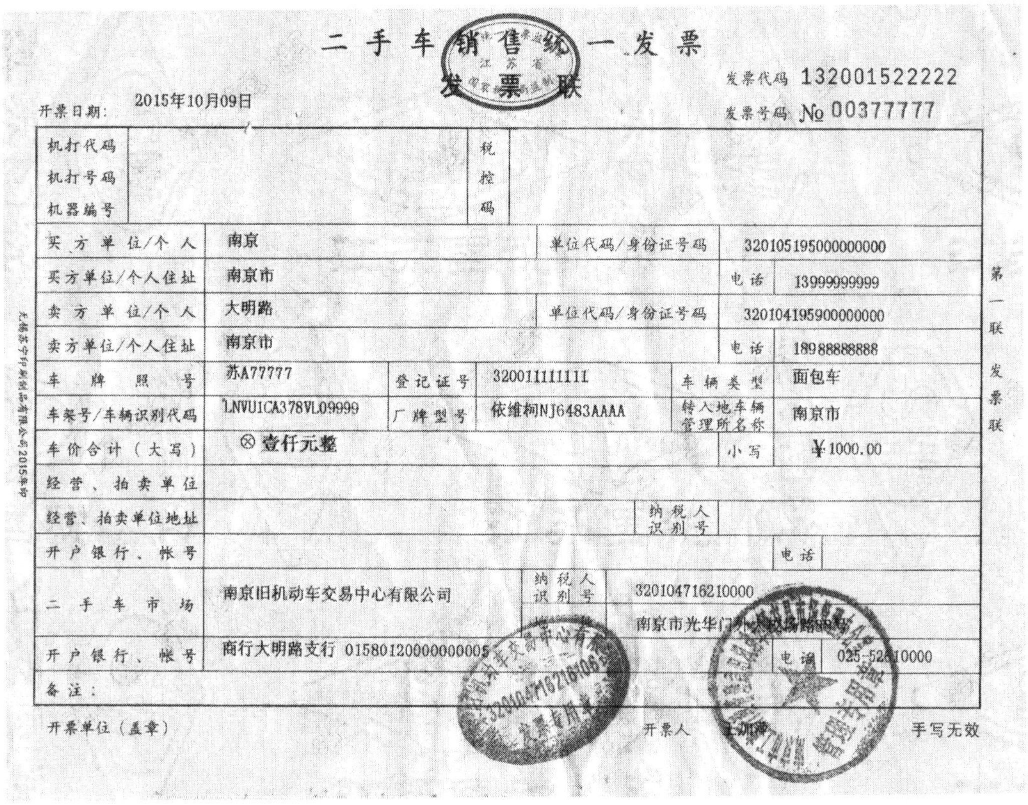
二手车销售统一发票

发票联

发票代码 132001522222

开票日期: 2015年10月09日　　发票号码 №00377777

机打代码 机打号码 机器编号			税控码		
买方单位/个人	南京		单位代码/身份证号码	320105195000000000	
买方单位/个人住址	南京市			电话	13999999999
卖方单位/个人	大明路		单位代码/身份证号码	320104195900000000	
卖方单位/个人住址	南京市			电话	18988888888
车牌照号	苏A77777	登记证号	320011111111	车辆类型	面包车
车架号/车辆识别代码	LNVU1CA378VL09999	厂牌型号	依维柯NJ6483AAAA	转入地车辆管理所名称	南京市
车价合计(大写)	⊗壹仟元整			小写	¥1000.00
经营、拍卖单位					
经营、拍卖单位地址			纳税人识别号		
开户银行、帐号				电话	
二手车市场	南京旧机动车交易中心有限公司	纳税人识别号	320104716210000		
		地址	南京市光华门[illegible]		
开户银行、帐号	商行大明路支行 015801200000000005			电话	025-52610000
备注:					

开票单位(盖章)　　开票人　　手写无效

第一联 发票联

图 3.2　二手车销售统一发票

2. 机动车行驶证

《机动车行驶证》是由公安车辆管理机关依法对车辆进行注册登记核发的证件，它是机动车取得合法行驶权的凭证。《中华人民共和国道路交通管理条例》第十七条规定，机动车行驶证是车辆上路行驶必需的证件，《中华人民共和国机动车登记管理办法》规定机动车行驶证是二手车过户、转籍必不可少的证件。

新修订的 GA 37—2008《中华人民共和国机动车行驶证》规定了机动车行驶证样式，如图 3.3 所示。

2008 年版机动车行驶证在保持原行驶证式样基本不变的基础上，新增多种防伪技术，其证件专用章为红色，使用红色紫外荧光防伪油墨印刷，在紫外灯照射下，呈现红色荧光。新证由证夹、主页、副页三部分组成，其中，主页正面是已签注的证芯；背面是机动车相片，并用塑封套塑封；副页是机动车所有人和机动车专属信息。在证件的塑封套正面有全息图文，图文由平安结、指路标志、机动车等图案和“中国行驶证”和“VEHICLE LICENSE”等字样构成。平安结中心几何图形颜色在蓝紫色和草绿色之间交互变化；“中国行驶证”和“VEHICLE LICENSE”为动态景深文字，呈不同角度分别出现。

《中华人民共和国道路交通安全法》第十一条规定：驾驶机动车上道路行驶，应当悬

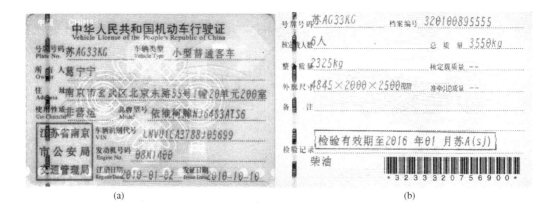

图 3.3 机动车行驶证

挂机动车号牌,放置检验合格标志、保险标志,并随车携带机动车行驶证。

未随车携带机动车行驶证的,根据《中华人民共和国道路交通安全法》第 95 条,罚款 20~200 元,扣 1 分,扣车,违法代码 1110。

使用伪造、变造机动车行驶证的,根据《中华人民共和国道路交通安全法》第 6 条、96 条,罚款 200~2000 元,扣 12 分,扣车,违法代码 5702。

使用其他车辆的机动车行驶证的,根据《中华人民共和国道路交通安全法》第 96 条,罚款 200~2000 元,扣 12 分,扣车,违法代码 5705。

3. 机动车登记证书

根据 2001 年 10 月 1 日起实施的《中华人民共和国机动车登记办法》,在我国境内道路上行驶的机动车,应当按规定经机动车登记机构办理登记,核发机动车号牌、机动车行驶证和机动车登记证书。

机动车所有人申请办理机动车各项登记业务时均应出具机动车登记证书;当登记信息发生变动时,机动车所有人应当及时到车辆管理所办理相关手续;当机动车所有权转移时,原机动车所有人应当将机动车登记证书随车交给现机动车所有人。目前,机动车登记证书还可以作为有效资产证明,到银行办理抵押贷款。

机动车登记证书同时也是机动车的"户口本",所有机动车的详细信息及机动车所有人的资料都记载在上面,证书上所记载的原始信息发生变化时,机动车所有人应携机动车登记证书到车管所作变更登记。这样,"户口本"上就有机动车从"生"到"死"的一套完整记录。

公安车辆管理部门是机动车登记证书的核发单位。凡 2001 年 10 月 1 日之后新购机动车,都随车办好了证书,凡 2001 年 10 月 1 日之前购车未办领机动车登记证书的机动车所有者,必须补办机动车登记证书。

机动车登记证书是二手车评估人员必须认真查验的手续。机动车登记证书与机动车行驶证相比,内容更详细,一些评估参数必须从机动车登记证书获取,如使用性质的确定等。机动车登记证书的样式如图 3.4 所示。

D2EE70F54C45ED3D1064399 编号: *32000572602 8*

注册登记摘要信息栏

	1.机动车所有人/身份证明名称/号码	南京/居民身份证/0000000000000000000		
I	2.登记机关	南京市公安局车辆管理所大明路办点	3.登记日期 2007-01-25	4.机动车登记编号 苏AER488

转移登记摘要信息栏

	机动车所有人/身份证明名称/号码		
II	登记机关	登记日期	机动车登记编号
III	机动车所有人/身份证明名称/号码		
	登记机关	登记日期	机动车登记编号
IV	机动车所有人/身份证明名称/号码		
	登记机关	登记日期	机动车登记编号
V	机动车所有人/身份证明名称/号码		
	登记机关	登记日期	机动车登记编号
VI	机动车所有人/身份证明名称/号码		
	登记机关	登记日期	机动车登记编号
VII	机动车所有人/身份证明名称/号码		
	登记机关	登记日期	机动车登记编号

第1页

注册登记机动车信息栏

5.车辆类型	轿车	6.车辆品牌	别克牌
7.车辆型号	SGM7161LE AT	8.车身颜色	灰
9.车辆识别代号/车架号	LSGJT52U37H030604	10.国产/进口	国产
11.发动机号	6C210937	12.发动机型号	F16D3
13.燃料种类	汽油	14.排量/功率	1598 mL / 78 kW
15.制造厂名称	上海通用汽车有限公司	16.转向形式	方向盘
17.轮距	前 1475 后 1476 mm	18.轮胎数	4
19.轮胎规格	195/55R15	20.钢板弹簧片数	后轴-- 片
21.轴距	2600 mm	22.轴数	2
23.外廓尺寸	长 4515 宽 1725 高 1445 mm	33.发证机关章	
24.货厢内部尺寸	长-- 宽-- 高-- mm		江苏省南京市公安局交通管理局
25.总质量	1595 kg	26.核定载质量	-- kg
27.核定载客	5 人	28.准牵引总质量	-- kg
29.驾驶室载客	-- 人	30.使用性质	非营运
31.车辆获得方式	购买	32.车辆出厂日期	2007-01-15
		34.发证日期	2007-01-25

第2页

图3.4 机动车登记证书

4．机动车号牌

机动车号牌是指在法定机关登记的准予机动车在中华人民共和国境内道路上行驶的法定标志。

机动车号牌是由公安车辆管理机关依法对机动车进行注册登记核发的号牌，它和机动车行驶证一同核发，其号码是机动车登记编号。号牌是机动车取得合法行驶权的标志，一般在机动车辆的特定位置悬挂。《中华人民共和国道路交通管理条例》第十七条规定，机动车号牌不得转借、涂改、伪造。

1) 号牌的类型与规格

机动车号牌一般由包含登记机关的汉字简称及英文字母和阿拉伯数字组成。具体编号规则可参考最新的国家标准 GA 36—2014《中华人民共和国机动车号牌》。小型汽车的号牌如图 3.5 所示。机动车号牌分类规格、颜色、适用范围见表 3-6。

图 3.5 小型汽车的号牌（蓝底白字白框线）

表 3-6 机动车号牌分类、规格、颜色、适用范围（GA 36—2014）

序号	分类	外廓尺寸/mm×mm	颜色	数量	适用范围
1	大型汽车号牌	前：440×140 后：440×220	黄底黑字黑框线	2	中型（含）以上载客、载货汽车和专项作业车；半挂牵引车；电车
2	挂车号牌	440×220	黄底黑字黑框线	1	全挂车和不与牵引车固定使用的半挂车
3	小型汽车号牌		蓝底白字白框线	2	中型以下的载客、载货汽车和专项作业车
4	使馆汽车号牌		黑底白字，红"使"字白框线	2	驻华使馆的汽车
5	领馆汽车号牌		黑底白字，红"领"字白框线	2	驻华领事馆的汽车
6	港澳入出境车号牌	440×140	黑底白字，白"港""澳"字白框线	2	港澳地区入出内地的汽车
7	教练汽车号牌		黄底黑字，黑"学"字黑框线	2	教练用汽车
8	警用汽车号牌		白底黑字，红"警"字黑框线	2	汽车类警车

(续)

序号	分类	外廓尺寸/mm×mm	颜色	数量	适用范围
9	普通摩托车	前：220×95 后：220×140	黄底黑字黑框线	1	普通二轮摩托车和普通三轮摩托车
10	轻便摩托车号牌		蓝底白字白框线	1	轻便摩托车
11	使馆摩托车号牌		黑底白字，红"使"字白框线	1	驻华使馆的摩托车
12	领馆摩托车号牌		黑底白字，红"领"字白框线	1	驻华领事馆的摩托车
13	教练摩托车		黄底黑字，黑"学"字黑框线	1	教练用摩托车
14	警用摩托车号牌	220×140	白底黑字，红"警"字黑框线	1	摩托车类警车
15	低速汽车（原农用运输车）号牌	300×165	黄底黑字黑框线	2	三轮、四轮农用运输车，轮式自行专用机械和蓄电池车等
16	临时行驶车号牌	220×140	天（酞）蓝底纹，黑字黑框线	2	行政辖区内临时行驶的载客汽车
				1	行政辖区内临时行驶的其他机动车
			棕黄底纹，黑字黑框线	2	跨行政辖区内临时移动的载客汽车
				1	跨行政辖区内临时移动的其他机动车
			棕黄底纹，黑字黑框线，黑"试"字	2	试验用载客汽车
				1	试验用其他机动车
			棕黄底纹，黑字黑框线，黑"超"字	1	特种机动车，指轴荷和总质量超限的工程专用作业车和超长、超宽、超高的运输大型不可解体物品的机动车
17	临时入境汽车号牌	220×140	白底棕蓝色专用底纹，黑字黑边框	2	临时入境参加旅游、比赛等活动的汽车
18	临时入境摩托车号牌	88×60		1	临时入境参加旅游、比赛等活动的摩托车
19	拖拉机号牌	按 NY 345.1—2005 执行			上道路行驶的拖拉机

根据机动车号牌的颜色不同,机动车号牌有多种,主要有以下 4 种。

(1) 蓝底白字:小型汽车、轻便摩托车。

(2) 黄底黑字:大型汽车、挂车、教练汽车、普通摩托车、教练摩托车、低速汽车。

(3) 白底黑字:警用汽车、警用摩托车。

(4) 黑底白字:使馆汽车、领馆汽车、港澳入出境汽车、使馆摩托车、领馆摩托车。

对于特殊车辆,其号牌有特殊规定,主要规定如下。

(1) 悬挂"使"字车牌为驻华使馆号牌。

(2) 悬挂"领"字车牌为驻华领馆号牌。

(3) 悬挂"警"字车牌为警用号牌。

(4) 悬挂"学"字车牌为教练车用号牌。

(5) 悬挂"挂"字车牌为挂车号牌。

(6) 悬挂"港"字车牌为香港特别行政区入出内地车辆号牌。

(7) 悬挂"澳"字车牌为澳门特别行政区入出内地车辆号牌。

(8) 悬挂"试"字车牌为试验车临时行驶车号牌。

(9) 悬挂"超"字车牌为特型车的临时行驶车号牌。

根据号牌外形尺寸不同,机动车号牌主要有以下 6 种。

(1) 440mm×140mm [图 3.6(a)]:适用于大型汽车前号牌、小型汽车号牌、警用汽车号牌、使馆汽车号牌、领馆汽车号牌、港澳入出境车号牌、教练汽车号牌。

(2) 440mm×220mm [图 3.6(b)]:适用于大型汽车后号牌、挂车号牌。

(3) 220mm×95mm [图 3.6(c)]:适用于普通摩托车前号牌、轻便摩托车前号牌、使馆摩托车前号牌、领馆摩托车前号牌、教练摩托车前号牌。

(4) 220mm×140mm [图 3.6(d)]:适用于普通摩托车后号牌、轻便摩托车后号牌、使馆摩托车后号牌、领馆摩托车后号牌、教练摩托车后号牌、警用摩托车号牌、临时入境汽车号牌、临时行驶车号牌。

(5) 300mm×165mm [图 3.6(e)]:适用于低速车号牌。

(6) 88mm×60mm [图 3.6(f)]:适用于临时入境摩托车号牌。

(a) 440mm×140mm (b) 440mm×220mm

(c) 220mm×95mm (d) 220mm×140mm

图 3.6 机动车号牌的尺寸规格

(e) 300mm×165mm

(f) 88mm×60mm

图 3.6　机动车号牌的尺寸规格（续）

2）号牌的位置与安装

根据《中华人民共和国道路交通安全法实施条例》的规定，机动车号牌应当悬挂在车前、车后指定位置，保持清晰、完整。

重型、中型载货汽车及其挂车、拖拉机及其挂车的车身或者车厢后部应当喷涂放大的牌号，字样应当端正并保持清晰。

对机动车号牌安装的要求如下。

（1）前号牌安装在机动车前端的中间或者偏右，后号牌安装在机动车后端的中间或偏左，应不影响机动车安全行驶和号牌的识别。

（2）号牌安装要保证无任何变形和遮盖，横向水平，纵向基本垂直于地面，纵向夹角不超过15°。

（3）除临时入境车辆号牌与临时行驶车号牌外，其他机动车号牌安装时每面至少要用两个统一的压有发牌机关代号专用固封装置固定。

（4）使用号牌架辅助安装时，号牌架内侧边缘距离机动车登记编号字符边缘应大于5mm。

（5）临时入境汽车号牌和临时行驶车号牌应放置在前风窗玻璃右侧，临时入境摩托车号牌应随车携带。

5. 道路运输证

道路运输证是县级以上人民政府交通主管部门设置的道路运输管理机构对从事旅客运输（包括城市出租客运）、货物运输的单位和个人核发的随车携带的证件。

道路运输证是证明营运车辆合法经营的有效证件，也是记录营运车辆审验情况和对经营者奖惩的主要凭证，道路运输证必须随车携带，在有效期内全国通行。营运车辆转籍过户时，应到运管机构及相关部门办理营运过户有关手续。道路运输证的式样如图3.7所示。

6. 机动车安全技术检验合格标志

机动车必须进行安全技术检验，检验合格后，公安机关发放合格标志。根据《中华人民共和国道路交通安全法实施管理条例》的规定，机动车检验合格标志（图3.8）应贴在机动车前风窗玻璃右上角。若无合格标志或无效标志，则不能交易。

机动车安全技术检验由机动车安全技术检验机构实施。机动车安全技术检验机构应当按照国家机动车安全技术检验标准对机动车进行检验，对检验结果承担法律责任。

机动车应当从注册登记之日起，按照表3-7所列期限进行安全技术检验。营运机动车在规定检验期限内经安全技术检验合格的，不再重复进行安全技术检验。

(a) 正页

(b) 副页

图 3.7 道路运输证

图 3.8 机动车检验合格标志

表3-7 机动车进行安全技术检验的规定

机动车类型		年检次数
营运载客汽车	使用年限≤5年	1
	使用年限>5年	2（每6个月检验1次）
载货汽车 大型非营运载客汽车 中型非营运载客汽车	使用年限≤10年	1
	使用年限>10年	2（每6个月检验1次）
微型非营运载客汽车 小型非营运载客汽车	使用年限≤6年	6年内免上线检验
	6年<使用年限≤15年	1
	15年<使用年限≤20年	2（每6个月检验1次）
	使用年限>20年	4（每3个月检验1次）
摩托车	使用年限≤4年	0.5（每两年检验1次）
	使用年限>4年	1
拖拉机和其他机动车		1

7. 检查环保检验合格标志

根据《机动车环保检验合格标志管理规定》（环发〔2009〕87号）的规定：对按照国家有关在用机动车污染物排放标准，经定期检验合格的机动车，核发机动车环保检验合格标志。

机动车环保检验合格标志按照国家新生产机动车污染物排放标准分阶段实施步骤，分为绿色环保检验合格标志和黄色环保检验合格标志，其式样如图3.9所示。

(a) 绿色环保检验合格标志　　　　　(b) 黄色环保检验合格标志

图3.9 环保检验合格标志

规定：装用点燃式发动机汽车达到国Ⅰ及以上标准的、装用压燃式发动机汽车达到国Ⅲ及以上标准的，核发绿色环保检验合格标志；摩托车和轻便摩托车达到国Ⅲ及以上标准的，核发绿色环保检验合格标志；未达到上述标准的机动车，核发黄色环保检验合格标志。

机动车环保检验合格标志的有效期分别如下。

(1) 5年以内的营运载客汽车,有效期为1年;超过5年的,有效期为6个月。

(2) 10年以内的载货汽车和大型、中型非营运载客汽车,有效期为1年;超过10年的,有效期为6个月。

(3) 6年以内的小型、微型非营运载客汽车,有效期为2年;超过6年的,有效期为1年;超过15年的,有效期为6个月。

(4) 摩托车、轻便摩托车、三轮汽车和低速货车有效期为1年。

贴有黄色环保检验合格标志的机动车简称为黄标车,是高污染排放车辆的简称,即未达到国Ⅰ排放标准的汽油车,以及未达到国Ⅲ排放标准的柴油车,是空气的主要污染源之一。

各大城市公布了按时段、分区域的"黄标车"限行办法,也出台了"黄标车"淘汰的补贴办法,黄标车将被加速淘汰出市场。因此,在核查环保检验合格标志时,应重点注意该车环保标志的颜色。

3.2.2 检查证件的方法

《二手车流通管理办法》规定,二手车交易必须提供机动车来历凭证、机动车行驶证、机动车登记证书、机动车号牌、道路运输证、营运证、机动车安全技术检验合格标志、机动车环保检验合格标志等法定证件。

1. 查验机动车来历凭证

机动车来历凭证除了全国统一的机动车销售发票或者二手车销售发票之外,还有法院调解书、裁定书、判决书、公证书、权益转让证明书、没收走私汽车证明书、协助执行通知书、调拨证明等机动车来历凭证,凡无合法机动车来历凭证者,应认真查验。

2. 查验机动车行驶证

1) 机动车行驶证的检查

《中华人民共和国机动车登记管理办法》规定,机动车行驶证是二手车过户、转籍必不可少的证件,应认真查验,并检查其真伪。

2) 机动车行驶证的识伪

GA 37—2008《中华人民共和国机动车行驶证》规定,为了防止伪造行驶证,塑封套上有用紫外线灯可识别的、不规则的、与行驶证卡片上图形相同的暗记,在紫外线灯照射下,马车图案呈黄绿色荧光,波浪线、"中国行驶证"和"VEHICLE LICENSE"呈红色荧光。并且行驶证上按要求粘贴车辆彩色照片,因此机动车行驶证识伪办法如下。

(1) 查看识伪标记。机动车行驶证塑封套B页上的荧光图文,在自然光依稀可见,整个表面直径0.3~1.0mm的荧光斑点下超过10个,没有明显的大斑点。

(2) 查看车辆彩照与实物是否相符。

(3) 查看行驶证纸质、印刷质量、字体、字号与车辆管理机关核发的行驶证进行比对,对有怀疑的行驶证可去发证的公安车辆管理机关核实。

(4) 查看行驶证的制作质量:良好的机动车行驶证,其外观应达到如下要求。

① 划痕:不应有明显划痕。

② 污点:整个表面直径0.3~0.5mm的离散型污点不超过10个,没有明显的大污点。

③ 水渍：不应有明显的水渍。
④ 平整度：无明显凹凸缺陷。
⑤ 图文质量：有效片面中图文清晰，色彩分明，亮度均匀。

最常见的伪造是行驶证副页上的检验合格章，车辆没有按规定时间到车辆管理机关去办理检验手续，却私刻公章私自加盖检验合格章。现在许多地方采用计算机打印检验合格至××××年××月并加盖检验合格章的办法来增加防伪能力。车辆管理机关规定超过两年未检验的车辆按报废处理。二手车评估人员要对副页上的检验合格章，即行驶证的有效期特别重视。

3. 查验机动车登记证书

机动车登记证书是机动车的"户口本"，所有机动车的详细信息及机动车所有人的资料都记载在上面，证书上所记载的原始信息发生变化时，机动车所有人应携带机动车登记证书到车管所作变更登记。所以，一些评估参数必须从机动车登记证书获取，如使用性质的确定等。因此，应详细检查机动车登记证书每个项目的内容及其变更情况。

（1）核对机动车所有人是否曾为出租公司或租赁公司。
（2）核对登记日期和出厂日期是否时间跨度很大。
（3）核对进口车是海关进口或海关罚没。
（4）核对使用性质是非营运、营运、租赁或营转非。机动车使用性质主要有公路客运、公交客运、出租客运、旅游客运、租赁、货运、非营运、警用、消防、救护、工程抢险、营转非、出租营转非等多种。
（5）核对登记栏内是否注明该车已作抵押。
（6）对于货运车辆核对长、宽、高、轮距、轴距、轮胎的规格是否一致。
（7）核对钢板弹簧片数是否一致或存在加厚的现象。
（8）核对现机动车登记证书持有人与受委托人是否一致。

4. 查验机动车号牌

1）机动车号牌的检查

检验号牌的固封是否完好，有无撬过的痕迹，是否在封帽上打有标志，如北京的应有"京"、江苏的应有"苏"、上海的应有"沪"等。检验号牌有无凹凸不平或折处多少，若牌号凹凸不平或折处多，说明该车常有事故造成。字体应清楚有立体质感，无补洞等。号牌字体上的荧光漆应清洁、平整、光滑。号牌字体大小一致、间隙匀称。

2）机动车号牌的识伪

非法者常以非法加工等手段伪造机动车号牌。1993年5月13日公安部令第13号《机动车号牌生产管理办法》规定，机动车号牌实行准产管理制度，凡生产号牌的企业，必须申请号牌准产证，经省级公安交通主管部门综合评审，对符合条件的企业发给《机动车号牌准产证》，其号牌质量必须达到 GA 36—2014 标准。号牌上加有防伪合格标记。因此，机动车号牌的识伪方法有：①看号牌的识伪标记；②看号牌底漆颜色深浅；③看白底色或白字体是否涂以反光材料；④看号牌是否按规格冲压边框，字体是否模糊等。

号牌在安装方面设有固封装置，并规定该装置将由发牌机关统一负责装、换，任何单位和个人都无权拆卸。对于号牌的固封有被破坏痕迹的车辆，二手车评估人员要引起必要的重视，查明原因，确认号牌真伪。

5. 查验道路运输证

道路运输证由交通部制,分为正本和副本。

正本第一行左上方为运政号,第二行为业户名称,第三行为地址,第四行为车辆行驶证号,第五行为经营许可证号,第六行为车辆类型,第七行为吨(座)位,第八行为经营范围,第九行为经济类型,第十行为企业经营资质等级,第十一行为备注,第十二行为核发机关和日期,第十三行为审验有效期。

副本作为查扣及待理记载依据之用,与道路运输证同时生效的还有公路运输管理费缴讫证。

道路运输证上的暗花数字和注明的项目应一一核对,并验证道路运输管理证件专用章,以上字体应清楚,规费交的类型应与车辆核载质量(货车)或人数(轿车)一致。

道路运输证中营运证的主本和副本必须齐全,编号必须相同,骑缝章必须相合,填写的内容必须一致。否则,视为无效营运证。

6. 查验营运证

对于营运车,应查验营运证。营运证分为客运营运证和货运营运证两种。客运营运证由客运管理处监督管理,货运营运证由交通运输管理部门监督管理。

从事营运车辆的驾驶员必须持有交通运输管理部门培训合格后颁发的道路运输上岗证。车辆必须持有营运证才能上路营运,否则是违法行为。营运证是国家为了保护人民生命财产安全和规范道路运输市场秩序而产生的。

营运证是一车一证,严禁套用、转借,遗失须申报补办。

7. 查验机动车安全技术检验合格标志

机动车检验合格标志贴在机动车前风窗玻璃右上角,应检查该合格标志是否有效。

8. 查验机动车环保检验合格标志

机动车环保检验合格标志应贴在机动车前窗玻璃右上角,检查该合格标志是否有效。由于各大城市公布了按时段、分区域的"黄标车"限行办法,也出台了"黄标车"淘汰的补贴办法,黄标车将被加速淘汰出市场。因此,在核查环保检验合格标志时,应重点注意该车环保标志的颜色。

3.3 核查税费

3.3.1 机动车的主要税费凭证

机动车的主要税费凭证包括车辆购置税完税证明、车船使用税缴付凭证、机动车保险单等,一些大城市还有城市道路车辆通行费。

1. 车辆购置税完税证明

车辆购置税是由车辆购置附加费演变而来的,国务院于1985年4月2日发文,决定对所有购置车辆的单位和个人,包括国家机关和单位一律征收车辆购置附加费,其目的是切实解决公路运输事业的发展与国家财力紧张的突出矛盾,将车辆购置附加费作为我国公路建设的一项长期稳定的资金来源。车辆购置附加费由交通部门负责征收工作。

中华人民共和国国务院令(第294号)《中华人民共和国车辆购置税暂行条例》规定从2001年1月1日起，我国将开征车辆购置税，取代车辆购置附加费。

新修订的《车辆购置税征收管理办法》（国家税务总局令第33号），于2015年2月1日起施行。规定了车辆购置税的征税、免税、减税范围。

车辆购置税实行一车一申报制度。纳税人购买自用应税车辆的，应自购买之日起60日内申报纳税；进口自用应税车辆的，应自进口之日起60日内申报纳税；自产、受赠、获奖或者以其他方式取得并自用应税车辆的，应自取得之日起60日内申报纳税。

1) 车辆购置税的税率

车辆购置税的征收标准，是按车辆计税价的10%计征，即税率为10%，而计税价格就要因车而异了。比如，购买一辆价格为10万元的国产汽车，由于计税价格不包括17%的增值税，因此该辆车的计税价格＝车价÷1.17＝10万÷1.17＝85470元，再根据车辆购置税公式：车辆购置税＝计税价格×10%＝8547元，所以，购买这辆新车需要交纳8547元的车辆购置税。

2) 车辆购置税的免税、减税

(1) 外国驻华使馆、领事馆和国际组织驻华机构及其外交人员自用的车辆，免税。

(2) 中国人民解放军和中国人民武装警察部队列入军队武器装备订货计划的车辆，免税。

(3) 设有固定装置的非运输车辆，免税。设有固定装置的非运输车辆是指挖掘机、平地机、叉车、装载车（铲车）、起重机（吊车）、推土机等工程机械。

(4) 防汛部门和森林消防等部门购置的由指定厂家生产的指定型号的用于指挥、检查、调度、防汛（警）、联络的专用车辆（以下简称防汛专用车和森林消防专用车），免税。

(5) 回国服务的在外留学人员（以下简称留学人员）购买的1辆国产小汽车，免税。

(6) 长期来华定居专家（以下简称来华专家）进口1辆自用小汽车，免税。

(7) 有国务院规定予以免税或者减税的其他情形的，按照规定免税、减税。

① 小排量汽车减税。在2009年和2010年，为了鼓励购买小排量汽车，国家对排量在1.6L及以下的汽车施行车辆购置税优惠政策，将车辆购置税的税率分别降至5%和7.5%，但自2011年1月1日起取消了优惠税率，恢复至以往10%的标准。

② 新能源车免税。为了鼓励购买新能源车，国家规定：从2014年9月1日到2017年年底，对获得许可在中国境内销售（包括进口）的纯电动汽车及符合条件的插电式（含增程式）混合动力汽车、燃料电池汽车3类新能源汽车，免征车辆购置税。

车辆购置税完税证明的式样如图3.10所示。

2. 车船使用税缴付凭证

国务院1986年9月15日发布了《中华人民共和国车船使用税暂行条例》（国发〔1986〕90号），从1986年10月1日实施。

2011年颁布了《中华人民共和国车船税法》（以下简称《车船税法》），自2012年1月1日起施行。

根据《车船税法》：凡在我国境内拥有并使用车辆、船舶的单位和个人，应按规定缴纳车船税。车船的所有人或者管理人未缴纳车船税的，使用人应当代为缴纳车船税。车船税税目税额见表3-8。

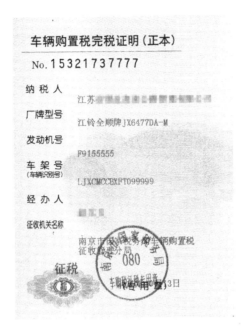

图 3.10　车辆购置税完税证明

表 3-8　车船税税目税额

税目			计税单位	年基准税额/元	备注
乘用车 [按发动机 气缸容量 （排气量） 分挡]	<1.0L		每辆	60～360	核定载客人数9人（含）以下
	>1.0～1.6L			300～540	
	>1.6～2.0L			360～660	
	>2.0～2.5L			660～1200	
	>2.5～3.0L			1200～2400	
	>3.0～4.0L			2400～3600	
	>4.0L			3600～5400	
商用车	客车	大型	每辆	480～1440	核定载客人数9人以上，包括电车
	货车		整备质量每吨	16～120	包括半挂牵引车、三轮汽车和低速载货汽车等
挂车			整备质量每吨	按照货车税额的50%计算	
其他车辆	专用作业车		整备质量每吨	16～120	不包括拖拉机
	轮式专用机械车				
摩托车			每辆	36～180	
船舶	机动船舶		净吨位每吨	3～6	拖船、非机动船分别按照机动船舶税额的50%计算
	游艇		艇身长度每米	600～2000	

1) 车船税的免征或减征

以下车辆、船舶，免征车船税：①捕捞、养殖渔船；②军队、武装警察部队专用的车船；③警用车船；④依照法律规定应当予以免税的外国驻华使领馆、国际组织驻华代表机构及其有关人员的车船。

节约能源、使用新能源的车船可以减征或者免征车船税；对受严重自然灾害影响纳税困难及有其他特殊原因确需减税、免税的，可以减征或者免征车船税。具体办法由国务院规定，并报全国人民代表大会常务委员会备案。

对公共交通车船，农村居民拥有并主要在农村地区使用的摩托车、三轮汽车和低速载货汽车可以定期减征或者免征车船税。

2) 车船税的交纳

车船税的纳税地点为车船的所有人或者管理人所在地。车船税按年申报缴纳。

从事机动车第三者责任强制保险业务的保险机构为机动车车船税的扣缴义务人，应当在收取保险费时依法代收车船税，并出具代收税款凭证。通常交纳车船税的发票即为纳税凭证。

3. 机动车保险单

机动车保险是各种机动车在使用过程中发生肇事造成车辆本身及第三者人身伤亡和财产损失后的一种经济补偿制度。机动车保险费是为了防止机动车发生意外事故，避免用户发生较大损失而向保险公司所交付的费用。该项费用各地区有所不同，缴纳时按本地区保险费用交付。

机动车保险险种分为交强险和商业险两种。

1) 交强险

交强险即机动车交通事故责任强制保险，是我国首个由国家法律规定实行的强制保险制度。交强险是由保险公司对被保险机动车发生道路交通事故造成受害人(不包括本车人员和被保险人)的人身伤亡、财产损失，在责任限额内予以赔偿的强制性责任保险。

实行交强险制度就是通过国家法律强制机动车所有人或管理人购买相应的责任保险，以提高第三者责任险的投保面，在最大限度上为交通事故受害人提供及时和基本的保障。2006年7月1日之后，未按规定投保交强险并张贴或携带交强险标志的机动车不得上路。

交强险的基础费率共分42种，家庭自用车、非营业客车、营业客车、非营业货车、营业货车、特种车、摩托车和拖拉机八大类42小类车型保险费率各不相同。但对同一车型，全国执行一价格。例如，家庭自用6座已下汽车的交强险费率为1050元。

2008年国家对交强险的基础费率进行了下调，如家庭自用6座以下汽车的交强险电话线上调为950元。并且实行基础费率浮动施工，即随车的事故情况而变化。

2) 商业险

机动车商业险险种分为主险和附加险两大种。主险又分为第三者责任险和车辆损失保险两种，附加险一般有全车盗抢险、玻璃单独破碎险、自燃损失险、机动车辆乘坐责任保险、机动车辆承运货物责任保险、机动车辆无过错责任保险、汽车零部件失窃保险、杂支费用保险、机动车辆停驶损失险9种。商业保险单如图3.11所示。

(1) 主险。

① 第三者责任险。第三者责任是指被保险人或其允许的合格驾驶人在使用保险车辆过程中发生意外事故，致使第三者遭受人身伤亡或财产的直接损毁。保险公司依照保险合

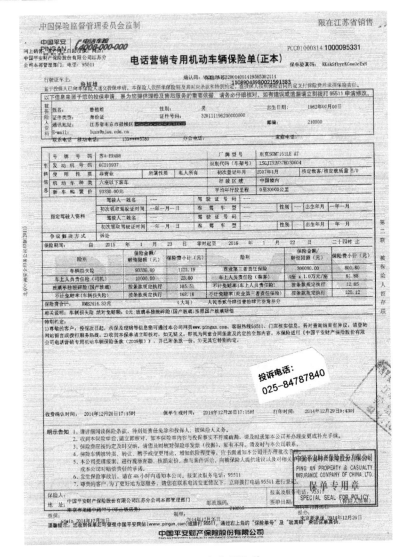

图 3.11 商业保险单

同规定给予赔偿。也就是说,第三者责任是被保险人对他人因保险车辆使用过程中发生意外事故而导致的民事赔偿责任。第三者责任险的每次事故最高赔偿限额分 5 个档次:5 万元、10 万元、20 万元、50 万元、100 万元,车主可自愿选择投保。根据不同的车型,投保的费用不同。在不同区域内,摩托车、拖拉机的最高赔偿限额分为 4 个档次:2 万元、5 万元、10 万元和 20 万元。其他车辆的最高赔偿限额分为 6 个档次:5 万元、10 万元、20 万元、50 万元、100 万元和 100 万元以上,最高不超过 1000 万元。挂车投保后与主车视为一体,发生事故时,挂车引起的赔偿责任视同主车引起的赔偿责任,保险人对挂车赔偿责任与主车赔偿责任所负赔偿金额之和,以主车赔偿限额为限。

第三者责任险是目前强制投保的唯一险种,即车辆必须投保第三者责任险。

② 车辆损失险。因碰撞、倾覆、火灾、爆炸等意外事故;雷击、暴风、龙卷风等自然灾害;载运保险车辆的渡船遭受自然灾害或意外事故造成的保险车辆的经济损失(只限于有驾驶员随车照料者),保险公司将依照保险合同予以赔偿。车辆损失险的投保费用一

一般为车价的 1.2%。保险价值根据新车购置价格确定。其保险金额可以按投保时保险价值或实际价值确定,也可以由保险公司与车主协商确定,但保险金额不得超过保险价值。

(2) 附加险。附加险是在主险的基础上附加的险种,属于车主自愿投保的项目,大致有 9 种。

① 全车盗抢险。全车盗抢险是指因被保险车辆全车被盗窃、抢劫或抢夺,给被保险人造成的直接经济损失由保险人负责赔偿的附加险种。它的投保费用为车价的 1%。保险公司主要承担保险车辆在被盗、被抢期间受到损坏所需修复的费用。若经查证整车丢失,保险公司赔偿 80% 的保险金额。

② 玻璃单独破碎险。玻璃单独破碎险是指被保险车辆在停放或使用过程中,因玻璃意外破碎而造成的损失,由保险人负责赔偿的附加险种。它的投保费用为车价的 0.15%。保险公司需按实际损失赔偿。

③ 自燃损失险。自燃损失险是因车辆自身电器、线路等发生故障而引起的燃烧,造成车辆损失,并由保险公司负责赔付的附加险种。它的投保费用为赔偿限额的 0.4%。保险公司承担 80% 的赔偿金额。

④ 机动车辆乘坐责任保险。机动车辆乘坐责任保险是一种为驾乘人员提供保险服务的附加险种。它的含义是凡被保险人允许的合格驾驶员在使用保险车辆的行驶过程中发生意外事故,致使车内额定座位上的乘客和驾驶员遭受伤亡,在法律上应由被保险人承担的经济赔偿责任,保险公司将依照现行道路交通事故处理办法和保险合同规定予以赔付。有些保险公司将其称为车上人员责任保险,有些保险公司称为乘坐责任险;另外一些保险公司将其称为乘客座位责任险、司机座位责任险,其实质上无较大区别,只是称谓不同而已。

⑤ 机动车辆承运货物责任保险。机动车辆承运货物责任保险的保险责任规定如下。

a. 货物自身火灾、爆炸、雷击、冰雹、洪水、崖崩造成的损失。

b. 货物因载运的机动车辆发生火灾、爆炸、碰撞、倾覆所造成的损失。

c. 在发生上述灾害事故时,因在纷乱中造成保险货物的散落,以及因施救或保护该货物而支付的必要的合理费用。

d. 机动车辆在正常行驶过程中,由于货物发生意外事故,致使第三者遭受人身伤亡或财产的直接损毁,在法律上应当由被保险人承担的经济赔偿责任,保险公司将根据有关法律和保险合同的规定给予赔偿。

⑥ 机动车辆无过错责任保险。凡被保险人或其允许的驾驶人员在使用保险车辆过程中与非机动车、行人发生交通事故,造成行人伤亡或财产的直接损失,机动车方无过错或机动车方有部分责任,根据有关规定,以上应由行人或非机动车辆承担经济损失而无偿还能力,经公安机关调解认定由机动车方垫付的部分,并在被保险人将第三者追偿权利移交给保险公司后,保险公司予以赔偿。

⑦ 汽车零部件失窃保险。该险种是指在正常使用保险车辆过程中,发生汽车零部件被盗,保险人按品名换价给予赔偿的一种附加险种。保险标的是汽车零部件。

⑧ 杂支费用保险。该险种是指保险车辆发生保险责任范围内的交通事故,在事故处理过程中,承担的超过有关条款规定赔偿标的合理部分,由保险人负责赔偿的一种附加险种。

⑨ 机动车辆停驶损失险。参加停驶损失险的机动车辆在保险有效期内遭受保险责任范围内的自然灾害或意外事故,致使本车车身损失需维修而造成的本车停驶损失,保险公

司从签订修理协议书当日起到车辆修复竣工之日（指保险公司与被保险人协议的车辆修复期限）止的停驶的天数乘以约定的赔偿金额计算赔偿，但赔偿天数不得超过30天。对于保险车辆在维修过程中等待配件而延长修理时间所造成的停驶损失，到期未续保，停驶已超过保险有效期的损失，保险公司不予赔偿，保险车辆发生全部损失及全车失窃时，保险公司按15天的停驶天数乘以约定的日赔偿金额进行计算赔偿。

3.3.2 核查税费凭证的方法

1. 查验车辆购置税完税证明

1）车辆购置税完税证明的检查

对于2001年以后购买的汽车，需交纳车辆购置税，对于一些特殊购车单位和专用车辆，其车辆购置税可减免，车辆购置税完税证明上均有说明。完税（包括减税）证明在加盖"车辆购置税征税专用章"，免税车辆需加盖"车辆购置免税专用章"及征收机关公章后才有效。

2）车辆购置附加费的识伪

对2001年以前购买的汽车，需交纳车辆购置附加费。由于车辆购置附加费单位价值大，曾经有一段时间，有些单位和个人千方百计逃避附加费的征收，造成漏征现象；有些地方少数不法分子伪造、倒卖车辆购置附加费凭证。车辆购置附加费凭证真伪的识别方法有：①采用对比法进行鉴定；②前往征收机关查验。

2. 查验车船使用税缴付凭证

检查车船使用税缴付凭证是否有效，交至年限。车船拥有人与使用人不一致时，仍由拥有人负责缴纳税款。

3. 查验强制保险保单和标志

根据《机动车交通事故责任强制保险条例》（公交管〔2006〕115号）规定：机动车所有人要将机动车交通事故责任强制保险标志粘贴在车辆驾驶室前风窗玻璃右上角；若没有驾驶室的机动车（如摩托车、部分拖拉机、部分三轮汽车等），驾驶人要随车携带。否则，不能上路行驶。强制保险标志如图3.12所示。

图3.12 强制保险标志

《机动车交通事故责任强制保险条例》规定：①上道路行驶的机动车未放置强制保险标志的，公安机关交通管理部门应当扣留机动车，通知当事人提供保险标志或者补办相应手续，可以处警告或者20元以上200元以下罚款；②伪造、变造或者使用伪造、变造的保险标志，或者使用其他机动车的保险标志，由公安机关交通管理部门予以收缴，扣留该机动车，处200元以上2000元以下罚款；构成犯罪的，依法追究刑事责任。

查验强制保险标志的要点如下。

(1) 查看保险时间：认真检查强制保险标志的年限、保险月份是否与强制保险保单一致。

(2) 查看保单号的开头字母：是否与各保险公司的保单号开头一致。

(3) 看保单上的官印：保单上的官印应清晰，不能模糊。

4．查验机动车保险单

认真检查机动车保险单和机动车保险证上所保险的险种和保险期限。被保险人与车主是否一致。

可从以下4个方面辨别机动车保险单的真伪。

(1) 保单本身是由立体的轿车和货车图案做浮雕底纹。

(2) 中间字母采用了光栅效果，文字隐藏在保单底色中。

(3) 保监会监制字样及"限在×××销售"等部分使用红色荧光防伪油墨，在紫外线灯光下发出荧光红色。

(4) 微缩文字在5～10倍以上的放大镜下清晰可辨。

例如，某货车的保险单号开头是"PDAA"，但保险标志上的印章又是平安保险的。经核实，该保险单是伪造的。PDAA是人民财产保险公司的缩写。

3.4 车辆拍照

3.4.1 拍摄要求

1．拍摄距离

拍摄距离是指拍摄立足点与被拍二手车的远近。拍摄距离远，则拍摄范围大，所拍的二手车影像小。一般要求全车影像尽量充满整个像面。

2．拍摄角度

拍摄角度是指拍摄立足点与被拍二手车的方位关系。根据拍摄角度方位，一般分为上下关系与左右关系。

1) 上下关系

拍摄角度的上下关系可分为俯拍、平拍与仰拍3种。

俯拍是指在比被拍摄物高的位置向下拍摄。平拍是指拍摄点在物体的中间位置，镜头平置的拍摄，此种拍摄方法效果就是人两眼平视的效果。仰拍是指相机放置在较低部位，镜头由下向上仰置的拍摄，这种拍摄效果易发生变形。

2) 左右关系

拍摄角度的左右关系一般根据拍摄者确定的拍摄方位,分为正面拍摄和侧面拍摄两种。正面拍摄是指面对被拍摄的物体或部位的正面进行拍摄。侧面拍摄是相对于正面拍摄而言的。

对于二手车拍照拟采用平拍且与车左前侧呈 45°方向拍摄。

3. 光照方向

光照方向是指光线与相机拍摄方向的关系,一般分为正面光、侧面光和逆光 3 种。对于二手车拍照应尽量采用正面光拍摄,可使二手车的轮廓分明、牌照号码清晰、车身颜色真实。

3.4.2 拍摄流程

1. 场地选择

选择宽敞、平坦的场地,背景尽量简单。

2. 二手车的准备

(1) 车身要擦洗干净。
(2) 前风窗玻璃及仪表板上无杂物。
(3) 机动车号牌无遮挡。
(4) 关闭各车门。
(5) 转向盘回正,前轮处于直线行驶状态。

3. 选择拍照角度和方向

光照方向应采用正面光拍摄,拍照距离以全车影像充满整个像面为宜。以平拍方式,与待拍车辆的左前侧呈 45°方向进行拍摄。

典型的二手车照片如图 3.13 所示。

图 3.13 二手车的照片

4. 注意事项

(1) 光照方向应采用正面光,尽量避免强烈或昏暗光照,不采用侧面光和逆光。

（2）以平拍方式进行拍摄，不要采用俯拍或仰拍。
（3）所拍车辆要进行认真的准备。
（4）所拍照片要使二手车的轮廓分明、牌照号码清晰、车身颜色真实。

习　　题

1. 评估人员与车主进行评估业务洽谈时，应了解哪些车辆信息？
2. 二手车鉴定评估委托书（合同）包括哪些主要内容？
3. 如何正确填写二手车鉴定评估作业表？
4. 机动车的主要证件包括哪些？哪个证件是机动车合法行驶资格的法定证件？
5. 机动车来历凭证包括哪些？如何识伪？
6. 机动车登记证书有何作用？为什么从 2001 年 10 月 1 日起在我国境内道路上行驶的机动车，必须办理机动车登记证书？
7. 简述机动车号牌的类型及规格尺寸、颜色和适用范围。
8. 如何进行机动车行驶证的识伪检验？
9. 如何查验机动车登记证书？
10. 如何进行机动车号牌的识伪查验？
11. 机动车主要税费凭证包括哪些？
12. 机动车为何要进行保险？有哪些主要险种？
13. 我国为何要设置机动车交通事故责任强制保险？其费率为多少？
14. 机动车商业险有哪些？简述各个险种的作用。
15. 如何正确对二手车进行拍照？

第4章
二手车技术状况鉴定

 教学目标

本章要求学生掌握二手车识伪检查项目和方法，能正确辨识"水货"汽车；掌握识别事故车辆的技巧，能判断出事故车辆；掌握鉴定发动机舱各部件的方法；掌握鉴定车舱各部件的方法；掌握鉴定行李舱的技巧和方法；掌握检查汽车底盘的技巧和方法；掌握路试前的准备工作；掌握发动机性能检查方法和技巧、能正确评价发动机的起动性能、怠速性能、加速性能和排放性能；掌握汽车路试检查的方法和技巧，能正确评价汽车的动力性、制动性、行驶平稳性；掌握自动变速器路试检查方法，能正确评价自动变速器的性能；能对二手车进行技术状况的等级分级。

 教学提示

二手车技术状况的鉴定是二手车评估的基础与关键。其鉴定方法主要有静态检查、动态检查和仪器检查3种。其中静态检查和动态检查是依据评估人员的技能和经验对被评估车辆进行直观、定性判断，即初步判断评估车辆的运行情况是否基本正常、车辆各部分有无故障及故障的可能原因、车辆各总成及部件的新旧程度等，是评价过程不可缺少的。而仪器检查是对评估车辆的各项技术性能及各总成部件技术状况进行定量、客观的评价，是进行二手车技术等级划分的依据，在实际工作中往往视评估目的和实际情况而定。

机动车的动态检查是指车辆路试检查。路试的主要目的在于一定条件下，通过机动车各种工况，如发动机起动、怠速、起步、加速、匀速、滑行、强制减速、紧急制动，从低速挡到高速挡，从高速挡到低速挡的行驶，检查汽车的操纵性能、制动性能、滑行性能、加速性能、噪声和废气排放情况，以鉴定二手车的技术状况。

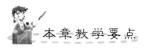
本章教学要点

知识要点	掌握程度	相关知识
静态检查	了解静态检查所需的工具和用品；掌握静态检查的主要内容；熟悉鉴别走私和拼装车辆；熟悉鉴别盗抢车辆；熟悉鉴别事故车辆；掌握检查发动机舱；掌握检查车舱；掌握检查行李舱；掌握检查车底	需要准备的工具和用品；识伪检查和外观检查的工作内容；走私和拼装车辆的鉴别技巧；盗抢车辆的鉴别技巧；事故车辆的鉴别技巧；发动机舱的检查内容与技巧；车舱的检查内容与技巧；行李舱的检查内容与技巧；车底的检查内容与技巧
动态检查	掌握动态检查的主要内容；熟悉路试前的准备；掌握发动机工作性能检查；掌握汽车路试检查；熟悉自动变速器的路试检查；熟悉路试后的检查	动态检查的主要内容；机油油位、冷却液液位、制动液液位、转向油液位、踏板自由行程、转向盘自由行程、轮胎胎压、各警示灯等检查方法；发动机的起动性、急速、异响、急加速性、曲轴箱窜气量、排气颜色等项目的检查方法与技巧；离合器、变速器、动力性、制动性、行驶稳定性、行驶平顺性、滑行能力等性能的检查方法与技巧；升挡、换挡质量，锁止离合器，发动机制动，强制降挡等路试检查方法；检查各部件温度和"四漏"现象
汽车技术状况的分级	了解汽车技术状况的分级标准；了解A、B和C级车的确定方法；了解D级车的确定方法；了解E级车的确定方法	二手车技术状况鉴定的等级划分方式；车身外观检查法、发动机检查法；车身骨架鉴定项目及其代号；E级车的检查项目

导入案例

二手车里程表猫腻多，鉴定新旧应综合车况

南方日报2011年7月1日报道　国内二手车市场的诚信缺失，严重挫伤了人们消费二手车的热情。卖家和中介为了能让二手车卖个好价钱，不惜违背良心，掩饰车辆的事故记录和其他种种可能影响车价的负面因素。而这其中，车辆里程表因其容易调整、花费少，且对车价影响明显，成为黑心卖家和中介最爱做手脚的地方。只可惜，作为一名买家，相对于事故鉴定，判断里程表度数的真伪是难之又难。稍有不慎，就完全可能重蹈案例中那位车主的悲惨经历，自以为驾驶着只有几万公里的准新车，殊不知，这辆"准新车"之前说不定干着出租车的营生，短短几年，里程已经足够往返地球和月亮了！买这样的车，可吃大亏了！为此，记者采访了二手车专家，看看专家是怎么鉴定二手车里程的。

（1）案例：某地工商分局最近接到一位李某消费者的投诉。据其称，2011年1月份，李某在当地的二手车交易市场以13万元的价格购买了一辆二手大众帕萨特轿车。在交易时，车辆出售方和交易中介均称这辆车的里程只有4万多公里，而且里程表上也显示是4万多公里。李某买下这辆轿车使用了一段时间后，因故来到当地的大众4S店进行维修保养。在4S店，李某了解到这辆车子也曾经在该4S店做过维修保养，便要求店方工作人员出示了一张这辆车子以前的维修保养单，结果让人大吃一惊：这辆车的维修保养单显示的里程竟然已经有20多万公里！李某这才明白，原来这辆二手大众帕萨特轿车所谓的4万多公里里程，已经被人为动了手脚。

（2）律师观点：私调里程表涉嫌欺诈。据悉，早在2007年8月30日，国家工商总局发布的《二手车买卖合同（示范文本）》就有明确规定：因卖方提供车辆信息不真实而导致的损失，将全部由卖方承担，即使在过户时无法全盘了解，也可在事后追溯责任，车辆交付买方之前所发生的所有风险由卖方承担和负责处理。此外，示范合同文本还包括车辆状况说明书附件，要求明确车辆基本信息、重要技术配置及参数、是否为事故车、车辆状况描述和质量保证五大内容。因此，根据国家工商总局的规定，调整汽车的里程表后，再进行销售，是明显的隐瞒车辆基本信息的行为，属于欺诈。

（3）轮胎磨损是否严重？轮胎磨损可以说是除了里程表外，汽车行驶路程长短最直观的表现。一些老司机在购买二手车时，首先会看轮胎，而且不会只看一只。假如发现轮胎花纹扁平，边缘已全无棱角，说明这辆车已经跑了不少路程。此外，轮胎的平均使用千米数在5万km左右。如果出现4个轮胎新旧不一的情况，那么很可能是发生事故等因素所致，而被迫更换某个轮胎。不过这种办法只适用于一些年份较短的二手车，车龄较长的车，就很难以轮胎更换的周期去判断车辆的实际里程了。

（4）是否更换制动盘？一般情况下，制动盘的寿命在10万km以上。如果一车使用了5年以上但制动盘却很新，那说明这辆车更换过制动盘，其行驶里程肯定是要超过10万km或者更多。此外，行驶的里程数越大，发动机磨损就越大，必然导致发动机的密封性越差。如漏油、漏液、功率下降、加速不畅、动力性能变差、烧机油、冒蓝烟等。购买二手车，在试车时也需要留意一下这些方面的情况。

（5）内饰是否老化明显？首先要明白一点，行驶里程数越大的车辆，其内饰的老化

程度也就越厉害。因为人们在行驶过程中，不可避免要接触车厢内饰及各种开关旋钮，因此，专家们认为，一辆车的内饰新旧程度基本上跟车辆行驶里程成正比。而且内饰的更换成本比较大，一般人即使想让车显得新一些，也很少更换所有的内饰件。转向盘在每天的转动中，不知不觉中就会留下很深的印记，而且更换转向盘的可能性很小，它最能反映用车频率，不过也有车主会用转向盘套，增加了判断的难度。无论如何，车厢里很多磨损的痕迹是掩盖不掉的，如中央扶手、换挡杆表面开始脱落，这绝不是三五万公里就能到达的磨损程度。座椅经过长时间的坐压，弹性下降，老化明显，真皮会被磨得发亮、发硬。若座椅有更新的迹象，那这辆车的里程少不了。此外，车上的塑料旋钮、调节拨片，都会因为无数次的使用，而变得油亮光滑，卖家和中介可能事先已经给车子的内饰喷上了厚厚的表板蜡，因此更要仔细的鉴别。

（6）里程太少很可疑！依照市面上绝大多数的真实使用情况，根据专家们的估算，一般私家车每年大约行驶2.5万km，而公务用车的里程则可达4万km以上。只要知道一辆二手车的真实出厂年份，就可以大概估计出这辆车的实际使用里程。当然，不能排除有一些车辆因为特殊的使用状况，其实际里程会比这一平均数值多或少很多，但在遇到那种车龄虽长但里程奇短的二手车时，先不要心中暗喜怎么这样的极品给自己遇见了，倒是应该冷静地想想，这其中是否会有猫腻。要知道，买回一辆车后常年闲置的情况毕竟是极少数。

（7）发动机是否清洁？一般5万km以内，又正常保养的车辆发动机内部及机油标尺下部比较干净，没有明显的污垢产生。当然，关于发动机内部是否清洁，在不拆卸发动机的情况下是很难观察的，一般来说，以实际驾驶的感受可以大体判断发动机内部的清洁情况，如果性能乏力加速迟钝，加上运转时声嘶力竭，一般来说只要不是发动机有特殊故障，多半是由于发动机内部不够洁净、积炭严重造成。如果希望判断准确，可以找个类似车型进行一番对比。此外，虽然肉眼难以看穿发动机内部的运转情况，但通过观察发动机外观也能获得一部分信息，一般行驶里程较长的车，即使保养良好，发动机密封缸垫外多少还是会存在机油渗漏的情况。至于那些发动机外观干净得如同新出厂的车，我们就更有理由担心这是否是卖家刻意清洁以掩盖渗漏的手段。

（8）尽量查阅车辆"案底"其实，归根结底，一切通过观察车况的方式去估计车辆里程数的做法，都难以做到完全准确，同时也存在一定的主观性。如果有可能的话，查看保养手册并咨询该车原来所在4S店的保养记录，才是最稳妥的做法。要得到4S店的维修保养记录其实并不困难，只要卖家配合，4S店多数能够提供该辆二手车最近的保养记录，而保养记录上必定记录着每次保养时的真实里程。换句话说，如果对于这一要求卖家觉得为难的话，那没啥好说的，不是篡改了车辆的真实行驶里程便是掩盖了车辆的重大维修记录。

当然，也有很多情况下，买家无法得知该二手车原本的维修单位，或者说这辆二手车原先并未通过正式途径进行维修保养，那还可以通过何种方式对车辆的里程数进行了解呢？别忘了还有保险记录。只要这辆车买了保险，保险记录中必定留下了该车买险和出险报案时的真实行驶里程，这一记录很难造假。

资料来源：http://auto.163.com/11/0701/12/77SK9Q6U00084IJS.html

二手车技术状况鉴定是指对车辆技术状况进行缺陷描述、等级评定。其鉴定方法通常有静态检查、动态检查和仪器检查3种。

4.1 静态检查

4.1.1 静态检查所需的工具和用品

为了使二手车检查时得心应手,在检查之前,应该先准备一些工具和用品。需要准备的工具和用品有下列一些。

(1) 一个笔记本和一支钢笔或铅笔。用来记录看到、听到和闻到的异常情况,以及需要让机械师进一步检测和考虑的事情。

(2) 一个手电筒。用来照亮发动机舱和汽车下面又暗又脏的地方。

(3) 一些棉丝头或纸巾。用于擦手或擦干净需要检查的零件。

(4) 一大块旧毛毯或帆布。因为评估人员需要躺下,仰面检查汽车下面是否有漏油、磨损或损坏的零件等。

(5) 一截300~400mm的清洁橡胶管或塑料管。可以当作"听诊器",用来倾听发动机或其他部件是否有不正常的噪声。

(6) 一个卷尺或小直(钢)尺。用于测量车辆和车轮罩之间的距离。

(7) 一盘盒式录音带和一个光盘。用来测试磁带收放机和CD唱机。

(8) 一个小型工具箱,里面应该装有:成套套筒棘轮扳手、一个火花塞筒扳手、各种旋具(俗称螺丝刀或改锥)、一把尖嘴钳子和一个轮胎撬棒。

(9) 涂层厚度测试仪。用于测量车身各处的涂层厚度。

(10) 一块万用表。用来进行辅助电器测试。

4.1.2 静态检查的主要内容

二手车静态检查是指在静态情况下,根据评估人员的经验和技能,辅以简单的量具,对二手车的技术状况进行静态直观的检查。

静态检查的目的是快速、全面地了解二手车的大概技术状况。通过全面检查,可以发现一些较大的缺陷,如严重碰撞,车身、车架锈蚀或有结构性损坏,发动机、传动系统严重磨损,车厢内部设施不良、损坏等,从而为其价值评估提供依据。

二手车的静态检查主要包括识伪检查和外观检查两大部分。其中识伪检查主要包括鉴别走私车辆、拼装车辆和盗抢车辆等工作,外观检查包括鉴别事故车辆、检查发动机舱、车舱、行李舱和车底等内容,具体如下。

```
                 ┌ 鉴别走私车辆
         ┌ 识伪检查 ┤ 鉴别拼装车辆
         │       └ 鉴别盗抢车辆
         │       ┌ 鉴别事故车辆：包括碰撞、水淹、火灾等事故
静态检查 ┤       │ 检查发动机舱：包括机体外观、冷却系统、润滑系统、点火系统、供油系统、进气系统等
         └ 外观检查┤ 检查车舱：包括驾驶操作机构、开关、仪表、警示灯、内饰件、座椅、电气部件等
                 │ 检查行李舱：行李舱锁、气压减振器、防水密封条、备用轮胎、随车工具、门控开关等
                 └ 检查车底：包括排气系统、转向机构、悬架、传动轴、车舱等
```

汽车外观的检查项目很多，目前还没有统一规范的格式。表4-1是某机动车综合性能检测中心制定的汽车外观检视记录表，二手车评估人员可参考使用。

表4-1 整车装备及外观检视记录表

检测单位：　　　　　　　　　检测日期：　　　　　　　　　编号：

车辆号码		厂牌型号		发动机号		检测类别			
车辆类别		吨/座位数		车架号		燃料种类			
部位	代码	检视内容及要求	记录	代码	检视内容及要求		记录	签字	
底盘上方	01	车体外表清洁，涂层完好		02	门窗、内饰齐全、无损、有效，底板完好				
	03	汽车外廓尺寸参数符合规定		04	后（下）视镜和刮水器紧固、齐全、有效				
	05	营运标志符合有关规定		06	车体安全防护装置齐全、有效				
	07	车厢内不得装设燃油供给系统		08	柴油机停机装置灵活有效				
	09	牵引车与被牵引车连接装置和独立制动装置可靠、有效		10	仪表和信号装置紧固、齐全、有效、符合规定				
				11	转向灯紧固、齐全、有效、符合规定				
	12	制动灯紧固、齐全、有效、符合规定		13	雾灯紧固、齐全、有效、符合规定				
	14	燃油箱及管路安装牢固、不渗漏、附件齐全		15	轮胎螺母和半轴螺母齐全紧固				
	16	转向轮轮胎型号、规格符合规定，不得使用翻新胎		17	轮胎无异常磨损和割裂伤、同轴规格、花纹、磨损程度一致，气压符合规定				
	18	集装箱的运输车辆的锁止装置可靠		19	配备相适应的有效消防器材				

(续)

部位	代码	检视内容及要求	记录	代码	检视内容及要求	记录	签字
客危车辆	20	客车座位数符合核载,不准私设座椅		21	座椅间距不得采用沿滑道纵向调整方式		
	22	安全出口、安全带配置符合规定		23	驾驶区发动机盖严禁增加附属设施		
	24	卧铺客车卧具设置须符合规定		25	不得采用直通式采暖方式		
	26	中级以上客车、卧铺车不准设立车外顶行李架,其他车辆不得超过车长的1/3		27	危运车辆电路系统应有切断总电源和隔离电火花装置		
	28	运输易燃、易爆物品车辆的排气管应装在前部		29	危运车标志符合有关规定		
	30	排气管应装隔热和熄灭火星装置		31	放静电装置齐全、有效		
	32	槽罐车罐体的使用证(合格证)在有效期内		33	配备泄压阀、压力表、液位计等安全装置		
运行检查	34	发动机起动性能良好、运转平稳、无异响		35	转向操纵性能良好		
	36	制动气压、机油压力、ABS等报警装置齐全、有效		37	驻车制动操纵装置性能良好、有效		
	38	离合器分离、结合性能良好,无异响		39	传动轴运转时无抖动、异响		
	40	变速器操纵性能良好,无异响		41	减速器(驱动桥)运转良好,无异响		
底盘下方	42	底盘下方清洁、各部位润滑良好		43	发动机散热器、水管连接紧固,无漏水		
	44	发动机及附件安装紧固,无漏油		45	变速器装配紧固,无漏油		
	46	减速器(驱动桥)装配紧固,无漏油		47	平衡、扭力杆件等安装紧固		
	48	传动轴安装正确,螺栓齐全、紧固		49	车架(身)连接紧固、无裂纹、铆接无松动		
	50	车桥无裂纹、连接杆件、球头、销套紧固		51	独立悬架(减振器)齐全、紧固		
	52	钢板无裂纹和断片,符合规定,U形螺栓紧固		53	钢板吊耳、销套紧固		
	54	转向系统各部螺栓螺母紧固、锁止可靠,部件无裂纹		55	转向系统横直拉杆不得拼焊,球头销不松旷		

(续)

部位	代码	检视内容及要求	记录	代码	检视内容及要求	记录	签字
底盘下方	56	**制动阀、管路、泵、储气筒安装紧固，无漏油**		57	**制动底板紧固**		
	58	**液、气管路及卡箍紧固，不干涉、未磨损**		59	电路管线及卡子无松脱，未磨损		
测量记录		离合器踏板自由行程_____mm			车身外缘左右对称高度差_____mm		
		制动器踏板自由行程_____mm			转向盘自由转动量_____度		
		左侧轴距值_____mm，右侧轴距值_____mm，轴距值_____mm，差值_____mm，_____%					
复检记录							
备注					外检结论		

注：(1) 记录栏内合格打"√"，不合格打"×"，未检打"/"。
(2) 表中黑体字检视内容为关键项目，有一项不合格即判该车外检不合格。
(3) 一般检视内容达到3项不合格时，判该车外检不合格。
(4) 其他未尽项目执行 GB 18565—2001 相关条款。

4.1.3 鉴别走私和拼装车辆

在二手车交易市场不可避免地会出现一些走私车辆、拼装车辆、盗抢车辆及事故车辆，如何界定这部分车辆，在二手车评估过程中是一项十分重要而又艰难的工作。它必须凭借技术人员所掌握的专业知识和丰富经验，结合有关部门的信息材料，对评估车型进行全面细致的鉴别，将这部分车辆与其他正常车辆区分开，从而使二手车交易规范、有序地进行。

走私车辆是指没有通过国家正常进口渠道进口的，并未完税的进口车辆。拼装车辆是指一些不法厂商和不法商人为了牟取暴利，非法组织生产、拼装，无产品合格证的假冒、低劣汽车。这些汽车有些是境外整车切割，境内焊接拼装车辆；有些是进口汽车散件，国内拼装的国外品牌汽车；有些是国内零配件拼装的国内品牌汽车；有些是旧车拼装车辆，即两辆或者几辆拼装成一辆汽车；也有的甚至是国产或进口零配件拼装的杂牌汽车。

对走私车辆、拼装车辆，在二手车评估中，首先确定这些车辆的合法性。因为，一种是车辆技术状况较好的，符合国家有关机动车行驶标准和要求，已经由国家有关执法部门处理，通过拍卖等其他方式，在公安车管部门已注册登记上牌，并取得合法地位的车辆。这些二手车在评估价格上要低于正常状态的车辆。另一种是无牌、无证的非法车辆。

对走私车辆、拼装车辆的鉴别方法有以下5种。
(1) 运用公安车管部门的车辆档案资料，查找车辆来源信息，确定车辆的合法性及来源情况。这是一种最直接有效的判别方法。

（2）查验二手车的汽车产品合格证、维护保养手册。对进口车必须查验进口产品商验证明书和商验标志。

（3）检查二手车外观。查看车身全部是否有重新做油漆的痕迹，特别是顶部下沿部位。车身的曲线部位线条是否流畅，尤其是小曲线部位。根据目前技术条件，没有专门的设备不可能处理得十分完美，所以留下再加工痕迹特别明显。检查门柱和车架部分是否有焊接的痕迹，很多走私车辆是在境外把车身切割后，运入国内再进行焊接拼凑起来的。查看车门、发动机盖、行李箱盖与车身的接合缝隙是否整齐、均衡。

（4）查看二手车内饰。检查内装饰材料是否平整，内装饰压条边沿部分是否有明显的手指印或有其他工具碾压后留下的痕迹，车顶部装饰材料或多或少都会留下被弄脏后的痕迹印。

（5）打开发动机盖，检查发动机和其他零部件是否有拆卸后重新安装的痕迹，是否有旧零部件或缺少零部件。查看电线、管路布置是否有条理，安装是否平整。核对发动机号码和车辆识别代码（车架号码）字体和部位。

4.1.4　鉴别盗抢车辆

盗抢车辆一般是指公安车管部门已登记上牌的，在使用期内丢失的或被不法分子盗窃的，并在公安部门已报案的车辆。由于这类车辆被盗窃方式多种多样，它们被盗窃后所遗留下来的痕迹会不同。如撬开门锁、砸车窗玻璃、撬转向盘锁等，都会留下痕迹。同时，这些被盗赃车大部分经过一定修饰后，再被卖出。这些车辆很可能会流入二手车交易市场。这类车的鉴别方法一般有以下4种。

（1）根据公安车辆管理部门的档案资料，及时掌握车辆状态情况，防止盗抢车辆进入市场交易。这些车辆从车辆主人报案起到追寻找到止这段时期内，公安车管部门将这部分车辆档案材料锁定，不允许进行车辆过户、转籍等一切交易活动。

（2）根据盗窃的一般手段，主要检查汽车门锁是否过于新，锁芯有无被更换过的痕迹，门窗玻璃是否为原配正品，窗框四周的防水胶是否有插入玻璃升降器开门的痕迹，转向盘锁或点火开关是否有破坏或调换的痕迹。

（3）不法分子急于对有些车辆销赃，他们会对车辆、有关证件进行篡改和伪造，使被盗赃车面目全非。检查重点是核对发动机号码和车辆识别代码，钢印周围是否有变形或褶皱现象，钢印正反面是否有焊接的痕迹。

（4）查看车辆外观是否全身重新做过油漆，或者改变原车辆颜色。

打开发动机盖，查看线、管或布置是否有条理，发动机和其他零部件是否正常、有无杂音，空调是否制冷、有无暖风，发动机及其他相关部件有无漏油现象。

内装饰材料是否平整，表面是否干净。尤其是压条边沿部分要特别仔细检查，经过再装配过的车辆内装饰压条边沿部分有明显手指印或其他工具碾压过后留下的痕迹印。车顶部装饰材料或多或少要留下弄脏过的迹印。

4.1.5　鉴别事故车辆

凡是发生严重碰撞、泡水、过火的事故车，到二手车市场进行评估交易之前，都要经过汽车修理厂的恢复和修理，非专业人士一般检查不出这是事故车。车主也不会"自报其短"。必须要经过训练有素的专业人士，进行仔细认真地检查和分析判断，才能做出正确的结论。

1. 事故车的定义

目前我国对事故车尚无权威机构给予严格的界定，也就谈不上制定出标准，但是，有个别销售公司或汽车公司对事故车有其自己的界定条件。在此，就事故车的定义探讨性地给出一个界定，抛砖引玉，希望专业人士给予讨论，使其更为完善、更切合实际。此外，以帮助消费者在选购二手车时，提高警惕，尽可能避免购买到事故二手车。

事故车是指在使用中，曾经发生过严重碰撞或撞击，或长时间泡水，或较严重过火，虽经修复并在使用，但仍存在安全隐患的车辆的总称。

1) 碰撞事故车

严重碰撞或撞击的车辆只要符合以下任何一条损伤的，就应认为是碰撞事故车。

(1) 碰撞或撞击后，车架大梁弯曲变形、断裂后修复。
(2) 散热器及散热器支架被撞损伤后修复或更换过。
(3) 车身后翼子板碰撞后被切割或更换过。
(4) 车门及其下边框、B柱碰撞变形弯曲后修复或更换过。
(5) 整个汽车在事故中翻滚，整个车身产生变形凹陷、断裂后修复的。

2) 泡水车

泡水车辆与涉水行驶过的车辆不能混为一谈，许多车辆在遇大雨、暴雨或特大暴雨等恶劣天气时，曾在水中短时间行驶过，这不能算泡水车。因为涉水行驶，不是潜渡，车辆在行驶中发动机及其附件仍在工作。

水淹高度通常分为6级(图4.1)。

(1) 1级：制动盘和制动毂下沿以上，车身地板以下，乘员舱未进水。
(2) 2级：车身地板以上，乘员舱进水，而水面在驾驶员座椅坐垫以下。
(3) 3级：乘员舱进水，而水面在驾驶员座椅坐垫面以上，仪表工作台以下。
(4) 4级：乘员舱进水，仪表工作台中部。
(5) 5级：乘员舱进水，仪表工作台面以上，顶篷以下。
(6) 6级：水面超过车顶。

每级的损失程度差异较大，在后面的损失评估时再进行定性和定量分析。

图4.1 轿车水淹高度分级

泡水车一般是指水淹高度为4级及4级以上的车。水淹高度为6级时，称为全泡车，也叫灭顶车，整个发动机舱都浸泡在水中，绝大部分电气设备、仪表都被水浸泡，当然会造成严重后果。至于浸泡时间长短，一般认为，只要水淹高度达到4级水平，不需要考虑泡水时间的长短,即是泡水车。但也有的认为不宜超过10min。前者更切合实际一些。因为水虽然在极短的时间内难以浸入密封的机件内,但水会对密封产生腐蚀、侵蚀作用。此外,泡水对电气设备危害最大,而且难以清洁。气门和空气滤清器等处都会进水,进而危害发动机气缸内部,造成锈蚀,不可小视。

汽车水淹的水质通常有淡水、泥水、污水、油水和海水等类型,不同的水质对汽车造成的损失也是不一样的。

3) 过火车辆

无论是自燃还是外燃,只要在发动机舱或乘员舱发生严重火烧,燃烧面积较大,机件损坏较严重的汽车,就应列为事故车。火烧是极严重的事故,经火烧后,机件很难修复。但对于局部着火,过火的只是个别的非主要零部件,并在极短的时间内熄灭,主要机件未受到影响的,经修复换件后,不能算过火车辆。

2. 鉴别碰撞事故车

1) 检查车辆的周正情况

在汽车制造厂,汽车车身及各部件的装配位置是在生产线上经过严格调试的装、夹具保证的,装配出的车辆各部分对称、周正。而维修企业对车身的修复则是靠维修人员目测和手工进行操作,装配精度难以保证。因此,检查车身是否发生过碰撞,可站在车的前部观察车身各部的周正、对称状况,特别注意观察车身各接缝,若出现不直、缝隙大小不一、线条弯曲、装饰条有脱落或新旧不一的情况,说明该车可能出现过事故或修理过。

(1) 方法一。从汽车的前面走出2~3m,蹲下沿着轮胎和汽车的外表面向下看汽车的两侧,如图4.2所示。在两侧,前、后车轮应该排成一线。然后,走到汽车后面进行同样的观察,前轮和后轮应该仍然成一条直线。如果不是这样,则车架或整体车身发生了弯曲变形。

图4.2 检测汽车两侧的前、后轮是否在同一直线上

即使左侧前、后轮和右侧前、后轮互成一条直线,但如果一侧车轮比另一侧车轮更远离车身,则汽车已发生过碰撞事故。

(2) 方法二。蹲在前车轮附近,检查车轮后面的空间,即车轮后面与车轮罩后缘之间的距离,用直尺测量这段距离。再转到另一前轮,测量车轮后面和车轮罩后缘之间的距离,如图4.3所示。该距离应该和另一前轮大致相同。如果发现左前轮或左后轮和它们的轮罩之间距离与右前或右后轮的相应距离大大不同,则车架或整体车身发生了弯曲变形。

图 4.3　测量每个车轮与车轮罩之间的距离

2）检查油漆脱落情况

查看排气管、镶条、窗户四周和轮胎等处是否有多余油漆。如果有，说明该车已做过油漆或翻新。

用涂层厚度测试仪测量车身各处的涂层厚度（图 4.4），当测头与覆层接触时，测头与磁性金属基体构成一闭合磁路，由于非磁性覆层的存在，使磁路磁阻发生变化，通过测量其变化量，可测得其覆层的厚度。若涂层过厚，说明该局部补了灰，做过油漆。

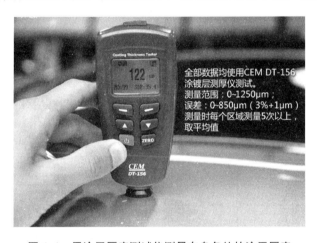

图 4.4　用涂层厚度测试仪测量车身各处的涂层厚度

当用手敲击车身时，如敲击声发脆，说明车身没有补灰做漆；如敲击声沉闷，则说明车身曾补灰做漆。

如果发现了新漆的迹象，查找车身制造不良或金属抛光的痕迹。沿车身看，并查找是否有像波状或非线性翼子板或后顶盖侧板那样的不规则板材。如果发现车身制造或面板、车门、发动机罩、行李箱盖等配合不好，则说明汽车可能已经遭受碰撞，以至于这些板面对准很困难。换句话说，车架可能已经弯曲。

3）检查底盘线束及其连接情况

未发生事故的车辆在正常情况下，其连接部件应配合良好，车身没有多余焊缝，线束、仪表部件等应安装整齐，新旧程度接近。因此，在检查车辆底盘时，应认真观察车底是否漏水、漏油、漏气，锈蚀程度与车体上部检查是否相符，是否有焊接痕迹，车辆转向节臂转向横直拉杆及球销有无裂纹和损伤，球销是否松旷，连接是否牢固可靠，车辆车架是否有弯、扭、裂、断、锈蚀等损伤，螺栓、铆钉是否齐全、紧固，车辆前后是否有变形、裂纹。固定在车身上的线束是否整齐，新旧程度是否一致，这些都可以作为判断车辆是否发生过事故的线索。

4）检查缺陷部位

参照图 4.5 所示车体部位，检查车辆外观，判别车辆是否发生过碰撞，确定车体结构是完好无损或者有事故痕迹。

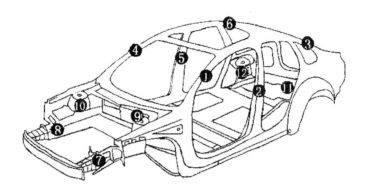

图 4.5　检查车体缺陷部位示意图

1—左 A 柱；2—左 B 柱；3—左 C 柱；4—右 A 柱；5—右 B 柱；6—右 C 柱；
7—左纵梁；8—右纵梁；9—左前减振器悬架部位；10—右前减振器悬架部位；
11—左后减振器悬架部位；12—右后减振器悬架部位

使用车辆结构尺寸检测工具或设备检测车体左右对称性，并用漆面厚度检测其涂层厚度，判断是否有变形、扭曲、更换、烧焊、褶皱等缺陷，并填入表 4-2 中。若表 4-2 中任一检查项目有 5 种缺陷中的任意一种缺陷时，则该车为事故车。

表 4-2　车体部位缺陷状态检查

序号	检查项目	缺陷状态				
1	车体左右对称性	□变形	□扭曲	□更换	□烧焊	□褶皱
2	左 A 柱	□变形	□扭曲	□更换	□烧焊	□褶皱
3	左 B 柱	□变形	□扭曲	□更换	□烧焊	□褶皱
4	左 C 柱	□变形	□扭曲	□更换	□烧焊	□褶皱
5	右 A 柱	□变形	□扭曲	□更换	□烧焊	□褶皱
6	右 B 柱	□变形	□扭曲	□更换	□烧焊	□褶皱
7	右 C 柱	□变形	□扭曲	□更换	□烧焊	□褶皱
8	左前纵梁	□变形	□扭曲	□更换	□烧焊	□褶皱
9	右前纵梁	□变形	□扭曲	□更换	□烧焊	□褶皱
10	左前减振器悬架部位	□变形	□扭曲	□更换	□烧焊	□褶皱
11	右前减振器悬架部位	□变形	□扭曲	□更换	□烧焊	□褶皱
12	左后减振器悬架部位	□变形	□扭曲	□更换	□烧焊	□褶皱
13	右后减振器悬架部位	□变形	□扭曲	□更换	□烧焊	□褶皱

3. 鉴别泡水车

"泡水车"一般会送到修理厂进行"大修",只要维修人员技术专业,泡水车在经过翻新后,泡水痕迹就会被隐藏。泡水车鉴别技巧如下。

(1) 从冷气出风口判断泡水。冷气出风口也是难以清洗干净的地方,仔细检查边边角角的缝隙有没有泥垢残留,由于泡水后管线内部也很容易发霉,所以也要闻闻有没有霉味吹出来。

(2) 从喇叭网判断泡水。喇叭网也是必须注意的地方,密密麻麻的网状要清干净可是相当不容易的,尤其是高音喇叭因为位处角落,一般也是比较容易忽略的地方。

(3) 从安全带插孔判断泡水。内装的部分还有一个地方也是除非换掉不然泡过水一定会有痕迹残留的,那就是安全带的插孔跟关节处,一定要进行检查。

(4) 从液晶面板判断泡水。音响上面的液晶面板也是一个值得注意的指标,泡过水的液晶面板字体会出现断字的情形,而如果音响是改装部品也要多注意,尤其是换装的产品比原厂所标配的等级还低就要格外小心,因为音响通常都是升级而很少会降级的。

(5) 从电缆线判断泡水。每一台车都有一条所谓主电缆,这条电缆是贯穿全车作为主线用的,所以要更换的成本也相当高,可以先观察发动机舱里的主电缆的接头脏污情形。如果发现发动机舱里的主电缆接头处有泥垢残留在线束里面,则一定要检查驾驶侧的车室地板边缘的主电缆,这边也是绝对无法清洗干净的地方。

(6) 从灯组判断泡水。如果灯组有进水或是泥垢残留在边角的话也相当可疑。所以可以仔细查看每个灯组,也可以通过打开行李箱、发动机盖,打开内侧板,查看接线头、灯板等。

(7) 从气囊指示灯判断泡水。正常情况下,打开点火开关,仪表板上所有的指示灯都会亮起,而气囊的指示灯会在检查完毕后自行熄灭,如果这时候发现气囊灯没亮或是持续亮着则表示气囊有问题,不是故障就是线路被拔掉了,可能原因有:①气囊系统故障;②发生泡水;③气囊线路被拔掉;④发生过大的事故或碰撞。倘若气囊灯不会熄灭而是在起动发动机后才跟其他的指示灯(如机油指示灯)一起熄灭的话,那就可能是人为地将气囊灯与其他指示灯串联在一起,这时需要加强注意。

(8) 从接缝处污泥判断是否泡水。检查发动机旁的发电机、起动机、电线插座等小零件,B柱接缝、左右轮罩的接缝、后轮罩隐秘的接缝、前后风窗玻璃橡胶条、安全带的插孔、前后车灯接缝等处是否留有污泥。如果有污泥的话,一般就是泡水车。

有时会遇到河塘的水非常清澈干净,无污泥。碰到这种情况,也可按上述检查,查找浸泡水线的痕迹。泡过水与未浸水的界面,一定会留下痕迹,仔细查看,即可发现存在异样。多处查看,都存在同样问题,就可以肯定是泡过水的事故车。

4. 鉴别过火车

汽车过火的地方比较容易辨认,过火并烧蚀较严重的金属会出现像排气歧管一样的颜色。凡是燃烧面积较大,燃烧时间较长,过火严重的车修复起来很困难,常应作报废处理,不能再使用了。因为过火的机件,金属变脆、退火,内部金相组织发生变化,不能继续使用,否则事故频发。

车辆过火后修复,会留下印记,如喷漆、螺钉有印等,若重新喷漆,可以看出车身漆的新旧是有差别的。

4.1.6 检查发动机舱

1. 检查发动机舱清洁情况

打开发动机罩,观察发动机表面是否清洁、有无油污或锈蚀,是否有零部件损坏或遗失,导线、电缆、真空管是否松动。

如果发动机上堆满灰尘,说明该车的日常维护不够;如果发动机表面特别干净,也可能是车主在此前对发动机进行了特别的清洗,不能由此断定车辆状况一定很好。

对于车主而言,为了使汽车能更快售出,且卖个好价钱,所以有的车主将发动机舱进行了专业蒸汽清洁(图4.6),但这并不意味着车主想隐瞒什么。

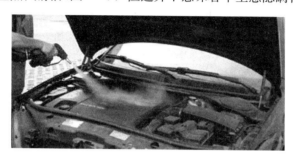

图4.6 汽车发动机蒸汽清洁

2. 检查发动机铭牌和排放信息标牌

1)检查发动机铭牌

查看发动机上有无发动机铭牌,如果有,检查上面是否有发动机型号、出厂编号、主要性能指标等,这样可以判别发动机是不是正品。

2)查看排放信息标牌

排放信息标牌应该在发动机罩下的适当位置或在风扇罩上。这在发动机诊断或调整时需要。

3. 检查发动机冷却系统

发动机冷却系统对发动机有很大影响,应仔细检查发动机冷却系统相关零部件,主要检查冷却液、散热器、水管、风扇皮带、冷却风扇等。典型发动机冷却系统零部件分布位置如图4.7所示。

1)检查冷却液

检查储液罐里的冷却液。冷却液应该清洁,液面在"FULL"标记附近,如图4.8所示。冷却液颜色应该是浅绿色的(但有些冷却液是红色的),并有点甜味。如果冷却液看上去更像水而不像冷却液,则可能某处有泄漏情况,而车主只是一次又一次地加水(当然,这意味着冷却液的沸点更低,冷却系统会沸腾溢出更多的冷却液)。冷却液闻起来不应该有汽油或机油味,如果有,则说明发动机气缸垫可能已被烧坏。

如果冷却液中有悬浮的残渣或储液罐底部有发黑的物质,说明发动机可能严重受损。

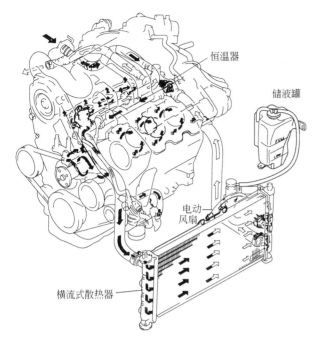

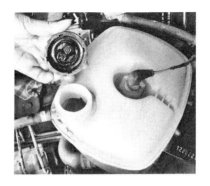

图4.7 发动机冷却系统零部件分布位置　　　　图4.8 查看储液罐中的冷却液

2) 检查散热器

认真仔细全面地检查散热器水室和散热器芯子,查看是不是有褪色或潮湿区域。芯子上的所有散热片应该是同一颜色的。当看到芯子区域呈现浅绿色(腐蚀产生的硫酸铜),这说明在此区域有针孔泄漏。修理或更换散热器费用较高。特别应查看水室底部,如果全湿,设法查找出冷却液泄漏处。

当发动机充分冷却后,拆下散热器盖,观察散热器盖上的腐蚀和橡胶密封垫片的情况(图4.9),散热器盖应该没有锈迹。将手指尽可能伸进散热器颈部检查是否有锈斑或像淤泥那样的沉积物,如图4.10所示,有锈斑说明没有定期地更换冷却液或进行保养。如果水垢严重,说明发动机机体内也有水垢,发动机会经常出现"开锅"现象,即发动机温度过高。

图4.9 检查散热器盖上的腐蚀　　　　　　图4.10 检查散热器内部的锈迹和水垢

3) 检查水管

用手挤压散热器和暖风器软管,看是否有裂纹或发脆情况。仔细观察软管上卡紧的两端部，是否有鼓起部分和裂口，是否有锈蚀迹象(特别是连接水泵、恒温器壳或进气歧管的软管处)。新式的暖风器和散热器软管比老式的好。在老式汽车上用的软管通常能使用80000km，而在新式汽车上的软管，通常可以使用160000km以上，好的软管为将来的冷却系统提供了安全保障，但是费用也较高，所以应该全面考虑此类问题。冷却系统软管损坏的几种情况如图4.11所示。

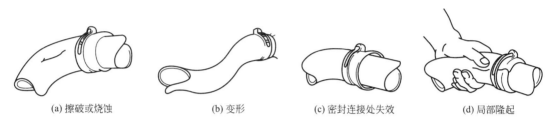

(a) 擦破或烧蚀　　(b) 变形　　(c) 密封连接处失效　　(d) 局部隆起

图4.11　冷却系统软管损坏的几种情况

4) 检查散热器风扇皮带

大部分汽车散热器风扇是通过风扇皮带来传动的，但一些轿车则采用电动机来驱动，即电子风扇。对于皮带传动的冷却风扇，应检查散热器风扇皮带的磨损情况。

使用手电筒，仔细检查传动带的外部，查看是否有裂纹或传动带层片是否脱落。应该检查传动带与带轮接触的工作区是否磨亮，如果磨亮，则说明传动带已经打滑。传动带磨损、磨光或打滑可能引起尖啸声和使蓄电池充电不足，甚至产生过热现象。传动带上的一些不良现象如图4.12所示。若V形传动带上有一些细小裂纹，则可以继续使用。传动带的作用区是在与带轮接触的部分，所以要将传动带的内侧拧转过来检查，如图4.13所示。

(a) 有小裂纹　(b) 有润滑油　(c) 工作面光滑　(d) 底面损坏

图4.12　风扇皮带常见的不良现象　　　　　图4.13　检查风扇皮带的内侧

5) 检查冷却风扇

检查冷却风扇叶片是否变形或损坏，若叶片变形损坏，则其排风量会相应减少，影响发动机冷却效果，使发动机温度升高。出现这种情况，则需要更换冷却风扇。

4. 检查发动机润滑系统

发动机润滑系统的作用是对发动机各个运动部件进行润滑，使其发挥出最大的性能。若发动机润滑系统不良将严重影响发动机的使用寿命和价值，所以应仔细检查。主要检查机油质量、机油泄漏、机油滤清器等项目。

1) 检查机油

(1) 找出机油口盖（图4.14）。

对直列4缸、5缸或6缸发动机,其机油口盖在气门室盖上。对于纵向安装的V6或V8发动机,机油口盖在其中一个气门室盖上。如果发动机横向安装,加油口盖一定在前面的气门室盖上。一些老式车的加油口盖上有一根通向空气滤清器壳体的曲轴箱强制通风过滤器软管;新式车加油口盖上没有软管但有清晰的标记,如图4.14所示。在拧开加油口盖之前,一定要保证开口周围区域干净,以防止灰尘进入而污染发动机。

(2)打开并检查机油口盖(图4.15)。

拧下加油口盖,将它反过来观察就可以看到机油的牌号。通常卖主将二手车开到车市之前常常已经更换过机油。在加油口盖的底部可以看到旧油甚至脏油痕迹,这是正常的。不正常的是加油口盖底面有一层具有黏稠度的浅棕色巧克力乳状物,还可能有油与油污混合的小水滴。这种情况表明冷却液已经通过损坏的衬垫或者气缸盖、气缸体裂纹进入机油中。不管是哪种情况,如果汽车不进行大修就不能开得很远或者根本不能使用。被冷却液污染的机油在短时间内会对发动机零部件造成危害。这种修理费通常很高,如果情况很严重或者对此不引起注意,可能造成发动机大修。

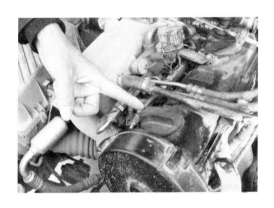 

图4.14　发动机机油口盖位置　　　　　图4.15　检查机油口盖

(3)检查机油质量。

取一片洁净白纸,在纸上滴下机油一滴,如图4.16所示。如果在用的机油中间黑点里有较多的硬沥青质及炭粒等,表明机油滤清器的滤清作用不良,但并不说明机油已变质;如果黑点较大,且油是黑褐色、均匀无颗粒,黑点与周围的黄色油迹界限清晰,有明显的分界线,则说明其中洁净分散剂已经失效,表明机油已经变质。

机油变质的原因有很多,如机油使用时间过长(一般在车辆行驶5000km时,应更换机油),或发动机缸磨损严重,使燃烧废气进入油底壳,造成机油污染。

也可将机油滴在手指上,观察机油的颜色和黏度,如图4.17所示。

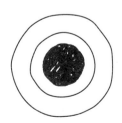 

图4.16　将机油滴在白纸上检查机油质量　　图4.17　将机油滴在手指上检查机油质量

(4) 检查机油气味。

不能用发动机机油来认定汽车的保养程度。因为车主可能在汽车出售前更换了机油和滤清器，这时量油标尺上显示的几乎就是新的、清洁的机油。

拔下机油尺，闻一下机油尺上的机油有无异味，如图 4.18 所示。若有汽油味，则说明机油中混入了汽油，汽车在混合气过浓的情况下运行。发动机在此条件下长时间运转会使其远在寿命期到达之前就已经磨损，因为未稀释的燃油会冲刷掉气缸壁上的机油膜。当拿出量油尺时，仔细检查。如果使用放大镜，则可以做近距离的检查，查看是否有污垢或金属粒，即使在正常机油液面上也能看到。检查量油尺自身的颜色，如果发动机曾严重过热，量油尺会变色。

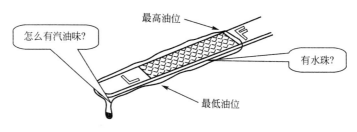

图 4.18 检查机油气味

(5) 检查机油油位。

起动发动机之前或停机 30min 以后，打开发动机舱盖，抽出机油尺，将机油尺用抹布擦干净后，插入机油尺导孔，再拔出查看，如图 4.19 所示。油位在上下刻线之间，即为合适。

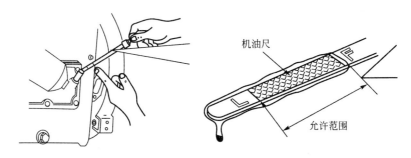

图 4.19 检查机油油位

若机油油位过低，则观察汽车底下的地面有无机油，从而判断机油是否泄漏。

2) 检查机油滤清器

用棘轮扳手拆下机油滤清器，观察机油滤清器有无裂纹，密封圈是否完好，机油质量是否符合要求。

3) 检查 PCV 阀

PCV 阀用于控制发动机曲轴箱通风，若其工作不良，则严重影响发动机的润滑。从气门室盖拔出 PCV 阀并晃动，它应顺利地发出咔嗒声。一个充满油污并不能自由地发出咔嗒声的 PCV 阀说明发动机机油和滤清器没有经常更换，需要更换 PCV 阀。

4) 检查机油泄漏

机油泄漏是一种常见现象。机油泄漏的地方主要有以下 9 处。

(1) 气门室盖。气门室盖机油泄漏在行驶超过 80000km 的汽车上很普遍,大多数情况下修理不太难,也不太贵(靠安装新气门室盖垫片来解决)。

(2) 气缸垫。有些燃油喷射的汽车更换气门室垫片需要相当多的工作。

(3) 油底壳垫。有的汽车更换油底壳垫的工时费很高。

(4) 曲轴前、后油封。更换曲轴前、后油封的工时费用很高,应加以注意。

(5) 油底壳放油螺塞。放油螺塞松动或密封垫损坏,机油渗漏。

(6) 机油滤清器。

(7) 机油散热器的机油管。

(8) 机油散热器。

(9) 机油压力感应塞。

5. 检查点火系统

点火系统工作性能的好坏直接影响发动机的动力性和经济性,对点火系统的外观检查主要是检查蓄电池、点火线圈、高压线、分电器、火花塞等零件的外观性能。

1) 检查蓄电池

检查标牌,看蓄电池是否为原装。通常标牌固定在蓄电池上部,标牌上有首次售出日期,故可算出蓄电池留下的有效寿命。如果蓄电池的有效寿命快接近极限,则需要考虑更换蓄电池的价格。

检查蓄电池的表面情况。蓄电池表面的清洁程度也可以看出车主对汽车的保养情况。蓄电池盖上有电解液、尘土等异物,或蓄电池端子或接线柱处有严重铜锈或堆满腐蚀物,可能会造成正、负极柱之间短路,蓄电池自行放电,电解液消耗过快,或蓄电池不能正常充电等情况。蓄电池的常见故障部位如图 4.20 所示。

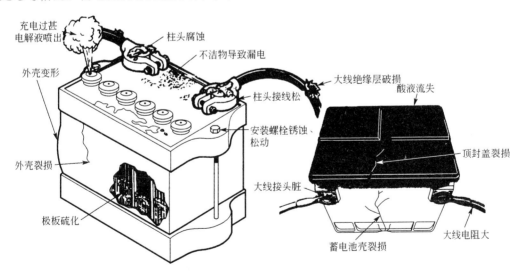

图 4.20 蓄电池的常见故障部位

检查蓄电池压紧装置和蓄电池安装本身。蓄电池压紧装置是否完整(图 4.21),是否为原部件。蓄电池必须牢固地安装在汽车上,以防止蓄电池本身、发动机舱和附近线路、软管等损坏。如果原来的压紧装置遗失,必须安装一个"万能"压紧装置。钢索和软绳不足以防止振动对蓄电池的损害和酸液泄漏。

检查蓄电池托架或蓄电池安装箱是否有严重腐蚀的迹象。未保养的蓄电池，端子上的腐蚀物会增加并使汽车蓄电池安装架上的压紧装置下移，最终变形相当严重，导致蓄电池安装架解体，然后进一步攻击本体。如果蓄电池属于电池盖可移动型（不是免保养型），将电池盖拔出，检查电解液面是否达到标记处（通常里面有开口环）。低液面，则可能是蓄电池没有保养、汽车充电系统过充电或者蓄电池需要更新。

2）检查高压线

查看点火线圈与分电器之间的高压线及分电器与火花塞之间的高压线，如图4.22所示。高压线应该清洁、布线整齐、无切割口、无擦伤部位、无裂纹或无排气烧焦处，否则可能漏电，需要更换高压线。而高压线更换需成套进行，费用较高。

图4.21 蓄电池的压紧装置与托架

图4.22 检查高压线有无裂纹、擦伤等

3）检查分电器

对于带分电器的点火系统，应仔细检查分电器的工作情况，观察分电器盖有无裂纹、炭痕、破损等现象，如图4.23所示。而这些现象均可导致分电器漏电，点火能量不足，引起发动机动力不足。若有这些现象，则需要更换分电器。

4）检查火花塞

用火花塞套筒扳手任意拆下一个火花塞，观看火花塞的燃烧情况，如图4.24所示。

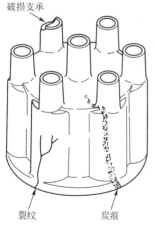

图4.23 分电器盖的外部常见缺陷

 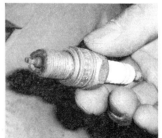

图4.24 拆卸火花塞

火花塞位于发动机缸体内,可直接反映发动机的燃烧情况。若火花塞电极呈现灰白色,而且没有积炭现象,则表明火花塞工作正常,燃烧良好。若火花塞严重积炭、电极严重烧蚀、绝缘体破裂、漏气、侧电极开裂,均可导致点火性能下降,造成发动机动力不足,此时需要更换火花塞。火花塞更换需成组进行,费用较高。

5) 检查点火线圈

观察点火线圈外壳有无破裂,若点火线圈外壳破裂,则线圈容易受潮并且点火性能下降,影响发动机的动力性。

6. 检查发动机的供油系统

发动机供油系统各零件在汽车上的分布位置如图 4.25 所示。

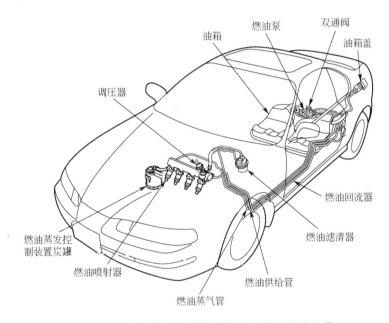

图 4.25 发动机供油系统各零件在汽车上的分布位置

1) 检查燃油泄漏

燃油泄漏并不常见,而且人们对燃油泄漏普遍非常关注,尤其是燃油喷射汽车,有很高的燃油系统压力,若有泄漏会明显地显露出来。查找进气歧管上残留的燃油污迹并仔细观察通向化油器或燃油喷射装置的燃油管和软管。对化油器式发动机,查看燃油泵本身(通常安装在前方下部附近)的接头周围或垫片处有无泄漏的迹象。在化油器式汽车上更换机械式燃油泵既不贵也不难,但是在燃油喷射的汽车上,高压电动泵很贵,并且由于高压电动泵通常位于燃油箱内,这就使更换工作费劲。对于所有车型,注意发动机罩下的燃油气味或行驶过程中的燃油气味。有燃油味通常暗示燃油泄漏。

2) 检查汽油管路

发动机供油系统有进油管路和回油管路,检查油管是否老化。

3) 检查燃油滤清器

燃油滤清器一般在汽车行驶 50000km 时需更换一次,如果汽车接近这一里程且燃油滤清器看起来和底盘的其他部件一样脏,则可能还没有更换过燃油滤清器。

7. 检查发动机进气系统

发动机进气系统性能的好坏，尤其是混合气浓度的控制对发动机工作性能影响很大。因此，应仔细检查发动机进气系统。发动机进气系统在汽车上的分布位置如图4.26所示。

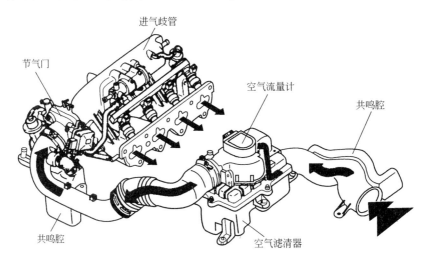

图4.26　进气系统各零部件在汽车上的分布位置

1）检查进气软管

进气软管一般采用波纹管，如果进气软管出现老化变形、变硬或有损坏或烧坏痕迹，表明进气软管需要更换。

如果进气软管光亮如初，可能喷过防护剂喷射液，应仔细检查，以防必须更换的零部件被遗漏。

2）检查真空软管

现代发动机上有与发动机管理系统有关的无数小软管。小尺寸的橡胶管看上去到处都用，它们连接真空源、暖风器/空调控制器、排放设备、巡航控制装置、恒温控制阀和开关及许多其他部件。没有必要向厂家要软管图来检查这些设备，而只需查找明显的问题。

首先用手挤压真空软管。它们应该富有弹性，而不是又硬又脆。但随时间的推移会变硬，易于开裂而造成泄漏，从而在汽车上造成一些行驶和排放故障。许多真空软管用各种各样的塑料T型管接头互相连接。随着时间的推移，这些塑料T型管接头在发动机工作中容易折断，如果在检查时，塑料T型管接头破碎或裂开，则需要更换。和冷却液软管一样，这些真空管大致以相同的速率老化，所以如果一根软管变硬或开裂，那么应该考虑更换全部软管。在检查真空软管的同时，应注意真空软管管路布置。查看软管是否像原来出厂时那样整齐排列，是否有软管从零件上明显拔出、堵住或夹断。这些现象能说明是否有人动过软管，或者车主可能隐瞒了某些不能工作的系统或部件。

3）检查空气滤清器

空气滤清器用于清除空气中的灰尘等杂物。若空气滤清器过脏，会降低发动机进气量，影响发动机的动力。所以应拆开空气滤清器，检查滤芯，观察其清洁情况。若空气滤清器脏污，说明此车保养较差，或可能经常行驶在灰尘较多的地方，车况较差。

4）检查节气门拉索

检查节气门拉索是否有阻滞、毛刺等现象。

8．检查机体附件

1）检查发动机支脚

检查发动机支脚减振垫是否有裂纹，若有损坏，则发动机振动强烈，导致使用寿命急剧下降，而更换发动机支脚的费用较高。

2）检查同步带

轿车上凸轮轴一般采用同步带（正时带）来驱动。同步带噪声小且不需润滑，但耐用性不及链条驱动。通常每行驶10万km，必须更换同步带。

拆下正时罩，如果有必要，使用手电筒，仔细检查同步带内、外两侧（图4.27）有无裂纹、缺齿、磨损等现象。若有，则表明此车行驶了相当长的里程。对于V型发动机，更换同步带的费用非常高。

3）检查发动机各种皮带传动附件的支架和调节装置

检查发动机各种皮带传动附件的支架和调节装置是否松动、有无螺栓丢失或有无裂纹等现象。支架断裂或松动可能引起风扇、动力转向泵、水泵、交流发电机和空调压缩机等附件运转失调。从而导致传动带丢失，甚至造成提前损坏。

图4.27　检查同步带

9．检查发动机舱内其他部件

1）检查制动主缸及制动液

检查制动主缸是否锈蚀或变色（通常可以在发动机舱壁处看到）（图4.28），制动主缸锈蚀和变色表明制动器出现故障，或是主缸盖橡胶垫泄漏，或是制动液经常添加过多使一些油液漏在系统上造成锈蚀。主缸中的制动液应该十分清晰，如果呈雾状，说明系统中有锈，需要全面冲洗，重新加注新制动液并放气。在一些汽车上，主缸是整体铸铁件，上面包括制动液腔；而另外一些车上，可能有一个单独的白色塑料储液罐，靠软管及密封垫连接液压部件。检查前者的液面情况时，要用螺钉旋具或其他工具撬出固定主缸盖的钢丝箍，盖内有一个橡胶套，应该检查它的情况。如果主缸盖下面的橡胶套严重损坏，说明制动液被污染，因为石油基制动液会腐蚀和损坏橡胶制品。

对具有塑料储液主缸的汽车，上面有一个简单拧开的塑料盖，液面和油液颜色是很明显的。对任何一种主缸，都要检查制动液。当滴一些制动液在一张白纸上时，如果看到颜色深，说明油液使用时间已长和已被污染，应该

图4.28　检查制动主缸的锈蚀

进行更换。检查制动液中或周围是否存在污垢、杂质或小水滴,当然还要检查制动液液位是否正常。液位低预示着制动衬片或摩擦衬块可能已经磨出沟,此时需检查沟内有无异物。

2)检查离合器液压操纵机构

对于大多数配置手动变速器的汽车,离合器采用液压操纵,这意味着在发动机舱壁的某处(通常在制动主缸附近)有一个带有离合器的储液罐。它使用与制动主缸同样的油液,应该检查油液是否和制动主缸中的油液相同。

3)检查继电器盒

许多汽车在发动机舱内有电气系统总继电器盒,它在蓄电池附近或沿着发动机舱壁区域。打开继电器的塑料盖,查看内部。通常在塑料盖内侧有一张图,指明哪一个继电器属于哪一个系统。如果有一个或两个继电器未安装,不必惊慌,这是因为制造厂家常常为了用于某种车型或某种选项的继电器提供了空间和线路。

4)检查发动机线束

虽然不会知道发动机舱中的导线使用时间,但是可以仔细地看看这些导线。为了保证汽车的寿命,线束应该保持良好,防止任何敲打造成的意外损伤或不合理结构。

查看发动机舱中导线是否擦破或是裸线;导线是否露在保护层外;导线是否固定在导线夹中;导线是否用标准的胶带包裹;是否有外加导线。有胶带或外加导线可能预示着早期的线路问题,或预示着安装了一些业余附件。例如,立体声收音机、附件驱动装置或雾灯、民用频带收音机或防盗报警器等。这些附件如果是专业安装,通常导线线路和线束整齐,固定在原来的线束卡或线束中,使用的是非焊接的卷边接头,而不是使用绝缘胶带。

4.1.7 检查车舱

1. 检查驾驶操纵机构

1)检查转向盘

将汽车处于直线行驶的位置,左右转动转向盘(图4.29),最大游动间隙由中间位置向左或向右应不超过15°。如果游动间隙超过标准,说明转向系统的各部间隙过大,转向系统需要保养维修。

两手握住转向盘,将转向盘向上下、前后、左右方向摇动推拉,应无松旷的感觉,如图4.30所示。如果有松旷的感觉,说明转向机内轴承松旷,需要调整。

图4.29 检查转向盘自由行程

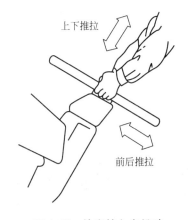
图4.30 检查转向盘松旷

2) 检查加速踏板

观察加速踏板是否磨损至过度发亮,若磨损严重,说明此车行驶里程已很长。踩下加速踏板,试试踏板有无弹性,响应如何,如图 4.31 所示。若轻松踩下踏板,说明节气门拉索松弛,需要检修。若踩下加速踏板较费劲,说明节气门拉索有阻滞、破损现象,可能需要更换。

图 4.31 检查加速踏板运动情况

3) 检查制动踏板

检查制动踏板的踏板胶皮是否磨损过度,通常制动踏板胶皮寿命在 3 万 km 左右。如果更新了制动踏板,说明此车已经行驶了 3 万 km 以上。

用手轻压制动踏板,自由行程应为 10~20mm(图 4.32),若超过该范围,则应调整踏板自由行程;踩下制动踏板全程时,检查制动踏板与地板之间应有一定的距离。踩下液压制动系统的制动踏板时,踏板反应要适当,过软说明制动系统有故障。空气制动系统气路中的工作气压必须符合规定。

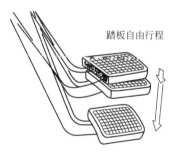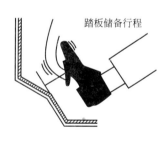

图 4.32 检查制动踏板

4) 检查离合器踏板

检查离合器踏板的踏板胶皮是否磨损过度,如果已更新了的踏板胶皮,说明此车已行驶了 3 万 km 以上。

轻轻踩下或用手推下离合器踏板,试一试踏板有没有自由行程(图 4.33),离合器踏

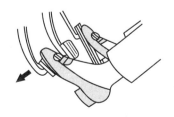

图 4.33 检查离合器踏板自由行程

板的自由行程一般为 30~45mm。如果没有自由行程或自由行程过小，会引起离合器打滑。如果踩下离合器踏板几乎接触板底时才能分离离合器，说明离合器踏板自由行程过大，可能是离合器摩擦片或分离轴承磨损严重，需要检修离合器及其操纵机构。

5）检查驻车制动操纵杆

放松驻车制动，再拉紧驻车制动，检查驻车制动操纵杆是否灵活，如图 4.34 所示，锁上机构是否正常。

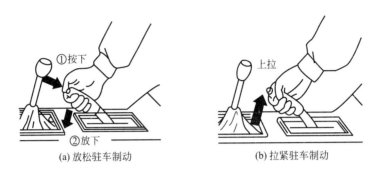

图 4.34 检查驻车制动操纵杆

大多数驻车制动拉杆拉起时应在发出五六次咔嗒声后使后轮制动。多次咔嗒声后不能拉起制动杆可能是因为太紧的缘故。踏板操纵的驻车制动器释放机构实施后轮制动时也应发出五六次咔嗒声。如果用踏板操纵的驻车制动器系统施加制动，发出更多或更少次咔嗒声，说明驻车制动器需要检修。

6）检查变速器操纵杆

用手握住变速器操纵杆球头，根据挡位图，逐一将变速器换至各个挡位，检查变速器换挡操纵机构是否灵活，如图 4.35 所示。

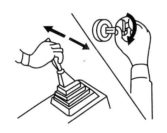

图 4.35 检查变速器操纵杆

观察变速器操纵机构防护罩是否破损，若有破损，异物（如硬币）就有可能掉入换挡操纵机构内，引起换挡阻滞，所以必须更换。

2. 检查开关

车上一般有点火开关、转向灯开关、车灯总开关、变光开关、刮水器开关、电喇叭开关等。分别依次开启这些开关，检查这些开关是否完好，能否正常工作。

3. 检查仪表

一般汽车设有气压表、车速里程表、燃油表、机油压力表（或机油压力指示器）、冷却液温度表、电流表等仪表。应分别检查这些仪表是否正常工作,有无缺失或损坏。

4. 检查指示灯或警报灯

汽车上有很多指示灯或警报灯,如制动警报灯、机油压力警报灯、充电指示灯、远光指示灯、转向指示灯、燃油残量指示灯、驻车制动指示灯等,应分别检查这些指示灯或警报灯是否正常工作。

新型轿车上采用了大量的电子控制设备,这些电子控制设备均设有故障灯。当这些灯亮时,表明此电子控制系统有故障,需要维修,因此应特别注意检查。汽车上电子控制设备主要故障灯有发动机故障灯、自动变速器故障灯、ABS故障灯、SRS故障灯、电控悬架故障灯等。

电控系统的故障灯一般设在仪表盘上,其检查方法是打开点火开关,观察这些故障灯是否亮3s后,自动熄灭。若3s内自动熄灭,则表明此电子控制系统自检通过,系统正常;若3s内没有熄灭,或根本就不亮,说明此电子控制系统自检不通过,系统有故障。由于电控系统的故障较复杂,对汽车的价格影响很大,若有故障,应借助于专用诊断仪来检查故障原因,以此判断系统的故障位置,确定其维修价格。

5. 检查座椅

检查座椅罩是否撕破或裂开、有无油迹等情况。

检查座椅前后是否灵活,能否固定。

检查座椅高低能否调节及座椅后倾调节角度。

确保所有座椅安全带数量正确、在合适位置并工作可靠。有些人还固执地拒绝使用安全带,可能已经把安全带塞进坐垫里。特别是后排座椅。是否所有安全带都能互相可靠地扣在一起,如图4.36所示。

当坐在座椅上,若感到座椅弹簧松弛,弹力不足,说明行车繁忙,已行驶了很长里程。

6. 检查地毯和地板垫

抬起车内的地板垫或地毯,检查是否有霉味,是否有湿气或锈蚀污染的痕迹,如图4.37

图4.36 检查座椅及安全带

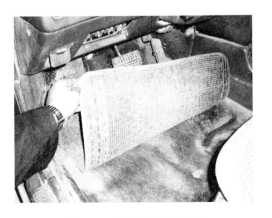

图4.37 检查地板垫或地毯

所示。地板垫或地毯底下是否有水，如果水的气味像防冻液，则散热器芯可能发生泄漏，水通过发动机舱上的孔洞从外部进入汽车内部。这些孔洞是制动器和离合器踏板连杆孔、加速踏板拉索孔、换挡拉索孔、散热器芯软管孔、空调蒸发器管孔和连接发动机舱与仪表板下线路的大线束孔。它们通常是用橡胶护孔圈隔离的，而橡胶圈由于老化会干裂，甚至脱落，或者在完成一些维修工作后，安装不正确，就会导致散热器芯发生泄漏。如果汽车已经浸泡也可能出现车身地板变湿或生锈。如果汽车已经浸泡，应在装饰板上查找高水位标记，如果水位达到车门装饰板一半以上，损坏可能性要比单纯生锈更大、更严重。发动机控制单元、电动车窗电动机、电动座椅电动机及其他电气装置往往位于车身地板或前车门踢脚板处，如果发现地板上有被水浸泡的迹象，则这些电气电子部件就会受损，汽车的价值就要大打折扣。

7. 检查杂物箱和托架

一般汽车内设有杂物箱和托架，用以放置汽车维修手册、汽车保养记录等物件。所以检查内饰的最后重要事项是仔细查看杂物箱和托架（如果装备的话），如图4.38所示。可能会有旧单据反映汽车过去的一些事情，但必须找到保养记录。大多数汽车刚出厂时都会有这样的记录，但是许多车主在保养期完了之后并不在意填入任何信息。有些细心的车主保留着保修期前后的所有维修作业、机油更换、保养记录等资料。这种车主真正保留着正确维护汽车的良好记录。一定要问他是否还有其他记录，因为许多车主在家里单独的文件夹中保留着维修记录。

图4.38 检查杂物箱

还要查找原来车主的手册，里面记录着许多关于汽车的各项操作、油液容量和一般规范的信息。有时找到手册仅仅是为了解决如何设置仪表板上的电子钟。如果找到了手册，查阅工厂推荐的保养时间表。如果工厂推荐了主要保养项目，按所说的那样在48000km、96000km时进行检查和调整，将它与汽车里程表读数比较。如果汽车接近它们中的一项保养里程，而没有保养记录，则要保养该车将需要一定的费用。

8. 检查电气设备

1) 检查刮水器和前风窗玻璃洗涤器

打开刮水器和前风窗玻璃洗涤器如图4.39所示，观察前风窗玻璃洗涤器能否喷出洗涤液。观察刮水器是否在所有模式下都能正常工作，挂刷是否清洁，刮水器运转是否平稳。刮水器关闭时，刷片能否自动返回初始位置。

一般刮水器有高速、低速两个位置，新型轿车一般还设有间隙位置，当间隙开关打开时，刮水器能以每秒2～12次的速率自动进行停止和开始刮擦运动。

2) 检查电动车窗

按下电动车窗开关，检查各车窗升降器能否平稳、安静工作，有无卡滞现象，各车窗能否升起和落下，如图4.40所示。

图 4.39 检查刮水器和前风窗玻璃洗涤器

图 4.40 检查电动车窗运转情况

3) 检查电动外后视镜

按下电动外后视镜开关上的"UP"(上升)按钮,再按"DOWN"(下降)按钮,检查后视镜是否平衡先向上移动,再向下移动。

按下电动外后视镜开关上的"LEFT"(向左)按钮,再按下"RIGHT"(向右)按钮,检查电动后视镜是否平衡先向左移动,再向右移动,如图 4.41 所示。

4) 检查电动门锁

如果汽车有电动门锁,试用一下。确保从外面能打开所有门锁(但注意:试的时候不要把钥匙锁在车里)。同时,确保操作门锁按钮能使所有车门开锁,再从外面试试看,如图 4.42 所示。

图 4.41 检查电动外后视镜工作情况

图 4.42 检查电动门锁(遥控门锁)

5) 检查点烟器

按下点烟器,观察点烟器能否正常工作,如图 4.43 所示。点烟器插座是许多附件共用的插座,如电动剃刀、冷却器、收音机等。点烟器不能工作可能是电路有故障(或者只是熔丝烧断)。

6) 检查收音机和音响

用一盒式录音带和一张 CD 唱盘来检查磁带机和音响系统,如图 4.44 所示。检查磁带机或 CD 机能否正常工作,音质是否清晰。

图 4.43 试用点烟器

图 4.44 用录音带或 CD 唱盘检查音响系统

打开收音机开关,检查收音机是否工作。应在发动机运转时倾听音响系统或收音机,检查有无发动机电器系统干扰,或由于天线的松动、断裂引起信号的接收不良。

7) 检查电动天线

如果汽车安装了电动天线,当打开点火开关后或按下天线按钮时,天线应能自动升高和降低,否则需要更换电动天线,如图 4.45 所示。

8) 检查电动天窗

如果有电动天窗,如图 4.46 所示操作检查其工作是否平稳,关闭时是否密封良好。当打开天窗时,检查轨道上是否有漏水的痕迹,这是天窗典型的问题,特别是在二手车上。如果天窗上有玻璃板或塑料板,查看玻璃板或塑料板是否清洁并且有无裂纹。许多天窗上有遮阳板,当不想让阳光射进来时,可以向前滑动或转动从内部遮住天窗。要确保遮阳板良好,工作正常。

图 4.45 检查电动天线

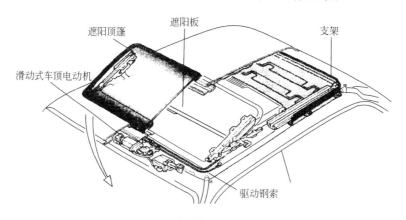

图 4.46 检查电动天窗

9) 检查活顶

如果是一辆活顶轿车,即使在冬天,也必须试试顶部机械系统。电动顶部机械系统包含复杂、昂贵的电器和液压部件,如图 4.47 所示,必须了解它们是否能正常工作。前窗玻璃顶部边缘的锁门是否合适并能安全锁上,车顶降下和升起是否自始至终没有延迟或冲击。大多数活顶轿车有一个乙烯树脂防尘罩盖(用于保护折叠后的车顶),它在车顶折叠时被装上。确保随车带有一个防尘罩盖并处于良好状态。活顶轿车车顶最大的问题是塑料后窗在露天很容易褪色。检查车顶上所有可看到的接缝并检查塑料后窗的状况。轻微擦伤后容易修复,但是更换车窗则费时费钱。

10) 检查除雾器

如果汽车配备了后窗除雾器,即使无雾可除,也要试一下,如图4.48所示。如果系统工作正常的话,打开后窗除雾器几分钟后,后窗玻璃摸上去应该是热的。还须检查暖风器(即使是夏天)并确保风速开关在所有速度挡都能正常工作。试试前窗玻璃除霜器位置并在前窗玻璃底部感受一下热空气。如果没有热气,可能意味着除霜器导管丢失或破裂。

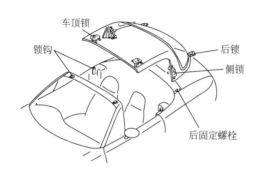

图4.47 检查活顶轿车的车顶

图4.48 检查除雾器

11) 检查防盗报警器

一些汽车上加装了防盗报警器,应检查其能否正常工作。

先设置报警,再振动翼子板,检查防盗报警器能否启动报警,但在实验之前应确保知道如何解除报警。

12) 检查空调鼓风机

打开空调鼓风机,依次将风速开关旋转至不同的速度位置,检查鼓风机是否能正常运转,如图4.49所示。

图4.49 检查空调鼓风机在不同风速位置能否工作

13) 检查电动座椅

如果是电动座椅,检查座椅在所有调节方向上能否工作。

4.1.8 检查行李舱

1. 检查行李舱锁

行李舱锁只有用钥匙才能打开,检查行李舱锁有无损坏。

2. 检查气压减振器

一般行李舱采用气体助力支柱,要检查气压减振器能否支撑起行李舱盖的重量。失效虚弱的气压减振器可能使行李舱盖自动倒下,这是很麻烦甚至很危险的。

3. 检查行李舱开关拉索或电动开关

有些汽车在乘客舱内部有行李舱开启拉索或电动开关。确保其能够工作,并能不费劲地打开行李舱盖。

4. 检查防水密封条

行李舱防水密封条对行李舱内部的储物和地板车身的防护十分重要。所以应仔细检查防水密封条有无划痕、损坏脱落。

5. 检查内部油漆与外部油漆是否一致

在打开行李舱后,对内部进行近距离的全面观察,检查油漆是否相配。行李舱区漆成的颜色是否的确与外部的颜色相同,行李舱盖底部的颜色是否与外部的颜色相同。当将汽车重新喷成不同颜色时,行李舱、发动机罩底部、车门柱喷成与新的外部颜色相配常常是特别昂贵的。然而,廉价的喷漆作业并不包括这些工作。行李舱中喷漆颜色不相配表明已重喷了便宜漆,或者是更换版面或进行了其他一些碰撞修理。查看行李舱盖金属构件、地板垫、后排座椅后的纸板、线路或是尾灯后部地方是否喷漆过多。

6. 检查行李舱地板

拉起行李舱中的橡胶地板垫或地毯,如图4.50所示,检查地板是否有铁锈、修理和焊接痕迹,或行李舱密封条泄漏引起的发霉的迹象。

7. 检查备用轮胎

如果是一辆行驶里程较短的汽车,其备用轮胎应该是新标记,与原车上的标记相同,注意轮胎花纹(图4.51)不应是几乎磨光的轮胎。

图4.50 检查行李舱地板　　　　图4.51 检查备用轮胎花纹

8. 检查随车工具

设法找到出厂时原装的千斤顶、千斤顶手柄、轮胎螺母拆卸工具、警示牌,检查行李舱内部地板有无损坏的痕迹。检查原装千斤顶的储放处和使用说明,如果轮胎安装在行李舱地板的凹槽内,则凹槽内通常贴有印花纸,它处于行李舱盖下、行李舱壁上或备胎上方的纤维板上。由于一些碰撞修理的结果,这些贴花纸可能已经发暗或丢失。

9. 检查门控灯

行李舱上有一门控灯,当行李舱盖打开时,门控灯应点亮。否则,门控灯或门控灯开关损坏。

10. 检查行李舱盖的对中性和闭合质量

轻轻按下行李舱盖,不用很大力气就应能关上行李舱盖。对于一些高档轿车,行李舱盖是自动闭合的,不能用劲猛关行李舱盖。

行李舱盖关闭后,行李舱盖与车身其他部分的缝隙应全部均匀,不能有明显的偏斜现象,如图 4.52 所示。

 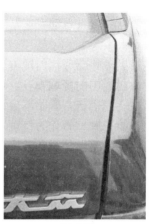

(a) 左侧　　　　　　　　　　(b) 右侧

图 4.52　检查行李舱盖的对中性和闭合质量

4.1.9　检查车底

检查完发动机舱、车舱、行李舱、车身表面等车上部件后,就要进行下一步工作,即检查汽车车底。将汽车用举升机举起后,就可对车底各部件进行检查,而车主在卖车之前,一般不会对车底各部件进行保养,所以,车底各部件的技术状况更能真实地反映出汽车整体的技术状况。

1. 检查泄漏

在汽车车底很容易检查出泄漏源。这些泄漏包括冷却液泄漏、机油泄漏、动力转向油泄漏、变速器油泄漏、制动液泄漏、排气泄漏、主减速器油泄漏、电控悬架油泄漏、减振器油泄漏等。

1) 检查冷却液泄漏

冷却液泄漏通常从上部最容易看见,但是如果暖风器芯或软管泄漏,液滴只可能出现在汽车下侧,所以应在离合器壳或发动机舱壁周围区域寻找那些冷却液污迹。注意:空调车通常滴水,有时相当多,汽车熄火后,可能还会滴一会儿。当路试返回并在测试空调时,不要把那种水滴和冷却液泄漏混淆。来自空调的水是蒸汽凝结成的,无色无味,不像冷却液那样呈绿色(防冻剂的颜色)并有一点甜味。

2) 检查机油泄漏

检查油底壳和油底壳放油螺塞区域是否有泄漏的迹象。行程超过 80000km 的汽车有少量污迹是常见的。当泄漏持续很长时间时，行车气流抽吸型通风装置和发动机风扇将把油滴抛到发动机、变速器或发动机舱壁下部区域，所以严重的泄漏不难发现，除非汽车的下侧最近用蒸汽清洁过。而大多数二手车卖主都不会费力地进行彻底检查，经销商也不会付额外的费用来用蒸汽清洁底盘，只清洁打开发动机罩时就能看到的地方。

3) 检查动力转向油泄漏

在一些汽车上，动力转向油可能看起来像变速器油液泄漏，因为两种油液相似，但是动力转向泵泄漏通常造成的污迹集中在动力转向泵或转向器(或齿条齿轮)本体附近。

4) 检查变速器油泄漏

对于自动变速器，一般有自动变速器冷却装置，其管道较长，容易出现泄漏。其检查方法如下。

在冷却管路连接到散热器底部的地方查看是否有变速器油泄漏，沿着冷却管路和变速器油盘和变速器后油封周围的区域查看。返回变速器的金属冷却管应该成对布置，有几个金属夹子沿着管路将它们固定，管路不应该悬下来。还应该检查是否在某些地方没有切断金属管而用螺钉夹安装橡胶软管作为修理。只有几种具有足够强度和足够耐油耐热的橡胶软管才可以用作变速器油管。像燃油软管那样的常规软管，在短期使用后就可能失效，引起变速器故障。

5) 检查制动液泄漏

诊断前、后制动器是否有制动油液的痕迹。查找制动钳、鼓式制动器后板和轮胎上是否有污迹。从汽车的前部到后部，寻找制动管路中是否有扭结、凹陷或泄漏的痕迹。

6) 检查排气泄漏

排气系统紧固是很重要的。这不仅使汽车行驶时噪声小，而且令驾驶员更适意。但如果排气系统泄漏，一氧化碳流入汽车内部，驾驶员呼吸到，将是致命的。可以在汽车路试前，发动机起动时，注意倾听发出声音的一些特定区域，从而判断泄漏来源。如果没有听到，那么再发动汽车并让另一人稍稍变化发动机转速，同时在汽车旁蹲下(发动机运转时，即使汽车可靠地顶在千斤顶上，也切勿钻进汽车底下)，仔细倾听是否有嘶嘶声或隆隆声。关掉汽车并滑行，进一步留神汽车下侧。千万不要让身体的任何部分或衣服接触到很热的排气管道。

排气泄漏通常呈现为白色、浅灰或者黑色条纹。它们可能来自排气管、催化转化器或消声器上的针孔、裂缝或孔洞。特别注意查看消声器和转化器接缝，以及两个管或排气零件的接合处。有排气垫的地方，就有排气泄漏的可能性。

当检查排气系统时，寻找明显的排气泄漏痕迹。例如，焊接不当的排气管连接处周围的黑色污迹。检查排气管上的排气泄漏，如图 4.51 所示。在浅色排气管上，通常会有由于泄漏造成的棕色或黑色污迹。这些污迹是排气管需要更换的迹象。如果装有橡胶环形圈，检查橡胶环形圈排气管吊架的情况。检查排气管支座是否损坏，因为支座损坏容易引起排气系统泄漏或使汽车产生噪声。

图 4.53　检查排气管上的排气泄漏

2. 检查排气系统

检查排气系统上的所有吊架是否都在原来位置并且是否为原来部件。大多数现代汽车具有带耐热橡胶环形圈的排气管支承，它连接车架支架与排气管支架。当这些装置在一些消声器商店里更换为通用金属带时，排气系统将承受更大的应力并使汽车承受更多的噪声、热量和振动。

排气系统零件看上去是否标准，排气尾管是否更换，要确保它们离制动管不能太近。在后轮驱动的汽车上，排气尾管越过后端部，要确保紧靠后桥壳外表的制动钢管没有因为与排气系统上的凸起相遇而压扁。

3. 检查前、后悬架

1）检查减振弹簧

汽车减振弹簧主要有钢板弹簧和螺旋弹簧两种。对于钢板弹簧，应检查车辆钢板弹簧是否有裂纹、断片和碎片现象；两侧钢板弹簧的厚度、长度、片数、弧度、新旧程度是否相同；钢板弹簧 U 形螺栓和中心螺栓是否松动；钢板弹簧销与衬套的配合是否松旷。

对于螺旋弹簧，应检查有无裂纹、折断和疲劳失效等现象。螺旋弹簧上、下支座有无变形损坏。

2）检查减振器

检查 4 个减振器是否有漏油现象，如图 4.54 所示。如果漏油，说明减振器已失效，需要更换。而更换减振器需要全部更换，而不是只更换一个，所以成本较高。

检查前、后减振器的生产厂家是否一致，减振器上下连接处有无松动、磨损等现象。

3）检查稳定杆

稳定杆主要用于前轮，有时也用于后轮，两端固定于悬架控制臂上。其功用是转弯时保持车身平衡，防止汽车侧倾。

检查稳定杆有无裂纹，与车身连接处的橡胶衬有无损坏，与左、右悬架控制臂的连接处有无松旷现象。

图 4.54 检查减振器是否漏油

4. 检查转向机构

汽车转向机构性能的好坏对汽车行驶稳定性有很大影响，因此，应仔细检查转向系统，尤其是转向传动机构。

对于轿车一般采用齿轮齿条式转向器，其转向传动机构比较简单。而对于货车、越野车，以及面包车，却常采用循环球式转向器，其转向传动机构比较复杂。

检查转向系统除了检查转向盘自由行程之外，还应仔细检查以下项目。

（1）检查转向盘与转向轴的连接部位，转向器垂臂轴与垂臂连接部位，纵、横拉杆球头连接部位，纵、横拉杆臂与转向节的连接部位，转向节与主销之间是否松旷。

（2）检查转向节与主销之间是否配合过紧或缺润滑油；纵、横拉杆球头连接部位是否调整过紧或缺润滑油；转向器是否无润滑油或缺润滑油。

（3）检查转向轴是否弯曲，其套管是否凹瘪。

（4）对于动力转向系统，还应该检查动力转向泵驱动带、转向油泵安装螺栓是否松动；动力转向系统油管及管接头处是否存在损伤或松动等。

5．检查传动轴

传动轴检查的主要部位如图 4.55 所示。对于后轮驱动的汽车，检查传动轴、中间轴及万向节等处有无裂纹和松动；传动轴是否弯曲、传动轴轴管是否凹陷；万向节轴承是否因磨损而松旷，万向节凸缘盘连接螺栓是否松动等。

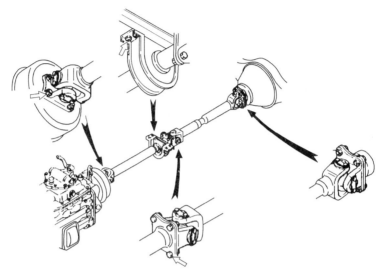

图 4.55　传动轴检查的主要部位

对于前轮驱动的汽车，要特别注意等速万向节上的橡胶套。绝大多数汽车的每一侧（左驱动桥和右驱动桥）具有内、外万向节，每一个万向节都是由橡胶套罩住的，而且它里面填满润滑脂。橡胶套用来保护万向节，避免受到污物、锈蚀和潮气的侵蚀，因更换万向节费用较高。用手弯曲或挤压橡胶套，查找是否有裂纹或擦伤（图 4.56）。一个里面已经没有润滑脂的有划痕的等速万向节橡胶套是一个信号，说明万向节由于污物和潮气的侵蚀需要立即更换。

6．检查车轮

1）检查车轮轮毂轴承是否松旷

用举升机举起车轮，或用千斤顶支起车轮，用手晃动车轮，如图 4.57 所示，感觉有旷

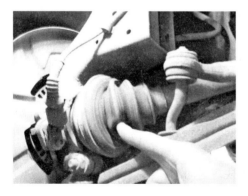

图 4.56　检查橡胶套是否有裂纹或擦伤

图 4.57　检查车轮旷动情况

动,说明车轴轮毂轴承松旷,车轴轴承磨损严重,需要更换车轮轴承,而需更换车轮轴承的费用较高。

2) 检查轮胎磨损情况

初步检查是从汽车的外侧检查轮胎,而后再检查轮胎的内侧。检查胎侧是否有割痕、磨损或有严重的风雨侵蚀。后轮胎内侧胎面过度磨损是很难从外侧发现的,除非将汽车顶起来。通常,后轮胎内侧胎面磨损暗示着已将汽车前轮胎更换到后轮胎位置,从而掩饰它们的磨损方式。

轮胎不正常磨损的表现形式及其原因见表4-3。

表4-3 轮胎不正常磨损及其原因

轮胎磨损情形		原因分析
正常磨损	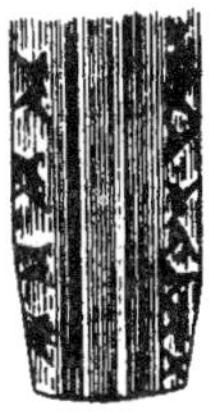	—
胎冠两肩磨损	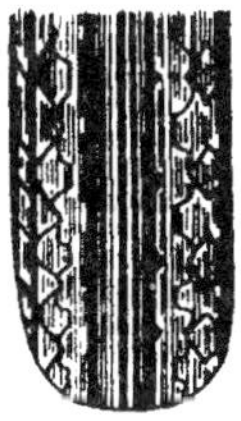	① 气压不足 ② 超载
胎冠中部磨损		① 轮胎气压过高 ② 回转不足
胎冠两侧或内侧磨损	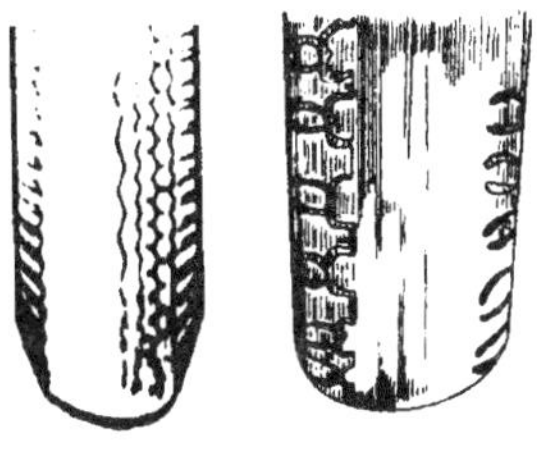	① 前轮外倾角不对 ② 转向节臂弯曲变形 ③ 前轮未及时更换

(续)

轮胎磨损情形		原因分析
胎冠锯齿状磨损		① 前束不对 ② 转向节臂弯曲变形
胎冠呈波浪状或碟边状磨损		① 轮胎不平衡 ② 轮毂轴承松旷

3) 检查轮胎花纹磨损深度

轿车轮胎胎冠上的花纹深度不得小于 1.6mm；其他车辆转向轮的胎冠花纹深度不得小于 3.2mm，其余轮胎胎冠花纹深度不得小于 1.6mm。

有的轮胎设有胎面磨耗(打滑)标记，如图 4.58 所示。当磨损量超过正常限度时，磨损标记就会显露出来。若标记已显露出来，则表明轮胎已磨损到极限状态，需更换。

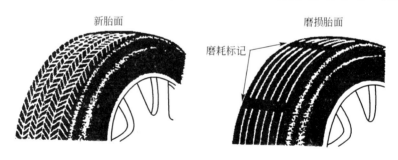

图 4.58　轮胎的磨损标记

4.2　动 态 检 查

4.2.1　动态检查的主要内容

在对汽车进行静态检查之后，再进行动态检查，其目的是进一步检查发动机、底盘、电气电子设备的工作状况及汽车的使用性能。其检查的主要内容如下。

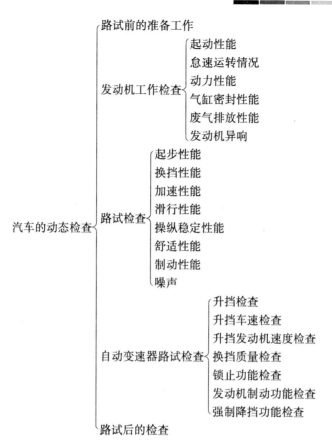

4.2.2 路试前的准备

在进行路试之前,检查机油油位、冷却液液位、制动液液位、转向油液位、踏板自由行程、转向盘自由行程、轮胎胎压、各警示灯项目,各个项目正常后方可起动发动机,进行路试检查。

1. 检查机油油位

检查之前应将车停放在平坦的场地上。将起动开关钥匙拧到关闭位置,把驻车制动杆放到制动位置,变速杆放到空挡位置。

打开发动机箱盖,抽出机油尺,将机油尺用抹布擦净后,插入机油尺导孔,拔出查看。油位在上下刻线之间,即为合适,如图4.59所示。如果超出上刻线,应放出机油;如果低于下刻线,可从加油口处添加,待10min后,再次检查油位。补充时应严格注意清洁并检查是否有渗漏现象。

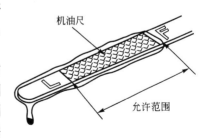

图4.59 机油油位的检查

2. 检查冷却液液位

检查冷却液时,对于没有膨胀散热器的冷却系统,可以打开散热器盖进行检查,要求液面不低于排气孔 10mm。如果使用防冻液时，要求液面高度应低于排气孔 50～70mm（这是为了防止防冻液因温度增高溢出）；对于装有膨胀水箱的冷却系统，要求膨胀水箱的冷却液量应在规定刻线（H～L）之间，如图 4.60 所示。检查冷却液液量时，应在冷车状态下进行，检查后应扣紧散热器盖。补充冷却液时，应尽量使用软水或同种防冻液。添加前要检查冷却系统是否有渗漏现象。

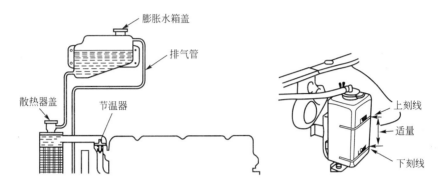

图 4.60　冷却液液位的检查

3. 检查制动液液位

图 4.61　制动液液位的检查

正常制动液液位应在储液罐的上限（NAX）与下限（MIN）刻线之间或标定位置处，如图 4.61 所示。当液位低于定刻线或下限位置时，应把新的制动液补充到标定刻线或上限位置。

由于常用的制动液（指醇醚类）具有一定的吸湿性。因此，在向储液罐内补充制动液时，一方面要使用装在密封容器内的新制动液，另一方面要避免长时间开放储液罐的加液口盖，因为制动液吸收水分后沸点会显著降低，容易引起气阻，造成制动失灵。

在添加或更换制动液时，要严格执行厂方有关规定。否则制动液的效能将会改变，制动件会被损坏。若发现制动液量显著减少，应注意查找渗漏部位，及时修复，防止制动失灵。

4. 检查离合器液压油液位

检查离合器液压油液位高度的方法与检查制动液的相同。

5. 动力转向液压油的油量

首先将动力转向储油罐的外表擦干净，再将加油口盖从储油罐上取下，用干净的布块将油标尺上的油擦干净，重新装上油标尺（检查时，请不要拧紧加油口盖），然后取下油标尺，检查油平面，油尺所示的刻度和意义与机油尺相同。如果油平面高度低于油尺下限刻度,则需要添加同种的转向液压油,直到上限刻度(H)为止。在添加之前应检查动力管路是否有渗漏现象。在检查或添加转向液压油时,应检查油质的污染情况,发现变质或污染时应及时更换。

6. 检查燃油箱的油量

打开点火开关钥匙,观察燃油表,了解油箱大致储油量,如图 4.62 所示。也可打开油箱盖,观察或用清洁量尺测量。但要注意油箱盖的清洁,避免尘土等脏物落入。

7. 检查冷却风扇皮带

检查冷却风扇皮带的紧度,用拇指以 9～10kg·f（1kg·f＝9.80665N）的力按压皮带中间部位时,挠度应为10～15mm,如图 4.63 所示。如果不符合要求,按需要可调节发电机支架固定螺栓的位置进行调整。

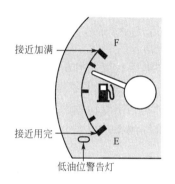
图 4.62 燃油箱油量的检查

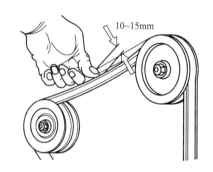
图 4.63 冷却风扇皮带的检查

8. 检查制动踏板行程并确保制动灯工作

路试二手车前,一定要检查制动系统并确保制动灯工作良好。如果路试的汽车只有一个或没有制动灯,会被罚款。检查制动踏板的感觉,踩下制动踏板 25～50mm,就应感到坚实而没有松软感,即使踩下半分钟也是如此。如果制动踏板有松软感,可能制动管路有空气,这意味着制动系统中某处可能有泄漏。对制动系统有问题的汽车进行路试是非常危险的,千万不能这样做!继续路试或进一步检查前一定要坚持让车主将制动系统修好。

另外,还要检验驻车制动是否工作,是否能将汽车稳固地保持住。

9. 检查轮胎气压

拧开轮胎气嘴的防尘帽,用轮胎气压表测量轮胎气压,如图 4.64 所示,轮胎的气压应符合轮胎的规定。气压不足,应进行充气;气压过高,应放出部分气体。轮胎气压过高或过低,均不宜进行路试,否则既不能正确判断汽车的性能状态,也可能出现意想不到的事故。

4.2.3 发动机工作性能检查

检查发动机工作性能主要检查发动机的起动性、急速、异响、急加速性、曲轴箱窜气量、排气颜色等项目。

图 4.64 轮胎气压的检查

1. 检查发动机起动性

正常情况下,用起动机起动发动机时,应在3次内起动成功。起动时,每次时间不超过5s,再次起动时间要间隔15s以上。若发动机不能正常起动,说明发动机的起动性能不好。

影响发动机起动性的原因有很多,主要有油路、电路、气路和机械4个方面,包括供油不畅、电动汽油泵没有保压功能、点火系统漏电、蓄电池桩极锈蚀、空气滤清器堵塞、气缸磨损使气缸压力过低、气门关闭不严等。发动机起动困难应综合分析各种原因,虽然有很多原因引起发动机起动困难,但不同因素对车价影响相差很大。

2. 检查发动机怠速

发动机起动后使其怠速运转,打开发动机盖,观察怠速运转情况,怠速应平稳,发动机振动很小。观察仪表板上的发动机转速表,此时,发动机的怠速应在(800 ± 50)r/min,不同发动机的怠速转速可能有一定的差别。若开空调,发动机转速应上升,其转速应在1000r/min左右。

发动机怠速时,若出现转速过高、过低、发动机抖动严重等现象,均表明发动机怠速不良。引起发动机怠速不良的原因多达几十种,如点火正时、气门间隙、进气系统、怠速阀、曲轴箱通风系统、废气再循环系统、活性炭罐系统、点火系统、供油系统、线束等。这也是困扰汽车维修检测人员的一大难题,有时候为了找到怠速不良的故障原因,可能要花很多的工时,甚至有的汽车怠速不良是顽症,可能一直都无法解决,鉴定评估人员应非常重视。

3. 检查发动机异响

使发动机怠速运转,听发动机有无异响及响声大小。然后,用手拨动节气门,适当增加发动机转速,倾听发动机的异响是否加大,或是否有新的异响出现。

正常情况下,在发动机各部件配合间隙适当、润滑良好、工作温度正常、燃油供给充分、点火正时准确等条件下运转,无论转速和负荷怎样变化,都是一种平稳而有节奏、协调而又圆滑的轰鸣声。

在额定转速内,除正时齿轮、机油泵齿轮、喷油泵齿轮、喷油泵传动齿轮及气门有轻微均匀的响声以外,若发动机发出敲击声、咔嗒声、爆燃声、咯咯声、尖叫声等均是不正常的响声。如果有来自发动机底部的低频隆隆声或爆燃声,则说明发动机严重损坏,需要对发动机进行大修。

发动机异响是很难排除的，尤其是发生在发动机内部，鉴定评估人员应高度重视。

4. 检查发动机急加速性能

待发动机运转正常后，发动机温度达到80℃以上，用手拨动节气门，从怠速到急加速，观察发动机的急加速性能，然后迅速松开节气门，注意发动机怠速是否熄火或工作不稳，如图4.65所示。通常急加速时，发动机发出强劲且有节奏的轰鸣声。

5. 检查发动机曲轴箱窜气量

打开发动机曲轴箱通风出口，用手拨动节气门，逐渐加大发动机转速，观察曲轴箱的窜气量，如图4.66所示。正常发动机曲轴箱的窜气较少，无明显油气味，四缸发动机一般在10~20L/min。

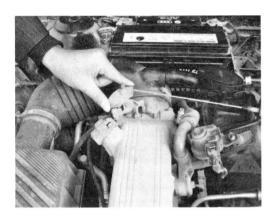

图4.65 检查发动机急加速性能

图4.66 检查发动机曲轴箱窜气量

若曲轴箱窜气量大于20L/min，且油气味重，说明气缸与活塞磨损严重，汽车行驶里程长，发动机需要大修，而发动机大修的费用是很高的。

若曲轴箱窜气量大于600L/min，则曲轴箱通风系统不能保证曲轴箱的气体完全被排出，通风系统可能结胶堵塞，曲轴箱气体压力将增大，曲轴箱前后油封可能漏油，表明此发动机已需要大修。

6. 检查排气颜色

正常时，发动机排出的气体是无色的，在严寒的冬季可见白色的水汽；柴油发动机带负荷运转时，发动机排出的气体一般是灰色的，负荷加重时，排气颜色会深一些。汽车排气常有3种不正常的烟雾。

1）冒黑烟

黑烟意味着燃油系统输出的燃油太多。换句话说，空气与燃油的混合气太浓，发动机不能将它们完全燃烧。当发动机运行在浓混合气时，排气中的燃油使催化转化器变成一个催化反应炉。混合气过浓情况是由于某个火花塞不点火，还是由于某个喷油器漏油引起的，很难区分。无论哪种情况，燃油已被直接推进催化转化器中。这样就把转化器的工作温度升高到了一个危险的程度。经过一段时间后，更高的工作温度可能导致催化转化器破裂或融化。

2)冒蓝烟

蓝烟意味着发动机在烧机油,机油窜入燃烧室。若机油油面不高,最常见的原因是气缸与活塞密封出现问题,即活塞、活塞环出现磨损,与气缸的间隙过大。这表明此发动机需要大修。

3)冒白烟

白烟意味着发动机在烧自身冷却系统中的冷却液(防冻液和水)。这可能是气缸垫烧坏,使冷却液从冷却液通道渗漏到燃烧室中或缸体有裂纹,冷却液进入气缸内造成的,此时发动机的价值就要大打折扣。白烟的另一个解释是由非常冷而潮湿的外界空气(低露点)引起的。这种现象类似于在非常寒冷的天气中呼吸时的凝结,当呼出的气体比外界空气热得多,而与外界冷空气混杂在一起时热气凝结,产生水蒸气。以同样的方式,热排气与又冷又湿的大气混杂在一起产生白色烟雾(蒸气),但是当汽车热起来后,因为热排气湿度含量低,蒸气应当消失。当然,如果在非常寒冷的气候条件下检查一辆汽车,即使在发动机热起来后,它的排气可能继续冷凝,此时要靠鉴定评估人员的判断力了。如果在暖和的天气里看到冒白烟,则可能是某种机械出现问题。

如果是自动挡汽车,汽车行驶时排出大量白烟可能是自动变速器有问题,而不是冷却液引起的。许多自动变速器有一根通向发动机的真空管。如果这根变速器真空管末端的密封垫或薄膜泄漏,自动变速器油液可能被吸入发动机中,造成排气冒烟。

7. 检查排气气流

将手放在距排气管排气口 10cm 左右处,感觉发动机怠速时排气气流的冲击,如图 4.67 所示。正常排气气流有很小的脉冲感。若排气气流周期性地"打嗝"或不平稳地喷溅,表明气门、点火或燃油系统有问题,从而引起间断性失火。

如图 4.68 所示,将一张白纸悬挂靠近排气口 10cm 左右,如果纸不断地被排气气流吹开,则表明发动机运转正常;如果纸偶尔地被吸向排气口,则表明发动机配气机构可能出现很大故障。

图 4.67 用手检查排气气流

图 4.68 用纸检查排气气流

4.2.4 汽车路试检查

汽车路试一般行驶 20km 左右,通过一定里程的路试来检查汽车的工况。

1. 检查离合器的工作状况

按正常汽车起步方法操纵汽车，使汽车挂挡并平稳起步，检查离合器的工作情况。

正常情况下，离合器应该接合平稳，分离彻底，工作时无异响、抖动和不正常的打滑等现象。踏板自由行程符合汽车技术条件的有关规定，一般为30～45mm。若离合器自由行程过大，说明离合器摩擦片磨损严重。离合器踏板力应与该型号汽车的踏板力相适应，各种汽车的离合器踏板力不应大于300N。

如果离合器发抖或有异响，说明离合器内部有零件损坏，应立即结束路试。

2. 检查变速器的工作状况

从起步加速到高速挡，再由高速挡减至低速挡，检查变速器换挡是否轻便灵活；是否有异响、乱挡现象，互锁和自锁装置是否有效、加速时是否有掉挡现象；换挡时变速杆是否有其他部件干涉。

换挡时，变速器齿轮发响表明变速器换挡困难，这是变速器常见的故障现象。一般是由于换挡联动机构失调，或换挡叉轨变形或锈蚀，或同步器损坏所致。如果变速传动机构失调或锈蚀，尤其是远程换挡机构，只需重新调整即可。而同步器损坏，则需要更换同步器，费用较高。

在汽车行驶过程中，急速踩下加速踏板或汽车受到冲击时，变速杆自行回到空挡，即为掉挡。当变速器出现掉挡时，说明变速器内部磨损严重，需要更换磨损的零件，才能恢复正常的性能。

在路试中，在换挡后出现变速杆发抖现象，表明汽车变速器使用时间很长，变速器操纵机构的各个铰链处磨损松旷，使变速杆处的间隙过大。

3. 检查汽车动力性

汽车动力性能最常见的指标是从静态加速至100km/h的所需时间和最高车速，其中前者是最具意义的动力性能指标和国际流行的小客车动力性能指标。

汽车起步后，加速行驶，猛踩加速踏板，检查汽车的加速性能。通常，急加速时，发动机发出强劲的轰鸣声，车速迅速提升。各种汽车设计时的加速性能不尽相同，就轿车而言，一般发动机排量越大，加速性能越好。有经验的汽车评估人员，能够了解各种常见车型的加速性能，通过路试能够检查出被检汽车的加速性能与正常的该型号汽车加速性能的差距。

检查汽车的爬坡性能，检查汽车在相应的坡道上，使用相应挡位时的动力性能，是否与经验值相近，感觉是否正常。

检查汽车是否能够达到原设计车速。如果达不到，估计一下差距。

如果汽车提速慢，最高车速与原车设计值差距较大，上坡无力，则说明车辆动力性能差，是一辆"老爷车"。

4. 检查汽车制动性能

汽车起步后，先踩一下制动踏板检查是否有制动；将车加速至20km/h作一次紧急制动，检查制动是否可靠，有无跑偏、甩尾现象；再将车加速至50km/h，先用点刹的方法检查汽车是否立即减速、是否跑偏，再用紧急制动的方法检查制动距离和跑偏量。机动车在规定的初速度下的制动距离和制动稳定性应符合表4-4的要求。

表 4-4　制动距离和制动稳定性要求(GB 7258—2012)

机动车类型	制动初速度/(km/h)	制动距离/m 空载	制动距离/m 满载	试验通道宽度/m
三轮汽车	20	≤5.0	≤5.0	2.5
乘用车	50	≤19.0	≤20.0	2.5
总质量≤3500kg 的低速汽车	30	≤8.0	≤9.0	2.5
其他总质量≤3500kg 的汽车	50	≤21.0	≤22.0	2.5
铰接客车、铰接式无轨电车、汽车列车	30	≤9.5	≤10.5	3.0
其他汽车	30	≤9.0	≤10.0	3.0
两轮普通摩托车	30	≤7.0	≤7.0	—
边三轮摩托车	30	≤8.0	≤8.0	2.5
正三轮摩托车	30	≤7.5	≤7.5	2.3
轻便摩托车	20	≤4.0	≤4.0	—
轮式拖拉机运输机组	20	≤6.0	≤6.5	3.0
手扶变型运输机	20	≤6.5	≤6.5	2.3

当踩下制动踏板时，若制动踏板或制动鼓发出冲击或尖叫声，则表明制动摩擦片可能磨损，路试结束后应检查制动摩擦片的厚度。

若踩下制动踏板有海绵感，则说明制动管路进入空气，或制动系统某处有泄漏，应立即停止路试。

5. 检查汽车行驶稳定性

车速以 50km/h 左右中速直线行驶时，双手松开转向盘，观察汽车行驶状况。此时，汽车应该仍然直线行驶并且不明显转到某一边。无论汽车转向哪一边，都说明汽车的转向轮定位不准，或车身、悬架变形。

车速以 90km/h 以上高速行驶时，观察转向盘有无摆动现象，即所谓的"汽车摆头"。若汽车有高速摆头现象通常意味着存在着严重的车轮不平衡或不对中问题。汽车摆头时，前轮左右摇摆沿波形前进，严重地破坏了汽车的平顺性，直接影响汽车的行驶安全，增大轮胎的磨损，故该汽车只能以较低的速度行驶。

选择宽敞的路面，左右转动转向盘，检查转向是否灵活、轻便。若方向沉重，说明汽车转向机构各球头缺油或轮胎气压过低。对于带助力转向的汽车，方向沉重可能是动力转向泵和齿轮齿条磨损严重，而要修理或更换转向齿条相当贵。动力转向问题有时还靠转向盘转动时的嘎吱声来识别，发出这种声音可能仅仅是转向油液面过低。

转向盘最大自由转动量不允许大于 20°(最高设计车速不小于 100km/h 的机动车)。若转向盘的自由转动量过大，意味着转向机构磨损严重，使转向盘的游动间隙过大，从而导致转向不灵。

6. 检查汽车行驶平顺性

将汽车开到粗糙、有凸起路面行驶，或通过有伸缩接缝的铁轨或公路时，感觉汽车的平顺性和乘坐舒适性。通常汽车排量越大，行驶越平顺，但燃油消耗也越多。

当汽车转弯或能通过不平的路面时，倾听是否有忽大或忽小的嘎吱声或低沉噪声从汽车前端发出。若有，可能是滑柱或减振器坚固装置松旷，或轴衬磨损严重。汽车转弯时，若车身侧倾过大，则可能是横向稳定杆衬套或减振器磨损严重。

在前轮驱动汽车上，若前面发出咯哒声、沉闷金属声、滴答声，则可能是等速万向节已磨损，需要维修。而等速万向节维修费用昂贵，和变速器大修费用差不多。

7. 检查汽车滑行能力

在平坦的路面上，作汽车滑行试验。将汽车加速至30km/h左右，踩下离合器踏板，将变速器挂入空挡滑行，其滑行距离应符合表4-5的要求。否则说明汽车传动系统的传动阻力大，传动效率低，油耗增大，动力不足。汽车越重，其滑行距离越远。初始车速越高，其滑行距离也越远。

表4-5 车辆滑行距离要求

汽车整备质量 M/kg	双轴驱动车辆滑行距离/m	单轴驱动车辆滑行距离/m
$M<1000$	$\geqslant 104$	$\geqslant 130$
$1000 \leqslant M \leqslant 4000$	$\geqslant 120$	$\geqslant 160$
$4000 < M \leqslant 5000$	$\geqslant 144$	$\geqslant 180$
$5000 < M \leqslant 8000$	$\geqslant 184$	$\geqslant 230$
$8000 < M \leqslant 11000$	$\geqslant 200$	$\geqslant 250$
$M > 11000$	$\geqslant 214$	$\geqslant 270$

将汽车加速至40～60km/h迅速抬起加速踏板，检查有无明显的金属撞击声，如果有说明传动系统间隙过大。

8. 检查风噪声

逐渐提高车速，使汽车高速行驶，倾听车外风噪声。风噪声过大，说明车门或车窗密封条变质损坏，或车门变形密封不严，尤其是整形后的事故车。

通常，车速越高，风噪声越大。对于空气动力学好的汽车，其密封和隔音性能好，风噪声较小。而对于空气动力学较差的汽车或整形后的事故车，风噪声一般较大。

9. 检查驻车制动

选一坡路，将车停在坡上，拉上驻车制动，观察汽车是否停稳，有无滑溜现象。通常驻车制动力不应小于整车重量的20%。

4.2.5 自动变速器的路试检查

1. 自动变速器路试前的准备工作

在道路试验之前，应先让汽车以中低速行驶5～10min，使发动机和自动变速器都达到正常工作温度。

2. 检查自动变速器升挡

将操纵手柄拨至前进挡(D)位置，踩下加速踏板，使节气门保持在1/2开度左右，让汽车起步加速，检查自动变速器的升挡情况。自动变速器在升挡时发动机会有瞬时的转速下降，同时车身有轻微的闯动感。正常情况下，随着车速的升高，试车者应能感觉到自动变速器能顺利地由1挡升入2挡，随后再由2挡升入3挡，最后升入超速挡。若自动变速器不能升入高挡(3挡或超速挡)，说明控制系统或换挡执行元件有故障。

3. 检查自动变速器升挡车速

将操纵手柄拨至前进挡(D位)，踩下加速踏板，并使节气门保持在某一固定开度，让汽车加速。当察觉到自动变速器升挡时，记下升挡车速。一般4挡自动变速器在节气门开度保持在1/2左右，由1挡升至2挡的升挡车速为25～35km/h，由2挡升至3挡的升挡车速为55～70km/h，由3挡升至4挡(超速挡)的升挡车速为90～120km/h。由于升挡车速和节气门开度有很大的关系，即节气门开度不同时，升挡车速也不同，而且不同车型的自动变速器各挡位传动比的大小都不相同，其升挡车速也不完全一样。因此，只要升挡车速基本保持在上述范围内，而且汽车行驶中加速良好，无明显的换挡冲击，都可认为其升挡车速基本正常。若汽车行驶中加速无力，升挡车速明显低于上述范围，说明升挡车速过低(即过早升挡)；若汽车行驶中有明显的换挡冲击，升挡车速明显高于上述范围，说明升挡车速过高(即过迟升挡)。

由于降挡时刻在行驶中不易察觉，因此在道路试验中一般无法检查自动变速器的降挡车速，只能通过检查升挡车速来判断自动变速器有无故障。若有必要，还可检查其他模式下或操纵手柄位于前进低挡位置时的换挡车速，并与标准值进行比较，作为判断故障的参考依据。

升挡车速太低一般是由控制系统故障所致；换挡车速太高则可能是由控制系统的故障所致，也可能是换挡执行元件出现故障。

4. 检查自动变速器升挡时发动机的转速

有发动机转速表的汽车在作自动变速器道路试验时，应注意观察汽车行驶中发动机转速变化的情况。它是判断自动变速器工作是否正常的重要依据之一。在正常情况下，若自动变速器处于经济模式或普通模式，节气门保持在低于1/2开度范围内，则在汽车由起步加速直至升入高速挡的整个行驶过程中，发动机转速都低于3000r/min。通常在加速至即将升挡时，发动机转速可达到2500～3000r/min，在刚刚升挡后的短时间内发动机转速下降至2000r/min左右，如果在整个行驶过程中发动机转速始终过低，加速至升挡时仍低于2000r/min，说明升挡时间过早或发动机动力不足；如果在行驶过程中发动机转速始终偏高，升挡前后的转速在2500～3500r/min，而且换挡冲击明显，说明升挡时间过迟；如果在行驶过程中发动机转速过高，经常高于3000r/min，在加速时达到4000～5000r/min，甚至更高，则说明自动变速器的换挡执行元件(离合器或制动器)打滑，需要对自动变速器进行拆修。

5. 检查自动变速器换挡质量

换挡质量的检查内容主要是检查有无换挡冲击。正常的自动变速器只能有不太明显的换挡冲击，特别是电子控制自动变速器的换挡冲击十分微弱。若换挡冲击太大，说明自动变速器的控制系统或换挡执行元件有故障，其原因可能是油路油压过高或换挡执行元件打滑。若自动变速器有故障则需要维修。

6. 检查自动变速器的锁止离合器工作状况

自动变速器变矩器中的锁止离合器工作是否正常也可以采用道路试验的方法进行检查。试验中，使汽车加速至超速挡，以高于80km/h的车速行驶，并使节气门开度保持在低于1/2的位置，使变矩器进入锁止状态。此时，快速将加速踏板踩下至节气门开度达到2/3，同时检查发动机转速的变化情况。若发动机转速没有太大变化，说明锁止离合器处于接合状态；若发动机转速升高很多，则表明锁止离合器没有接合，其原因通常是锁止控制系统有故障。

7. 检查发动机制动功能

检查自动变速器有无发动机制动作用时，应将操纵手柄拨至前进低挡(S、L位或2、1位)，在汽车以2挡或1挡行驶时，突然松开加速踏板，检查发动机是否有制动作用。若松开加速踏板后车速立即随之下降，说明有发动机制动作用；否则说明控制系统或前进强制离合器有故障。

8. 检查自动变速器强制降挡功能

检查自动变速器强制降挡功能时，应将操纵手柄拨至前进挡(D位)，保持节气门开度为1/3左右，在以2挡、3挡或超速挡行驶时突然将加速踏板完全踩到底，检查自动变速器是否被强制降低一个挡位。在强制降挡时，发动机转速会突然上升至4000r/min左右，并随着加速升挡，转速逐渐下降。若踩下加速踏板后没有出现强制降挡，说明强制降挡功能失效。若在强制降挡时发动机转速上升过高，达5000～6000r/min，并在升挡时出现换挡冲击，则说明换挡执行元件打滑，自动变速器需要拆修。

4.2.6 路试后的检查

1. 检查各部件温度

(1) 检查油、液温度。检查冷却液温度(正常不应超过90℃)，机油、齿轮油温度（机油温度不应高于90℃，齿轮油温度不应高于85℃）。

(2) 检查运动机件过热情况。查看制动鼓、轮毂，变速器壳，传动轴，中间轴轴承，驱动桥壳(特别是减速器壳)等，不应有过热现象。

2. 检查"四漏"现象

(1) 在发动机运转及停车时散热器、水泵、气缸、缸盖、暖风装置及所有连接部位均无明显渗漏水现象。

(2) 机动车连续行驶距离不小于10km，停车5min后观察不得有明显渗漏油现象。检查机油、变速器、主减速器油、转向液压油、制动液、离合器油、液压悬架油等相关处有无泄漏。

(3) 检查汽车的进气系统、排气系统有无漏气现象。

(4) 检查发动机点火系统有无漏电现象。

4.3 仪器检查

利用静态检查和动态检查，可以对汽车的技术状况进行定性的判断，即初步判定车辆的运行情况是否基本正常、车辆各部分有无故障及故障的可能原因、车辆各总成及部件的新旧程度等。当对车辆各项技术性能及各总成、部件的技术状况进行定量、客观的评价时，通常需借助一些专用仪器、设备。

对二手车进行综合检测，需要检测车辆的动力性、燃料经济性、转向操作性、排放污染、噪声等整车性能指标，以及发动机、底盘、电器电子等各部件的技术状况，汽车主要检测内容及对应采用的仪器设备见表4-6。

表4-6 车辆性能检测指标与检测设备

检测项目			检测仪器设备
整车性能	动力性	底盘输出功率	底盘测功机
		汽车直接加速时间	底盘测功机(装有模拟质量)
		滑行性能	底盘测功机
	燃料经济性	等速百公里油耗	底盘测功机、油耗仪
	制动性	制动力	制动检测台、轮重仪
		制动力平衡	制动检测台、轮重仪
		制动协调时间	制动检测台、轮重仪
		车轮阻滞力	制动检测台、轮重仪
		驻车制动力	制动检测台、轮重仪
	转向操作性	转向轮横向侧滑量	侧滑试验台
		转向盘最大自由转动量	转向力—角仪
		转向操纵力	转向力—角仪
		悬架特性	底盘测功机
	前照灯	发光强度	前照灯检测仪
		光束照射位置	前照灯检测仪
	排放污染物	汽油车急速污染物排放	废气分析仪
		汽油车双急速污染物排放	废气分析仪
		柴油车排气可污染物	不透光仪
		柴油车排气自由加速烟度	烟度计
	喇叭声级		声级仪
	车辆防雨密封性		淋雨试验台
	车辆表示值误差		车速表试验台

(续)

检测项目			检测仪器设备
发动机部分	发动机功率		无负荷测功仪、发动机综合测试仪
	气缸密封性	气缸压力	气缸压力表
		曲轴箱窜气量	曲轴箱窜气量检测仪
		气缸漏气率	气缸漏气量检测仪
		进气管真空度	真空表
	起动系统	起动电流 蓄电池起动电压 起动转速	发动机综合测试仪 汽车电气万能试验台
	点火系统	点火波形 点火提前角	汽车专用示波器 发动机综合测试仪
	燃油系统	燃油压力	燃油压力表
	润滑系统	机油压力润滑油品质	机油压力表 机油品质检测仪
	异响		发动机异响诊断仪
底盘部分	离合器打滑		离合器打滑测定仪
	传动系统游动角度		游动角度检验仪
行驶系统	车轮定位		四轮定位仪
	车轮不平衡		车轮平衡仪
空调系统	系统压力		空调压力表
	空调密封性		卤素检漏灯
电子设备			微机故障检测仪

　　检测汽车性能指标需要的设备很多，其中最主要有底盘测功机、制动检验台、油耗仪、侧滑试验台、前照灯检测仪、车速表试验台、发动机综合测试仪、示波器、四轮定位仪、车胎平衡仪等。这些设备一般在汽车的综合性能检测中心（站）或汽车修理厂采用，操作难度较大，二手车评估人员不需要掌握这些设备的使用。但对于一些常规的、小型检测设备应能掌握，以迅速快捷地判断汽车常见故障，这些设备仪器主要有气缸压力表、真空表、万用表、正时枪、燃油压力表、废气分析仪、烟度计、声级计、微机故障诊断仪（俗称解码仪）等。

4.4　二手车技术状况的分级

　　汽车经过一段时期的使用以后，技术状况将发生变化。变化的程度随行驶里程的长短不同及运行条件、使用强度、维修质量的不同而各有差异。为了表达汽车技术状况变化的差异,对二手车技术状况进行描述,根据鉴定结果对其划分等级。

4.4.1 分级标准

GB/T 30323—2013《二手车鉴定评估技术规范》按照汽车的技术状况不同,将二手车划分为 5 个等级,即一级车、二级车、三级车、四级车和五级车。

(1) 一级车是指被鉴定车辆的技术状况优秀。
(2) 二级车是指被鉴定车辆的技术状况良好。
(3) 三级车是指被鉴定车辆的技术状况一般。
(4) 四级车是指被鉴定车辆的技术状况差。
(5) 五级车是指存在重大碰撞事故、泡水痕迹的车辆。

对汽车的车身、发动机舱、驾驶舱、起动、路试、底盘、功能性零部件七大部分进行技术状况检查,各部分的检查项目与满分分别如下。

(1) 车身外观检查项目有 26 项,共计分数 20 分。
(2) 发动机舱检查项目有 10 项,共计分数 20 分。
(3) 车舱检查项目有 15 项,共计分数 10 分。
(4) 发动机起动检查共设 10 项,共计分数 20 分。
(5) 路试检查共设 10 项,共计分数 15 分。
(6) 底部检查共设 8 项,共计分数 15 分。
(7) 功能性零部件检查共设 21 项(不限于 21 项,根据各汽车的配置不同,可加减),只进行缺陷描述,不计分。

依次对汽车的六大分项(即除功能性零部件外)进行技术鉴定与检查,并确定每分项的分值。总分值为各个鉴定项目分值累加,即鉴定总分=∑分项分值,满分 100 分。根据所得总分进行分级,各级车的技术状况等级的分值区间见表 4-7。

表 4-7 各级车的技术状况等级的分值对应表

技术状况等级	分值区间
一级车	鉴定总分≥90
二级车	60≤鉴定总分<90
三级车	20≤鉴定总分<60
四级车	鉴定总分<20
五级车	重大事故车

4.4.2 汽车六大分项进行技术鉴定与分值分布

1. 车身外观检查项目与扣分标准

车身外观展开示意图如图 4.69 所示。车身外观检查项目共设发动机舱盖表面、左前翼子板等 26 个项目的检查,每出现一个程度为 1 的扣 0.5 分,程度为 2 的扣 1 分,程度为 3 的扣 1.5 分,程度为 4 的扣 2 分,程度为 5 的扣 2.5 分。轮胎部分需符合程度 4 的标准，不符合标准扣 1 分。

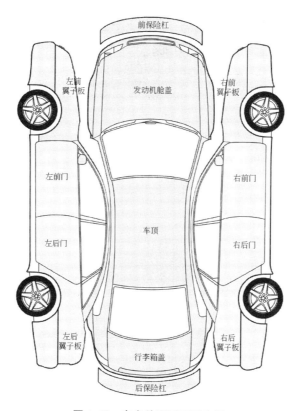

图 4.69 车身外观展开示意图

车身外观检查共计 20 分，扣光为止。若扣分总和大于 20 分，则得分以 0 计。车身外观检查项目与扣分标准见表 4-8。

车身外观项目的定义描述为

车身检查部位代号＋缺陷状态代号＋缺陷程度代号

例如：18XS3 表示右后翼子板有锈斑，面积大于 200mm×300mm。

表 4-8 车身外观检查项目与扣分标准

序号	检查部位	部位代码	缺陷状态与代号						缺陷程度代号与扣分标准				扣分	得分
			划痕	变形	锈蚀	裂纹	凹陷	修复痕迹	1	2	3	4		
			HH	BX	XS	LW	AX	XF	扣0.5分	扣1分	扣1.5分	扣2分		
1	发动机舱盖表面	14												
2	左前翼子板	15												
3	左后翼子板	16												
4	右前翼子板	17												
5	右后翼子板	18												

(续)

序号	检查部位	部位代码	缺陷状态与代号						缺陷程度代号与扣分标准				扣分	得分
			划痕	变形	锈蚀	裂纹	凹陷	修复痕迹	1	2	3	4		
			HH	BX	XS	LW	AX	XF	扣0.5分	扣1分	扣1.5分	扣2分		
6	左前车门	19												
7	右前车门	20												
8	左后车门	21												
9	右后车门	22												
10	行李箱盖	23												
11	行李箱内侧	24												
12	车顶	25												
13	前保险杠	26												
14	后保险杠	27												
15	左前轮	28												
16	左后轮	29												
17	右前轮	30												
18	右后轮	31												
19	前照灯	32												
20	后尾灯	33												
21	前风窗玻璃	34												
22	后风窗玻璃	35												
23	四门风窗玻璃	36												
24	左后视镜	37												
25	右后视镜	38												
26	轮胎	39												
	总计													

缺陷程度代号的含义：
1 表示缺陷面积小于或等于100mm×100mm。
2 表示缺陷面积大于100mm×100mm且小于或等于200mm×300mm。
3 表示缺陷面积大于200mm×300mm。
4 表示轮胎花纹深度小于1.6mm。

2. 发动机舱检查项目与扣分标准

发动机舱检查项目共设10个项目的检查（"其他"不计入描述项目），每项检查为3分，选择A不扣分，第40项选择B或C扣15分；第41项选择B或C扣5分；第44项选择 B 扣 2 分，选择 C 扣 4 分；其余各项选择 B 扣 1.5 分，选择 C 扣 3 分。

如检查第 40 项时发现机油有冷却液混入、检查第 41 项时发现缸盖外有机油渗漏，则应在二手车鉴定评估报告或二手车技术状况表的技术状况缺陷描述中分别予以注明，并提示修复前不宜使用。

发动机舱检查共计 20 分，扣光为止，若扣分总和大于 20 分，则得分以 0 计。发动机舱检查项目与扣分标准见表 4-9。

表 4-9 发动机舱检查项目与扣分标准

序号	检查项目	部位代码	A 项	扣分标准	B 项	扣分标准	C 项	扣分标准	扣分	得分
1	机油有无冷却液混入	40	无	0	轻微	15	严重	15		
2	缸盖外是否有机油渗漏	41	无	0	轻微	5	严重	5		
3	前翼子板内缘、散热器框架、横拉梁有无凹凸或修复痕迹	42	无	0	轻微	1.5	严重	3		
4	散热器格栅有无破损	43	无	0	轻微	1.5	严重	3		
5	蓄电池电极桩柱有无腐蚀	44	无	0	轻微	2	严重	4		
6	蓄电池电解液有无渗漏、缺少	45	无	0	轻微	1.5	严重	3		
7	发动机皮带有无老化	46	无	0	轻微	1.5	严重	3		
8	油管、水管有无老化、裂痕	47	无	0	轻微	1.5	严重	3		
9	线束有无老化、破损	48	无	0	轻微	1.5	严重	3		
10	其他	49	只描述缺陷，不扣分							
	总计									

3. 车舱检查项目与扣分标准

车舱检查项目共设 15 个项目的检查（"其他"不计入描述项目）。每个项目设有 A 和 C 两个选项，选择 A 不扣分，第 50 项选择 C 扣 1.5 分；第 51、52 项选择 C 扣 0.5 分；其余项目选择 C 扣 1 分。

如检查第 60 项时发现安全带结构不完整或者功能不正常，则应在二手车鉴定评估报告或二手车技术状况鉴定书的技术状况缺陷描述中予以注明，并提示修复或更换前不宜使用。

车舱检查共计 10 分，扣光为止，若扣分总和大于 10 分，则得分以 0 计。车舱检查项目与扣分标准见表 4-10。

表 4-10 车舱检查项目与扣分标准

序号	检查项目	部位代码	A 项	扣分标准	C 项	扣分标准	扣分	得分
1	车内是否无水泡痕迹	50	是	0	否	1.5		
2	车内后视镜、座椅是否完整、无破损、功能正常	51	是	0	否	0.5		

(续)

序号	检查项目	部位代码	选择项与扣分标准				扣分	得分
			A项	扣分标准	C项	扣分标准		
3	车内是否整洁、无异味	52	是	0	否	0.5		
4	转向盘自由行程转角是否小于15°	53	是	0	否	1		
5	车顶及周边内饰是否无破损、松动及裂缝和污迹	54	是	0	否	1		
6	仪表台是否无划痕,配件是否无缺失	55	是	0	否	1		
7	排挡把手柄及护罩是否完好、无破损	56	是	0	否	1		
8	储物盒是否无裂痕,配件是否无缺失	57	是	0	否	1		
9	天窗是否移动灵活、关闭正常	58	是	0	否	1		
10	门窗密封条是否良好、无老化	59	是	0	否	1		
11	安全带结构是否完整、功能是否正常	60	是	0	否	1		
12	驻车制动系统是否灵活有效	61	是	0	否	1		
13	玻璃窗升降器、门窗工作是否正常	62	是	0	否	1		
14	左、右后视镜折叠装置工作是否正常	63	是		否	1		
15	其他	64	只描述缺陷,不扣分					
总计								

4. 发动机起动检查项目与扣分标准

发动机起动检查共设10项("其他"不计入检查项目),每个项目设有A和C两个选项,选择A不扣分,第65、66项选择C扣2分;第67项选择C扣1分;第68至71项,选择C扣0.5分;第72、73项选择C扣10分。

如检查第66项时发现仪表板指示灯显示异常或出现故障报警,则应查明原因,并在二手车鉴定评估报告或二手车技术状况鉴定书的技术状况缺陷描述中予以注明。

优先选用车辆故障信息读取设备对车辆技术状况进行检测。

发动机起动检查共计20分,扣光为止,若扣分总和大于20分,则得分以0计。发动机起动检查项目与扣分标准见表4-11。

表4-11 发动机起动检查项目与扣分标准

序号	检查项目	部位代码	选择项与扣分标准				扣分	得分
			A项	扣分标准	C项	扣分标准		
1	车辆起动是否顺畅(时间少于5s,或一次起动)	65	是	0	否	2		
2	仪表板指示灯显示是否正常,无故障报警	66	是	0	否	2		

(续)

序号	检查项目	部位代码	选择项与扣分标准 A项	扣分标准	C项	扣分标准	扣分	得分
3	各类灯光和调节功能是否正常	67	是	0	否	1		
4	泊车辅助系统工作是否正常	68	是	0	否	0.5		
5	制动防抱死系统（ABS）工作是否正常	69	是	0	否	0.5		
6	空调系统风量、方向调节、分区控制、自动控制、制冷工作是否正常	70	是	0	否	0.5		
7	发动机在冷、热车条件下怠速运转是否稳定	71	是	0	否	0.5		
8	怠速运转时发动机是否无异响，空挡状态下逐渐增加发动机转速，发动机声音过渡是否无异响	72	是	0	否	10		
9	车辆排气是否无异常	73	是	0	否	10		
10	其他	74	只描述缺陷，不扣分					
	总计							

5. 路试检查项目与扣分标准

路试检查共设10项（"其他"不计入检查项目），每个项目设有A和C两个选项，选择A均不扣分，选择C扣2分。

如果检查第80项时发现制动系统出现制动距离长、跑偏等不正常现象，则应在二手车鉴定评估报告或二手车技术状况表的技术缺陷描述中予以注明，并提示修复前不宜使用。

路试检查共计15分，扣光为止，若扣分总和大于15分，则得分以0计。路试检查项目与扣分标准见表4-12。

表4-12 路试检查项目与扣分标准

序号	检查项目	部位代码	选择项与扣分标准 A项	扣分标准	C项	扣分标准	扣分	得分
1	发动机运转、加速是否正常	75	是	0	否	2		
2	车辆起动前踩下制动踏板，保持5～10s，踏板无向下移动的现象	76	是	0	否	2		
3	踩住制动踏板起动发动机，踏板是否向下移动	77	是	0	否	2		
4	行车制动系统最大制动效能在踏板全行程的4/5以内达到	78	是	0	否	2		

(续)

序号	检查项目	部位代码	选择项与扣分标准 A项	扣分标准	C项	扣分标准	扣分	得分
5	行驶是否无跑偏	79	是	0	否	2		
6	制动系统工作是否正常有效、制动不跑偏	80	是	0	否	2		
7	变速器工作是否正常、无异响	81	是	0	否	2		
8	行驶过程中车辆底盘部位是否无异响	82	是	0	否	2		
9	行驶过程中车辆转向部位是否无异响	83	是	0	否	2		
10	其他	84	只描述缺陷,不扣分					
	总计							

6. 底部检查项目与扣分标准

底部检查共设 8 项("其他"不计入检查项目),每个项目设有 A 和 C 两个选项,选择 A 不扣分,第 85、86 项,选择 C 扣 4 分;第 87、88 项,选择 C 扣 3 分;第 89、90、91 项,选择 C 扣 2 分。

底部检查共计 15 分,扣光为止。底部检查项目与扣分标准见表 4-13。

表 4-13 底部检查项目与扣分标准

序号	检查项目	部位代码	选择项与扣分标准 A项	扣分标准	C项	扣分标准	扣分	得分
1	发动机油底壳是否无渗漏	85	是	0	否	4		
2	变速器箱体是否无渗漏	86	是	0	否	4		
3	转向节臂球销是否无松动	87	是	0	否	3		
4	三角臂球销是否无松动	88	是	0	否	3		
5	传动轴十字轴是否无松旷	89	是	0	否	2		
6	减振器是否无渗漏	90	是	0	否	2		
7	减振弹簧是否无损坏	91	是	0	否	2		
8	其他	92	只描述缺陷,不扣分					
	总计							

7. 功能性零部件检查项目与扣分标准

功能性零部件检查共设 21 项(不限于 21 项,根据各汽车的配置不同,可加减),只需对每个功能性零部件的结构、功能是否坏损进行检查,直接进行缺陷描述,不计分。功能性零部件检查见表 4-14。

表 4-14 功能性零部件检查

序号	检查项目		部位代码	结构、功能是否坏损描述
1	车身外部件	发动机舱盖锁止	93	
2		发动机舱盖液压撑杆	94	
3		后门/行李箱液压支撑杆	95	
4		各车门锁止	96	
5		前后刮水器	97	
6		立柱密封胶条	98	
7		排气管及消声器	99	
8		车轮轮毂	100	
9	驾驶舱内部件	车内后视镜	101	
10		座椅调节及加热	102	
11		仪表板出风管道	103	
12		中央集控	104	
13	随车附件	备胎	105	
14		千斤顶	106	
15		轮胎扳手及随车工具	107	
16		三角警示牌	108	
17		灭火器	109	
18	其他	全套钥匙	110	
19		遥控器及功能	111	
20		音响高低音色	112	
21		玻璃加热功能	113	

4.4.3 五级车(即事故车)的确定

检查汽车车身的13个部位,即车体左右对称性、左A柱、左B柱、左C柱、右A柱、右B柱、右C柱、左前纵梁、右前纵梁、左前减振器悬架部位、右前减振器悬架部位、左后减振器悬架部位、右后减振器悬架部位。

观察这13个车身部位有无事故痕迹,若任一部位有变形、扭曲、更换、烧焊、褶皱5大缺陷,就可确定该车为事故车。

习 题

1. 进行机动车静态检查,需要准备哪些工具和用品?

2. 何谓二手车静态检查？其目的是什么？静态检查包括哪些项目？
3. 如何鉴别走私和拼装车辆？
4. 如何鉴别盗抢车辆？
5. 何谓事故车？如何鉴别碰撞事故车辆？
6. 如何鉴别泡水车辆？
7. 如何鉴别过火车辆？
8. 如何正确检查发动机舱？主要包括哪些项目？
9. 如何正确检查车舱？主要包括哪些项目？
10. 如何正确检查行李舱？主要包括哪些项目？
11. 如何进行车底检查？主要包括哪些项目？
12. 简述轮胎不正常磨损的表现形式及其原因。
13. 何谓汽车动态检查？其目的是什么？主要包括哪些内容？
14. 如何进行汽车路试前的准备工作？
15. 如何正确检查发动机的工作性能？
16. 简述汽车排气3种不正常烟雾的形成原因。
17. 如何正确进行汽车路试检查？
18. 如何正确检查自动挡汽车的自动变速器的工作性能？
19. 路试后要进行哪些检查工作？
20. 为何要利用仪器进行二手车检查？常用检测仪器设备有哪些？
21. 汽车技术状况划分为5个等级的依据是什么？
22. 试对某二手车按六大分项进行技术状况鉴定，得出其总分值，并判断该二手车技术状况的等级。

第5章 重置成本法评估二手车价值

本章要求学生掌握重置成本法的基本原理和特点;掌握重置成本的构成和重置成本的确定方法;掌握车辆实体性贬值、功能性贬值、经济性贬值估算方法;掌握使用年限法、行驶里程法、整车观测法和部件鉴定法(技术鉴定法)确定成新率的方法;掌握成新率调整系数的构成和各系数的选取技巧;并能运用重置成本法对二手车进行价值评估。

重置成本法在二手车价值评估中应用最广,应重点讲解重置成本法的原理,重置成本的确定方法,二手车各种成新率的计算原理,各种陈旧性贬值的含义及计算方法。应注意不同的二手车应选用不同的成新率计算方法,以与二手车的市场价格相适应。

本章教学要点

知识要点	掌握程度	相关知识
重置成本法的基本原理	熟悉重置成本法的定义；掌握重置成本法的计算公式；熟悉重置成本法的特点	重置成本法的定义；重置成本法的4个计算模型；重置成本法的适用情况与局限性
重置成本的估算	熟悉重置成本的构成；熟悉重置成本的确定方法	国产车重置成本的构成、进口车重置成本的构成；加合分析法和物价指数法
车辆贬值的估算	熟悉车辆实体性贬值估算；熟悉车辆功能性贬值估算；了解车辆经济性贬值估算	观察法、使用年限法和修复费用法；一次性功能贬值和营运性功能贬值；利用车辆年收益损失额折现累加计算、通过车辆利用率的变化来估算经济性损耗
成新率的计算方法	掌握使用年限法确定成新率；掌握行驶里程法确定成新率；了解整车观测法确定成新率；了解部件鉴定法（技术鉴定法）确定成新率	等速折旧法和加速折旧法；行驶里程法的计算公式与确定；私用轿车不同技术状况对应的成新率表；部件鉴定法的计算成本公式
成新率调整系数的确定	掌握成新率调整系数的构成；熟悉各系数的选取	成新率调整系数的计算公式；各调整系数的选取方法及权重分配方法
评估实例分析	熟悉计算步骤；掌握计算实例	重置成本法评估二手车价值的基本步骤；6个计算实例

导入案例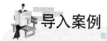

目前，我国的二手车市场处于起步阶段，现行的法规体系、行业诚信、评估体系建设等因素影响并制约着它的快速发展。其中，严重的信息不对称是影响我国二手车市场销售不畅的主要原因，而有效解决这一问题的主要途径是开展二手车评估。二手车价值评估所采用的方法取决于二手车市场的成熟程度。

国外对二手车评估主要采用现行市价法，它是通过比较被评估车辆与最近售出类似车辆的异同，并将类似车辆的市场价格进行调整，从而确定被评估车辆价值的一种方法。这种方法对二手车的评估并不是精确到每一辆，而是使用大量统计的方法，由行业协会定期发布各种车型的机动车价格信息。如美国的 Kelly Blue Book、德国的 DAT、日本的中古车查定士协会等都是较为权威的机动车数据信息发布机构。其数据信息为本国的二手车交易提供了重要的参考价值。

国内对二手车的评估缺乏一套科学合理的评估方法，大多参考一般的资产评估方法，延续了以往那套目测、经验及二手车使用年限等来确定二手车价值的方法。评估人员在进行二手车鉴定评估时，往往没有考虑到二手车本身的特点，评估方法选择较为随意，评估结果不能反映二手车的市场价值，难以为二手车交易提供一个公平合理的价值尺度。总的来说，二手车价值的评估方法可以分为 4 种：现行市价法、重置成本法、收益现值法和清算价格法。现行市价法的应用需要一个充分活跃的二手车市场，有充分的参照物可取。重置成本法主要应用于不易计算车辆未来收益或难以取得市场参照物条件下，充分地考虑车辆的损耗，来对车辆的价值进行评估。收益现值法主要适用于投资营运的车辆。清算价格法主要适用于企业破产、抵押和停业清理时售出的车辆。

目前，我国的二手车市场的发展状况则更适合采用重置成本法来确定二手车的价值。二手车价值是由车辆实体本身的有形价值和以各种手续构成的无形价值两部分构成。影响车辆实体本身的有形价值包括汽车技术状况、车型、车身颜色、行驶里程、已使用年限等因素；以各种手续构成的无形价值包括车辆购置附加税、机动车辆保险费、车船使用税和公路养路费等。另外，二手车价格还受各地区经济发展、市场供求关系及竞争状况等外部条件的影响。

采用改进的重置成本法确定二手车价值，主要是通过二手车的重置成本和成新率确定基本评估价格，再对基本评估价格进行调整。

5.1 重置成本法的基本原理

5.1.1 重置成本法的定义

重置成本法是指以评估基准日的当前条件下重新购置一辆全新状态的被评估车辆所需的全部成本（完全重置成本，简称重置全价），减去该被评估车辆的各种陈旧性贬值后的差额作为被评估车辆评估价格的一种评估方法。也可以先通过被评估二手车与其全新状态相比，测算出其成新率，进行评估。

5.1.2 重置成本法的计算公式

1. 计算模型

重置成本法的计算模型如下

模型一： $P=B-(D_S+D_G+D_J)$

模型二： $P=B\times C$

模型三： $P=B\times C\times K$

模型四： $P=B\times C\times K\times \Phi$

式中，P——被评估车辆的评估值；

　　　B——重置成本；

　　　D_S——实体性贬值；

　　　D_G——功能性贬值；

　　　D_J——经济性贬值；

　　　C——成新率；

　　　K——综合调整系数；

　　　Φ——变现系数。

通过对重置成本法计算公式的分析不难发现，要合理运用重置成本法评估二手车的交易价格，必须正确确定车辆的重置成本、实体性贬值、功能性贬值、经济性贬值和成新率。

2. 重置成本

重置成本是购买一项全新的与被评估车辆相同的车辆所支付的最低金额。按重新购置车辆所用的材料、技术的不同，可把重置成本区分为复原重置成本（简称复原成本）和更新重置成本（简称更新成本）。复原成本是指用与被评估车辆相同的材料、制造标准、设计结构和技术条件等，以现时价格复原购置相同的全新车辆所需的全部成本。更新成本指利用新型材料、新技术标准、新设计等，以现时价格购置被评估车辆功能相同或相似的全新车辆所支付的全部成本。一般情况下，在进行重置成本计算时，如果同时可以取得复原成本和更新成本，应选用更新成本；如果不存在更新成本，则再考虑用复原成本。

3. 各种陈旧性贬值

各种陈旧性贬值一般包括实体性贬值、功能性贬值和经济性贬值。

1) 实体性贬值

实体性贬值也叫有形损耗，是指二手车在存放和使用过程中，因机件磨损和损耗等原因而导致车辆实体发生的价值损耗，亦即由于自然力的作用而发生的损耗。投入交易的二手车一般都不是全新状态的，因此都存在实体性贬值。

2) 功能性贬值

功能性贬值是指由于科学技术和生产力的发展导致的车辆贬值，即无形损耗。这类贬值可能是由于技术进步引起劳动生产率的提高，生产成本降低而造成重新购置一辆全新状态的被评估车辆所需的成本降低而引起的车辆价值的贬值。对于营运车辆，也可能由于技术进步,出现了新的、性能更优的车辆,致使原有车辆的功能、生产率、收益能力相对新车型已经落后而引起其价值贬值。具体表现为原有车辆在完成相同工作任务的前提下,在燃料、人力、配件材料等方面的消耗增加,形成了一部分超额运营成本。

3)经济性贬值

经济性贬值是指由于宏观经济政策、市场需求、通货膨胀、环境保护等外部环境因素的变化所造成的车辆贬值。这些外界因素对车辆价值的影响不仅是客观存在的,而且对车辆价值影响还相当大,在二手车评估中不可忽视。

4. 成新率

对于成新率的确定,在实际评估时,要根据被评估对象的不同情况,选择不同的方法。一般来说,对于重置成本不高的老旧车辆,可采用使用年限法中的等速折旧法,以及行驶里程法来估算其成新率;对于重置成本价值中等的二手车,可采用使用年限法中的等速折旧法估算其成新率;对于重置成本价值高的车辆,可采用部件鉴定法。

5. 二手车变现系数

当对二手车进行价值评估时,还应充分考虑到市场微观经济环境(如某品牌或某车款的热卖度、供求关系、车龄、地区差异、车辆档次或价位等)和政府宏观政策对车辆变现能力的影响,即需考虑二手车的变现系数。

对于轿车,变现系数可按表5-1选取,也可以选用中国汽车流通协会定期发布的二手车变现系数参数参考值。对于大货车、大客车、特种车辆的变现系数需要在实践中探索,目前,还没有参考值。

由于二手车变现系数影响因素很多,估计难度较多,一般在二手车价值评估中省略。

表5-1 轿车变现系数 Φ

已使用时间/月	1~6	7~12	13~18	19~24	25~30	31~36	37~42	43~48	49~54	55~60
变现系数	0.80	0.84	0.86	0.88	0.90	0.92	0.94	0.96	0.98	1.00

注:采用年限法中的加速折旧法求成新率时,此表不适用。

6. 模型的应用

采用模型一,除了要准确了解二手车的重置成本和实体性贬值外,还必须计算其功能性贬值和经济性贬值,而这两者贬值因素要求评估人员对未来影响二手车的营运成本、收益乃至经济寿命有较为准确的把握,否则难以评估二手车的市场价值。

从理论上讲,模型一优于模型二或模型三,这是因为模型一中不仅扣除了车辆的有形损耗,而且扣除了车辆的功能性损耗和经济性损耗,但其实际的可操作性较差,使用困难。

模型二适用于整车观测法和部件鉴定法来估算成新率。

模型三适用于年限法中的加速折旧法来估算成新率。

模型四适用于年限法中的等速折旧法和行驶里程法来估算成新率。

模型二、模型三和模型四中成新率的确定是综合了二手车的各项贬值的结果,具有收集便捷,操作较简单易行,评估理论更贴近机动车实际工作状况,容易被委托人接受等优点,故模型二、模型三和模型四被广泛采用。

5.1.3 重置成本法的特点

1. 适用情况

在二手车的实际评估业务中,一般多采用重置成本法来计算二手车的评估值。这是因为:首先,重置成本的信息资料容易取得;其次,重置成本法充分考虑了车辆的损耗,评估结果更趋于公平合理,且操作相对较简单易行,评估理论贴近二手车的实际。

应当说明的是,要使评估价值与二手车客观存在的价值完全一致,是很难做到的。评估人员的目标或任务应该是努力缩小这两个量之间的差距。

2. 局限性

重置成本法虽然考虑了通货膨胀等经济性贬值的因素、技术进步引起的功能性贬值的因素及实体性贬值的因素,但该方法还是不能较全面地反映资产(车辆)经济性贬值,有的经济性贬值很难估算,如环境政策、心理状态、消费习惯等引起的贬值。此外,如果存在经济性贬值,重置成本法严格说来不可以作为一种独立的方法来使用,必须结合其他评估方法来进行评估,如和收益现值法一起应用。因为按重置成本法得到的二手车价值,低于按折现现金流量计算的二手车价值,这两者之间的差额即为二手车的经济性贬值。若真的结合其他评估方法来进行评估,就会使评估工作比较复杂,工作效率很低,实施起来较困难,不太现实。所以,虽然重置成本法在实际评估工作中广泛应用,但还应从理论上认识清楚,掌握其本质,做到心中有数。

此外,在估算贬值和重置成本(更新重置成本)时,还会有主观上的误差。如果遇到被评估车辆已在市场上消失,取而代之的是更先进的换代新车型,而这种新车型与原有老车型相比,在功能和性能上也会有很大升级。此时两者的差异需要非常专业的分析,准确地确定其价值方面的影响是非常困难的,往往要靠评估人员的经验来判断,而由此产生的误差就比较大。另外,贬值的估算有时受主观因素的影响。上述这些方面会直接影响评估结果的准确度。

5.2 重置成本的估算

5.2.1 重置成本的构成

1. 国产车重置成本的构成

国产二手车的重置成本构成计算方法如下

$$B = B_1 + B_2$$

式中,B——车辆重置成本;

B_1——购置全新车辆的直接成本;

B_2——购置全新车辆的间接成本。

直接成本为现行市价的购买价格,而间接成本是指购车时所支付的购置附加税、牌照费、注册登记手续费、城市道路车辆通行费、车船所用税、保险费等。在二手车评估中,对间接成本是否计入重置成本全价中,有两种不同情况和不同的处置办法。

一种情况，属于所有权转让的经济行为，可只按被评估车辆的现行市场成交价格作为被评估车辆的重置成本全价，其他间接成本(各种规费)就略去不计。另一种情况，各种规费，即间接成本就要计入重置成本全价。若遇到企业合资、合作、联营、合并和兼并等这样一些经济行为时，其重置成本全价的构成，除考虑被评估车辆现行市场购置价格以外，还应考虑上述间接成本，并将其一并计入重置成本全价。

这里要特别指出的是，上述被评估车辆的现行市场成交价为其新车的价格，而不是二手车的成交价。

为什么涉及所有权转让的经济行为，其重置成本全价可以不包括间接成本呢？这主要是根据二手车交易的实际情况来考虑，这类业务属于前述的交易类业务。二手车交易时，买卖双方需求不同，其心理动机也不一样，他们都有各自的政治和经济背景。总之，对于产权转让一类的交易业务，在进行二手车评估、计算重置成本时，就把车辆一些使用环节的税费忽略不计。在实际的二手车评估交易中，也获得了买卖双方的认同。

而属于企业产权变动的经济行为，这类评估为咨询类业务，其重置成本全价就应该把间接成本所包含的各种税费计入其内，这样可防止国有资产的流失。

车辆购置税是对在我国境内购置规定车辆的单位和个人征收的一种税，它由车辆购置附加费演变而来。车辆购置税实行从价定率的办法计算应纳税额，车辆购置税是车价的10%，由于车价中含有17%增值税，则

$$车辆购置税 = \frac{车价}{1.17} \times 购置税税率$$

根据 2008 年修订后的《消费税暂行条例》及《消费税暂行条例实施细则》及财税〔2014〕93 号《财政部 国家税务总局关于调整消费税政策的通知》的规定，购买部分车辆需要交纳消费税，其计算公式为

$$车辆消费税 = \frac{车价}{1.17} \times 消费税税率$$

车辆消费税的税率依发动机排量不同而不同。车辆消费税的税率见表 5-2。

表 5-2 不同车辆消费税的税率

车辆类型		消费税税率/(%)
乘用车	气缸容量(排气量，下同)在 1.0L(含 1.0L)以下的	1
	气缸容量在 1.0L 以上至 1.5L(含 1.5L)的	3
	气缸容量在 1.5L 以上至 2.0L(含 2.0L)的	5
	气缸容量在 2.0L 以上至 2.5L(含 2.5L)的	9
	气缸容量在 2.5L 以上至 3.0L(含 3.0L)的	12
	气缸容量在 3.0L 以上至 4.0L(含 4.0L)的	25
	气缸容量在 4.0L 以上的	40
中轻型商用客车		5
摩托车	气缸容量 250mL(不含)以下的小排量摩托车	0
	气缸容量在 250mL(含 250mL)	3
	气缸容量在 250mL 以上的	10

由于牌照费、注册登记手续费、车船税等费用较少,占汽车重置成本的比例小,一般在实际评估计算中忽略不计。但对上海等城市,由于实行汽车总量控制,车辆牌照费很高,通常可达4万元左右。在这种情况下,由于车辆牌照可以脱离汽车而单独转让,所以在评估汽车时,可以把牌照与汽车分开评估,此时对汽车价值评估也不考虑牌照费。

车辆保险费因车主购买险种不同,其费用相差较大,所以,在评估计算中也不考虑。

在车辆重置成本计算时,一般需要考虑车辆购置税和消费税。

重置成本 B 的简易计算公式为

$$B=车价+车辆购置税+消费税=车价+\frac{车价}{1.17}\times(购置税税率+消费税税率)$$

对于小排量(1.0L以下)汽车,也可忽略车辆消费税,则重置成本 B 的计算公式为

$$B=车价+车辆购置税=车价+\frac{车价}{1.17}\times购置税税率$$

在实际评估计算中,为了使计算简便,通常间接成本只考虑车辆购置税。

2. 进口车重置成本的构成

根据海关税则和收费标准,进口车的重置成本(即现行价格)由以下税费构成

进口车的重置成本=报关价+关税+消费税+增值税+其他费

1) 报关价

报关价即到岸价,又称CIF价格,它与离岸价FOB的关系是

CIF价格=FOB价格+途中保险费+国外运杂费

由于这部分费用是以外汇支付的,所以计算时,需要将报关价格换算成人民币,外汇汇率采用评估基准日的外汇汇率进行计算。

2) 关税

关税的计算方法如下

$$关税=报关价\times关税税率$$

自2006年7月1日起,小轿车的关税税率为25%。

3) 消费税

消费税的计算方法如下

$$消费税=\frac{报关价+关税}{1-消费税税率}\times消费税税率$$

轿车排量不同,消费税率也不同。排量在1.0L以下的为1%,1.0~1.5L的为3%;1.5~2.0L以上的为5%,具体见表5-3。

表5-3 不同类型进口汽车的关税率、消费税率和增值税率

车型	排量 P/L	关税率/(%)	消费税率/(%)	增值税率/(%)
小轿车	$P\leqslant 1.0$	25	1	17
	$1.0<P\leqslant 1.5$	25	3	17
	$1.5<P\leqslant 2.0$	25	5	17
	$2.0<P\leqslant 2.5$	25	9	17
	$2.5<P\leqslant 3.0$	25	12	17

(续)

车型	排量 P/L	关税率/(%)	消费税率/(%)	增值税率/(%)
小轿车	3.0<P≤4.0	25	25	17
	4.0<P	25	40	17
中、轻型商用客车		25	5	17

4)增值税

增值税的计算方法如下

$$增值税=(报关价+关税+消费税)\times 增值税率$$

各种进口增值税率均为17%。

5)其他费

除了上述费用之外,进口车价还包括通关、商检、运输、银行、选装件价格、经销商、进口许可证等非关税措施造成的费用。

不同类型进口汽车的关税率、消费税率和增值税率见表5-3。

【例5-1】 进口奥迪Q5 2.0T FSI Hybrid 2015款SUV的海关到岸价(CIF)为40万元,试确定其重置成本。

解:其重置成本计算如下:

(1)计算关税。关税=到岸价×关税率=40×25%=10(万元)

(2)计算消费税。$消费税=\dfrac{到岸价+关税}{1-消费税率}\times 消费税率=\dfrac{40+10}{1-5\%}\times 5\%=4.35(万元)$

(3)计算增值税。增值税=(到岸价+关税+消费税)×17%=(40+10+4.35)×17%=9.24(万元)

(4)确定重置成本。通常报关、仓储、商检杂费和经销商信用证成本及利润(即其他费)为总费用的8%。

$$重置成本=(到岸价+关税+消费税+增值税)\times(1+8\%)$$
$$=(40+10+4.35+9.24)\times(1+8\%)$$
$$=68.67(万元)$$

即该奥迪Q5的重置成本为68.67万元。

5.2.2 重置成本的确定方法

重置成本的计算在资产评估学中有加合分析法、功能系数法、物价指数法和统计分析法等几种方法。对于二手车评估定价,计算重置成本一般采用加合分析法和物价指数法。

1. 加合分析法

加合分析法也称为直接法和重置核算法,它是按待评估车辆的成本构成,以现行市价为标准,将车辆按成本构成分成若干组成部分,先确定各组成部分的现时价格,然后相加得出待评估车辆的重置全价的一种评估方法。

应指出的是,用加合分析法取得的重置成本,无论是国产车还是进口车,一律采用国内现行市场价作为被评估车辆的重置成本全价。

使用这种方法的关键是获得市场价格资料,对于大、中城市,车辆市场价格资料的取得比较容易。评估师可直接从市场了解相同或类似车辆现行市场新车销售价格。但要注意的是，车辆的市场价格，制造商和销售商，或者是不同的销售商其售价可能是不同的。按替代性原则，在同等条件下，评估人员应选择可能获得的最低市场售价。此外，还可从报纸、杂志上的广告，厂家提供产品目录的价格表，经销商提供的价格目录，网上查询等渠道获取。但在使用上述价格资料时，要注意数据的有效性和可靠性，这是至关重要的。

在获取上述价格资料时，还应注意以下问题。

1）价格的时效性

价格资料和市场信息一般只反映一定时间的价格水平，尤其是机动车价格变化较快、较大，价格稳定期较短。评估师要特别注意价格的时效性，所用资料应能反映评估基准日的价格水平，尽可能地避免使用一些过时的价格资料。

2）价格的地域性

机动车销售价格受交易地点的影响也较大，不同的地区由于市场环境不同，消费水平也有差距，交易条件也不尽相同，所以机动车的售价也不完全一样。评估时，应该使用评估对象所在地的价格资料。若无法获取当地的价格资料，则可参考邻近地区的价格，但要进行价格差的修正。有时，一些县城机动车价格，比大城市同样车型的价格还要高一些，这是正常的，不要主观认为县、市的机动车价格，就一定比大城市的价格低。使用价格资料要实事求是。

3）价格的可靠性

评估师有责任对使用的价格资料的可靠性作出判断。一般从网上及其他公共媒体获得的价格资料只能属于参考价格。使用这些资料，评估人员应以审慎的态度进行必要的核实。而从汽车销售市场直接获得的现时价格，可靠性相对较高。

2. 物价指数法

1）计算原理

物价指数法也叫价格指数法，是指根据已掌握历年来的价格指数，在二手车原始成本的基础上，通过现时物价指数确定其重置成本。其计算公式为

$$B = B_Y \times \frac{I_1}{I_2}$$

或

$$B = B_Y \times (1 + \lambda)$$

式中，B——车辆重置成本；

B_Y——车辆原始成本；

I_1——车辆评估时物价指数；

I_2——车辆购买时物价指数；

λ——车辆价格变动指数。

物价指数通常用百分数来表示，以100%为基础。当物价指数大于100%时，表明物价上涨；物价指数低于100%时，表明物价下降。

物价指数又分定基物价指数和环比物价指数。

2）用定基物价指数确定重置成本

定基物价指数是以固定时期为基期的指数，也常用百分比来表示。下面举例说明如何用定基物价指数来计算重置成本（某机动车的定基物价指数见表5-4）。

表 5-4 某机动车的定基物价指数

年份	2004	2005	2006	2007	2008	2009	2010	2011	2012	2013	2014	2015
定基物价指数	100	103	106	108	110	112	118	121	122	125	127	130

【例 5-2】 某汽车 2012 年购置，原始成本（购买价）为 10.8 万元。2015 年的物价指数为 130，计算该车 2015 年的重置成本。

解：按定基物价指数确定重置成本，由表 5-4 知，2012 年的物价指数为 122，则 2015 年该车的重置成本

$$B = B_Y \times \frac{I_1}{I_2} = 10.8 \times \frac{130}{122} = 11.5 (万元)$$

即该车的重置成本为 11.5 万元。

3）用环比物价指数确定重置成本

环比物价指数是以上一期的物价指数为基期的指数，如果环比期以年为单位，则环比物价指数表示该机动车当前年比上年的价格变动幅度。通常也用百分比来表示。现将表 5-4 中的定基物价指数改用环比物价指数来表示，则其环比物价指数见表 5-5。

表 5-5 某机动车的环比物价指数

年份	2004	2005	2006	2007	2008	2009	2010	2011	2012	2013	2014	2015
定基物价指数	100	103	106	108	110	112	118	121	122	125	127	130
环比物价指数	—	103	102.9	104.9	104.9	106.8	110.5	109.5	111.4	122.2	103.9	125.1

采用环比物价指数来计算重置成本的计算公式为

$$B = B_Y \times (I_1^0 \times I_2^1 \times I_3^2 \times \cdots \times I_n^{n-1})$$

式中，I_n^{n-1}——前 $n-1$ 年的环比物价指数。

现举例说明环比物价指数的应用。

【例 5-3】 用环比物价指数来计算例 5-2 中汽车的重置成本。

解：按采用环比物价指数来计算重置成本，2015 年该车的重置成本

$$B = B_Y \times (I_1^0 \times I_2^1 \times I_3^2)$$
$$= 10.8 \times (122.2\% \times 103.9\% \times 125.1\%) \approx 17.2 (万元)$$

即该车的重置成本为 17.2 万元。

从上述计算结果分析，用定基指数和用环比指数计算机动车的重置成本，其结果有时相差很大，这可能是由于该机动车的定基物价指数或环比物价指数确定不准，需要重新调查此数据。

4）物价指数的获取

物价指数反映不同时期机动车价格变动的程度。评估人员可以参考政府有关部门、世界银行、保险公司公布的统计资料，也可以根据所掌握的价格资料测算，但使用时应区分定基指数和环比指数。

5）应用物价指数法应注意的问题

如果被评估车辆是已淘汰的产品，或是进口车辆，查询不到现时市场价格时，用物价指数法来确定重置成本，是一种很好的办法。但一定要检查车辆的账面原值，若购买的原

值不知道,或不准确,则不能用物价指数法。

车辆价格变动指数是通过掌握的车辆历年的价格指数,找出车辆价格变动趋势和速度的指标。

车辆价格变动指数的取得和选择与被评估车辆已使用年限相适应,是近期5年内市场占有率为前3名的品牌车型,分别以现时购买车价与原始购买车价之比的算术平均值作为车辆价格变动指数。

车辆价格变动指数要尽可能选用有法律依据的国家统计部门或物价管理部门及政府机关发布和提供的数据,也可以取自中国汽车流通协会定期发布或有权威性的国家政策部门所管辖单位的数据,不能选用无依据或来源不明的数据。

一般来说,物价指数并不能反映技术的先进性。所以,物价指数法不能运用于更新重置成本,也不能提供任何衡量复原重置成本和更新重置成本差异的依据。

5.3 车辆贬值的估算

5.3.1 车辆实体性贬值估算

二手车的实体性贬值是由于使用和自然力损耗形成的贬值,也称为有形损耗或有形值,其数学公式表达为

$$D_P = B \times \lambda$$

式中,D_P——车辆实体性贬值;
B——车辆重置成本;
λ——实体性贬值率(或有形损耗率)。

重置成本B已在前面进行了叙述,只要确定实体性贬值率λ,就可以求得实体性贬值D_P。确定实体性贬值率λ一般可以采取观察法、寿命比较法和修复费用法3种方法进行估算。

1. 观察法

观察法也称成新率法,指二手车价格评估人员根据自己专业知识和工作经验,通过对二手车实体各主要部件进行观察及使用仪器测量等方式进行技术鉴定,并综合分析车辆的设计、制造、使用、磨损、维护、修理、大修理、改装情况和经济寿命等因素,将评估对象与其全新状态相比较,从而判断被评估汽车的实体性贬值的一种方法。

观察法对二手车技术状况的描述非常简明扼要,为了帮助评估人员更好地掌握二手车实体性贬值的评估,下面给出一个参考国家有关评估协会的车辆实体状态与贬值率之间的对应关系且结合二手车的实际情况而编制的贬值率参数表,即表5-6,供评估人员学习和理解,或在实际评估工作中参考使用。

表5-6 实体性贬值率参考表

等级	车 辆 状 况	贬值率λ/(%)
全 新	全新车,待出售,尚未使用,状态极佳	0
		5

(续)

等级	车辆状况	贬值率 λ/(%)
很好	车辆很新，只轻微使用过，无需任何修理或换件	10
		15
良好	半新车辆，但经过维修或更换一些易损件，状态良好，故障率很低，可随时出车使用	20
		25
		30
		35
一般	车辆已陈旧，需要进行某些修理或更换一些零部件，才能恢复原设计性能，在用状况良好，外观中度受损，但恢复情况良好	40
		45
		50
		55
		60
尚可使用	处于可运行状态的旧车，需要大量修理或更换零部件。故障率上升，可靠性下降，外观油漆脱落，锈蚀程度明显，技术状况较差	65
		70
		75
		80
状况不良	经过多次修理的老旧车辆，需大修并更换运动机件或主要结构件后，方可运行	85
		90
报废	除了基本材料的废品回收价值外，已达规定使用年限，车辆已丧失使用功能	95
		100

通过对二手车的简单观察来判断其所处的技术状况及贬值率往往不够准确，其准确性很大程度取决于评估人员的专业水平和实际评估经验。若要提高判断的准确性，可采用专家判断法和德尔菲法。但这两种方法涉及的专家较多，费时、费力，花费也较大，效率低，不适合二手车的鉴定评估。

2. 寿命比较法

寿命比较法又称为使用年限法或行驶里程法，是从使用寿命的角度来估算车辆实体性贬值率，即通过确定被评估汽车已使用寿命期与该车辆规定使用寿命期来确定二手车实体性贬值或有形损耗。其计算公式表达为

$$\lambda = \frac{T_1}{T} \times 100\%$$

式中，λ——实体性贬值率(或有形损耗率)；
T_1——已使用寿命期；
T——规定使用寿命期。

机动车的使用寿命可用时间和行驶里程来表示，我国颁布的《机动车强制报废标准规

定》限定了汽车的使用年限和行驶里程，只要使用达到规定年限或行驶里程，车辆就要报废(不考虑延长期)。因此，只要确立了汽车的规定使用年限和里程及已使用年限和里程，就可计算出汽车的实体性贬值率。故计算公式中的 T_1 及 T 的单位可以是"年"，也可以是"千米"。但是，目前在我国的二手车评估中，一般均采用年限来表示已使用寿命和规定使用寿命。

现举例说明如何用寿命比较法计算汽车的实体性贬值率。

【例 5-4】 某一家用轿车其规定使用年限为 15 年，已使用 5 年，计算其实体性贬值率 λ。

解：该轿车的实体性贬值率 λ 为

$$\lambda = \frac{T_1}{T} \times 100\%$$

$$= \frac{5}{15} \times 100\% \approx 33.3\%$$

该轿车的实体性贬值率为 33.3%。若此车的重置成本 B 为 10 万元，则该轿车的实体性贬值额为

$$D_P = B \times \lambda = 10 \times 33.3\% = 3.33(万元)$$

若该轿车只考虑其实体性贬值，不考虑其他的贬值，则其现有价值仅为 6.67 万元。

3. 修复费用法

修复费用法也叫功能补偿法，通过确定被评估汽车恢复原有的技术状态和功能所需要的费用补偿，来直接确定二手车的有形损耗。

5.3.2 车辆功能性贬值估算

车辆功能性贬值包含一次性功能贬值和营运性功能贬值。

1. 一次性功能贬值的估算

从理论上讲，同样的车辆其复原重置成本与更新重置成本之差即是该车辆的一次性功能贬值。但在实际工作中，具体计算某车的复原重置成本是比较困难的，因此，对目前在市场上能购买到的且有制造厂家继续生产的全新车辆，一般就用更新重置成本(市场价)考虑其一次性功能贬值。如果待评估车辆的型号是现已停产或已淘汰的车型，这样就没有实际的市场价格，只能采用参照车辆的价格用类比的方法来估算。参照车辆一般采用替代型号的车辆。这些替代型号的车辆其功能通常比原车型有所改进和增加，故其价值通常会比原车型的价格要高(功能性贬值大时，价格也可能降低)。故在与参照车辆比较，用类比法对原车型进行价值评估时，一定要了解参照车辆在功能方面改进或提高的情况，再按其功能变化情况测定原车辆的价值。

2. 营运性功能贬值的估算

测定营运性功能贬值时，首先选定参照车辆，并与参照车辆进行比较，找出营运成本有差别的内容和差别的量值；然后确定原车辆尚可继续使用的年限和应上缴的所得税率及折现率，通过计算超额收益或成本降低额算出营运性功能贬值。

【例 5-5】 某一被评估车辆甲，其出厂时的燃料经济性指标为百公里耗油量 28L，平

均每年维修费用为 3 万元。以目前新出厂的同型车辆乙为参照车辆,该车出厂时燃料经济性指标为百公里耗油量 23L,平均每年维修费用为 2.5 万元。如果甲、乙两车在营运成本的其他支出项目方面大致相同,被评估车辆尚可使用 5 年,每年平均出车日为 300 天,每日营运 150km,所得税率为 33%,适用的折现率为 10%,试估算被评估车辆的营运性功能损耗(燃油价格取为 2.2 元/L)。

解:根据上述资料,对被评估车辆的功能性损耗估算如下。

(1) 被评估车辆每年油料的超额费用为

$$(28-23) \times 2.2 \times \frac{150}{100} \times 300 = 4950(元)$$

(2) 被评估车辆每年维修的超额费用为

$$30000 - 25000 = 5000(元)$$

(3) 被评估车辆的年超额营运成本为

$$4950 + 5000 = 9950(元)$$

(4) 被评估车辆的年超额营运成本的净额为

$$9950 \times (1 - 33\%) = 6666.5(元)$$

(5) 将被评估车辆在剩余使用年限内的年超额营运成本净额折现累加,估算其功能性损耗为

$$6666.5 \times \frac{(1+10\%)^5 - 1}{10\%(1+10\%)^5} = 6666.5 \times 3.7908 \approx 25271(元)$$

5.3.3 车辆经济性贬值估算

二手车评估中所涉及的经济性损耗(贬值)也是无形损耗的一种,是由车辆以外的各种因素所造成的损耗(贬值)。这样的例子可以举出很多,例如由于车辆排放标准要求的提高,同一车辆的排放水平在过去可能被认为是可以接受的,但却无法满足现行排放标准的要求。这一标准对车辆的所有者来讲就是制约,除非达到规定的要求,否则车辆就无法继续使用。因此,对车辆的所有者而言,不管是采取措施力求达到标准,还是使车辆被迫停用,都需花费成本,这一成本从评估的角度上看便是经济损耗。诸如此类,概括地讲,外部因素不论多少,对车辆价值的影响无外乎是造成营运成本上升,或是导致车辆闲置。

对于营运性车辆来讲,通常采用以下两种方式计算其经济性损耗:一种是利用车辆年收益损失额折现累加计算;另一种是通过车辆利用率的变化来估算。

1. 利用年收益损失额折现累加计算

如果由于外界因素变化,导致车辆营运收益的减少或投入成本的增加,可直接按车辆继续使用期间每年的收益损失额折现累加,以求得车辆的经济性损耗。用数学式表示为

$$车辆的经济性损耗 = 车辆年收益损失额 \times (1-所得税率) \times \frac{(1+i)^n - 1}{i(1+i)^n}$$

使用上述公式应注意,年收益损失额只能根据外界因素来计算,不能把因技术落后等自身因素所造成的收益损失额归入此类。

【例 5-6】 某人欲出售一辆已使用了 5 年的出租车。由于国家行业政策及检测标准的变化，目前每年较过去平均需增加投入成本 3000 元，方能满足有关的规定要求。试估算该出租车的经济性损耗。

解： 根据国家规定，出租车的使用年限为 8 年。从购车登记日起，至该车的评估基准日止，该车已使用年限为 5 年。该车的剩余使用年限为 3 年。

取所得税率为 33%，适用的折现率为 10%，则车辆的经济性损耗

$$车辆的经济性损耗 = 3000 \times (1-33\%) \times \frac{(1+10\%)^3-1}{10\%(1+10\%)^3}$$
$$= 3000 \times 67\% \times 2.4869$$
$$\approx 5000(元)$$

2. 通过车辆利用率的变化估算经济性损耗

如果由于外部因素的影响，导致车辆的利用率下降，可按照以下公式估算车辆的经济性损耗率

$$车辆经济性损耗率 = \left[1 - \left(\frac{车辆的实际工作量}{车辆的正常工作量}\right)^x\right] \times 100\%$$

式中，x——规模效益指数（$0 < x < 1$）。

其调整计算的结果，说明车辆的运输量与投入成本之间并非呈线性关系。当车辆的运输量降至正常运输量的一半时，其投入成本却不会也降至正常投入成本的一半。x 一般为 0.6~0.7。

在确定了车辆的经济性损耗率后，可按照以下公式计算车辆的经济性损耗

车辆的经济损耗 =（重置成本 - 有形损耗 - 功能性损耗）× 经济性损耗率

【例 5-7】 由于某行业企业生产普遍不景气，工作量不足，某专用汽车的利用率仅为正常工作量的 70%。而且在该汽车的剩余使用年限内，这种情况也不会有所改变。经评估，该汽车的重置成本为 35 万元，成新率为 65%，功能性损耗可忽略不计。试估算该车辆的经济性损耗。

解： 具体估算过程如下：

（1）计算车辆的经济性损耗率。

$$车辆的经济性损耗率 = (1-0.7^x) \times 100\%$$

取 $x=0.7$，则车辆的经济性损耗率 $=(1-0.7^{0.7}) \times 100\% = 22\%$

（2）车辆扣除有形损耗和功能性损耗后的价值为

$$350000 \times 65\% = 227500(元)$$

（3）车辆的经济性损耗为

$$227500 \times 22\% = 50050(元)$$

5.4 成新率的计算方法

成新率是反映二手车新旧程度的指标。二手车成新率是表示二手车的功能或使用价值占全新机动车的功能或使用价值的比率。也可以理解为二手车的现时状态与机动车全新状

态的比。

机动车的有形损耗率与机动车的成新率的关系是
$$C = 1 - \lambda$$
或
$$\lambda = 1 - C$$
式中，C——成新率；

λ——有形损耗率。

在二手车鉴定估价的实践中，重置成本法是二手车价值评估的常选办法，要想较为准确地评估车辆的价值，成新率的确定是关键。如何科学、准确地确定成新率，是二手车评估中的重点和难点。因为成新率的确定不仅需要根据一定的客观资料和检测手段，而且在很大程度上依靠评估人员的学识和评估经验，成新率的估算方法应根据二手车的新旧程度、技术状况价值高低等情况进行选择估算方法，如使用年限法、行驶里程法、整车观测法、技术鉴定法和部件鉴定法等。

5.4.1 使用年限法确定成新率

使用年限法确定成新率通常采用等速折旧法和加速折旧法。

1. 等速折旧法

采用等速折旧法估算二手车成新率的计算公式为
$$C_D = \left(1 - \frac{Y}{G}\right) \times 100\%$$
式中，C_D——等速折旧法成新率；

G——规定使用年限，即机动车的使用寿命；

Y——已使用年限，是指机动车从登记日期开始到评估基准日所经历的时间。

此公式使用的前提是车辆运行在（磨损理论的）正常磨损阶段；处于（在疲劳寿命期限内）正常运转状态。

规定使用年限，即机动车的使用寿命，按《机动车强制报废标准规定》中的使用年限确定，对于无规定使用年限的汽车（如非营运的微型客车、小型客车、大型轿车），则按 15 年计算，超过 15 年的按实际年限计算。

【例 5-8】 某辆轻型载货汽车已使用了 5 年，试用等速折旧法计算其成新率。

解：根据《机动车强制报废标准规定》，轻型载货汽车的规定使用年限为 15 年，即 $G = 15$，$Y = 5$，则其成新率为
$$C_D = \left(1 - \frac{Y}{G}\right) \times 100\% = \left(1 - \frac{5}{15}\right) \times 100\% = 66.7\%$$
即该轻型载货汽车的成新率为 66.7%。

【例 5-9】 某辆小型旅游客车已使用 3 年 2 个月，试用等速折旧法计算其成新率。

解：根据《机动车强制报废标准规定》，小型旅游客车的规定使用年限为 10 年，即 $G = 10$ 年 $= 120$ 个月，$Y = 3$ 年 2 个月 $= 38$ 个月，则其成新率为
$$C_D = \left(1 - \frac{Y}{G}\right) \times 100\% = \left(1 - \frac{38}{120}\right) \times 100\% = 68\%$$
即该小型旅游客车的成新率为 68%。

运用使用年限法估算二手车成新率需注意以下两点。

（1）使用年限是代表车辆运行或工作量的一种计量，这种计量是以车辆的正常使用为前提的，包括正常的使用时间和正常的使用强度。在实际评估过程中，应非常注意车辆的实际已使用时间，而不是简单的日历天数，同时也要考虑其实际使用强度。

（2）已使用年限不是指会计折旧中已计提折旧年限。规定使用年限也不是指会计折旧年限。

等速折旧法方法简单，容易操作，一般用于价值不高的二手车价格的评估。

2. 加速折旧法

加速折旧法一般采用年份数求和法和双倍余额递减法。

1）年份数求和法

年份数求和法是指每年的折旧额可用车辆原值减去残值的差额乘以一个逐年变化的递减系数来确定的一种方法。

年份数求和法估算二手车成新率的计算公式为

$$C_F = \left[1 - \frac{2}{G(G+1)}\sum_{n=1}^{Y}(G+1-n)\right] \times 100\%$$

或

$$G_F = \frac{\sum_{n=1}^{Y} n}{\sum_{n=1}^{G} n} \times 100\%$$

式中，C_F——年份数求和法成新率。

对于不足1年部分，应按十二分之几折算，而不应化成月份。如3年9个月中3年按年计算，9个月按第3年与第4年成新率之差的9/12计算。二手车价值评估中通常不计算不足1个月的天数折旧。例如，汽车已使用a年b个月时，其成新率的计算公式为

$$C_{(a,b)} = C_a - \frac{C_a - C_{a+1}}{12} \times b$$

【例5-10】 某小型出租车，已使用了3年，试用年份数求和法计算其成新率。

解：根据《机动车强制报废标准规定》，小型出租车的规定使用年限为8年，即$G=8$，$Y=3$。则其成新率为

$$C_F = \left[1 - \frac{2}{G(G+1)}\sum_{n=1}^{Y}(G+1-n)\right] \times 100\%$$

$$= \left[1 - \frac{2}{8 \times 9}\sum_{n=1}^{3}(8+1-n)\right] \times 100\% = 41.7\%$$

即此小型出租车的成新率为41.7%。

【例5-11】 某辆中型出租车已使用3年5个月，试用年份数求和法计算其成新率。

解：根据《机动车强制报废标准规定》，中型出租车的规定使用年限为10年，即$G=10$。由于有不足一年的月份，成新率应分两步计算。

已使用3年($Y=3$)的成新率为

$$C_3 = \left[1 - \frac{2}{10 \times 11}\sum_{n=1}^{3}(10+1-n)\right] \times 100\% = 50.9\%$$

已使用4年($Y=4$)的成新率为

$$C_4 = \left[1 - \frac{2}{10 \times 11} \sum_{n=1}^{4}(10+1-n)\right] \times 100\% = 38.2\%$$

则已使用 3 年 5 个月的成新率为

$$C_{(3,5)} = C_3 - \frac{C_3 - C_4}{12} \times 5 = 50.9\% - \frac{50.9\% - 38.2\%}{12} \times 5 = 45.6\%$$

即该中型出租车的成新率为 45.6%。

2) 双倍余额递减法

余额递减折旧法是指任何年的折旧额用现有车辆原值乘以在车辆整个寿命期内恒定的折旧率，接着用车辆原值减去该年折旧额作新的原值，下一年重复这一算法，直到折旧总额分摊完毕。在余额递减中所使用的折旧率，通常大于直线折旧率，当使用的折旧率为直线折旧率的二倍时，称为双倍余额递减法。

双倍余额递减法计算二手车成新率的计算公式如下

$$C_S = \left(1 - \frac{2}{G}\right)^Y \times 100\%$$

或

$$C_S = \left[1 - \frac{2}{G} \sum_{n=1}^{Y}\left(1 - \frac{2}{G}\right)^{n-1}\right] \times 100\%$$

式中，C_S——双倍余额递减法成新率。

同样，在使用双倍余额递减法时，已使用年限和规定使用年限按年数计算，不足一年的部分按十二分之几折算，而不应化成月份。

【例 5-12】 某小型出租车，已使用了 3 年，试用双倍余额递减法计算其成新率。

解：根据《机动车强制报废标准规定》，小型出租车的规定使用年限为 8 年，即 $G=8$，$Y=3$。则其成新率为

$$C_S = \left(1 - \frac{2}{8}\right)^3 = 42.19\%$$

即此小型出租车的成新率为 42.19%。

【例 5-13】 某危险品运输车已使用 3 年 5 个月，试用双倍余额递减法计算其成新率。

解：根据《机动车强制报废标准规定》，危险品运输车的规定使用年限为 10 年，即 $G=10$。由于有不足一年的月份，成新率应分两步计算。

已使用 3 年（$Y=3$）的成新率为

$$C_3 = \left(1 - \frac{2}{10}\right)^3 = 51.20\%$$

已使用 4 年（$Y=4$）的成新率为

$$C_4 = \left(1 - \frac{2}{10}\right)^4 = 40.96\%$$

则已使用 3 年 5 个月的成新率为

$$C_{(3,5)} = C_3 - \frac{C_3 - C_4}{12} \times 5 = 51.20\% - \frac{51.20\% - 40.96\%}{12} \times 5 = 46.93\%$$

即此危险品运输车的成新率为 46.93%。

不同折旧法下几种使用年限的汽车年限成新率见表 5-7。在目前的市场环境下，汽车的实际折旧呈加速状态，所以等速折旧法一般是不能采用的。

表 5-7　不同折旧法下的汽车年限成新率　　　　　　　　　　　　（%）

已使用年限	规定使用年限 15 年			规定使用年限 10 年			规定使用年限 8 年		
	等速折旧法	加速折旧法		等速折旧法	加速折旧法		等速折旧法	加速折旧法	
		年数求和法	双倍余额递减法		年数求和法	双倍余额递减法		年数求和法	双倍余额递减法
1	93.33	87.50	86.67	90.00	81.82	80.00	87.50	77.78	75.00
2	86.67	75.83	75.11	80.00	65.46	64.00	75.00	58.34	56.25
3	80.00	65.00	65.10	70.00	50.91	51.20	62.50	41.67	42.19
4	73.33	55.00	56.42	60.00	38.18	40.96	50.00	27.78	31.64
5	66.67	45.83	49.89	50.00	27.27	32.77	37.50	16.67	23.73
6	60.00	37.50	42.38	40.00	18.18	26.21	25.00	8.34	17.80
7	53.33	30.00	36.73	30.00	10.91	20.97	12.50	2.78	13.35
8	46.67	23.33	31.83	20.00	5.46	16.78	0	0	10.01
9	40.00	17.50	27.58	10.00	1.82	13.42			
10	33.33	12.50	23.91	0	0	10.74			
11	26.67	8.33	20.72						
12	20.00	5.00	17.96						
13	13.33	2.50	15.56						
14	6.67	0.83	13.49						
15	0	0	11.69						

5.4.2　行驶里程法确定成新率

行驶里程法计算二手车成新率的计算公式如下

$$C_X = \left(1 - \frac{L_1}{L_2}\right) \times 100\%$$

式中，C_X——行驶里程法成新率；
　　　L_1——机动车累计行驶里程数（km）；
　　　L_2——机动车报废标准规定的行程里程数（km）。
此公式使用前提是车辆使用强度大，累计行驶里程数超过年平均行驶里程。
年平均行驶里程按下式计算

$$L = \frac{L_2}{T}$$

式中，L——年平均行驶里程（km/年）；
　　　L_2——机动车报废标准规定的行驶里程数（km）；

T——机动车报废标准规定的使用年数,年。

根据《机动车强制报废标准规定》,达到下列行驶里程的机动车,要引导报废。

(1) 小、微型出租客运汽车行驶 60 万 km,中型出租客运汽车行驶 50 万 km,大型出租客运汽车行驶 60 万 km。

(2) 租赁载客汽车行驶 60 万 km。

(3) 小型和中型教练载客汽车行驶 50 万 km,大型教练载客汽车行驶 60 万 km。

(4) 公交客运汽车行驶 40 万 km。

(5) 其他小、微型营运载客汽车行驶 60 万 km,中型营运载客汽车行驶 50 万 km,大型营运载客汽车行驶 80 万 km。

(6) 专用校车行驶 40 万 km。

(7) 小、微型非营运载客汽车和大型非营运轿车行驶 60 万 km,中型非营运载客汽车行驶 50 万 km,大型非营运载客汽车行驶 60 万 km。

(8) 微型载货汽车行驶 50 万 km,中、轻型载货汽车行驶 60 万 km,重型载货汽车(包括半挂牵引车和全挂牵引车)行驶 70 万 km,危险品运输载货汽车行驶 40 万 km,装用多缸发动机的低速货车行驶 30 万 km。

(9) 专项作业车、轮式专用机械车行驶 50 万 km。

(10) 正三轮摩托车行驶 10 万 km,其他摩托车行驶 12 万 km。

但由于在实际使用过程中,因各种因素导致更改行驶里程数。因此,在评估过程中,评估人员必须能够准确识别里程数是否被更改,否则,评估结果可能会发生失误。

【例 5-14】 某私用凯越乘用车,已行驶了 15 万 km,试用行驶里程法确定成新率。

解: 根据《机动车强制报废标准规定》,小、微型非营运载客汽车的规定行驶为 60 万 km,即 $L_1=15$,$L_2=60$。则其成新率为

$$C_X = \left(1 - \frac{L_1}{L_2}\right) \times 100\% = \left(1 - \frac{15}{60}\right) \times 100\% = 75\%$$

即此凯越乘用车的成新率为 75%。

最近几年我国各类汽车年平均行驶里程见表 5-8。

表 5-8 我国各类汽车年平均行驶里程

汽车类别	年平均行驶里程/万 km
微型、轻型货车	3~5
中型、重型货车	6~10
私家车	1~3
行政、商务用车	3~6
出租车	10~15
租赁车	5~8
旅游车	6~10
中、低档长途客运车	8~12
高档长途客运车	15~25

5.4.3 整车观测法确定成新率

整车观测法是指二手车评估人员凭职业经验、靠感觉(视觉、听觉、触觉)或借助检测工具,对鉴定车辆的状态和损耗程度做出职业判断、分级,以确定成新率的一种方法。私用轿车不同技术状况对应的成新率见表5-9。

表5-9 私用轿车不同技术状况对应的成新率

车辆等级	车况定义	技术状况描述	成新率/(%)
1	很新	登记未超过1年(即≤1年),行驶里程≤2万km,没有缺陷,没有修理和买卖的经历	95
			90
2	很好	登记未超过3年(即≤3年),行驶里程≤6万km,轻微不明显的损伤,漆面、车身和内部仅有小的瑕疵,没有机械问题,无需更换部件或进行任何修理,无不良记录	85
			80
			75
3	良好	登记未超过5年(即≤5年),行驶里程≤10万km,重新油漆的痕迹是好的,机械部分及易损件已更换,在用状态良好,故障率低,可随时出车使用	70
			65
			60
			55
4	一般	行驶里程≤16万km,有一些机械方面的明显缺陷,需要进行某些修理或换一些易损部件,可以随时出车,但动力性下降,油耗增加	50
			45
			40
			35
5	尚可使用	处于运行状态的旧车,油漆晦暗,锈蚀严重,有多处明显的机械缺陷,可能存在不容易修复的问题,需要维修较多的换件,可靠性很差,使用成本增加	30
			25
			20
			15
6	待报废处理	基本到达或到达使用年限,通过《机动车安全技术条件》检查,能使用但不能正常使用,动力性、经济性、可靠性下降,燃料费、维修费、大修费用增长速度快,车辆效益与支出基本持平、甚至下降,排放污染和噪声污染达到极限	10
			6
			4
7	报废	使用年限已达到报废期,只有基本材料的回收价值	2
			0

5.4.4 技术鉴定法确定成新率

技术鉴定成新率是指二手车评估人员对二手进行技术观察和技术检测的基础上,判定二手车的技术状况,再以评分来确定成新率的一种方法。

根据(GB/T 30323—2013)《二手车鉴定评估技术规范》，技术鉴定成新率由车身外观部位、发动机舱检查、驾驶舱(车舱)检查、发动机起动检查、车辆路试检查、底盘检查、功能性零部件检查 7 个项目构成，其中功能性零部件检查不计分值，各部件的总分值见第 4 章相关内容。技术鉴定成新率(C_j)计算公式为

$$C_j = \frac{K_w + K_f + K_j + K_q + K_l + K_d}{100}$$

式中，K_w——车身外观部位检查的分值；

K_f——发动机舱检查的分值；

K_j——驾驶舱(车舱)检查的分值；

K_q——发动机起动检查的分值；

K_l——车辆路试检查的分值；

K_d——底盘检查的分值。

5.4.5 部件鉴定法确定成新率

部件鉴定法是在确定二手车各组成部分的技术状况的基础上，按其组成部分对整车的重要性和价值量的大小来加权评分，最后确定成新率的一种方法。

采用部件鉴定法估算二手车成新率的计算成本公式如下

$$C_B = \sum_{i=1}^{n} \Delta_i \cdot \beta_i$$

式中，C_B——部件鉴定法二手车成新率；

Δ_i——二手车第 i 项部件的成新率；

β_i——二手车第 i 项部件价值权重。

部件鉴定法的基本步骤如下。

(1) 先将车辆分成几个部分的总成部件，见表 5-10，再根据各总成部件的建造成本、车辆建造成本的比例，按一定百分比来确定权重。

(2) 全新车辆对应的功能标准为满分 100 分，其功能完全丧失为 0 分，再根据各总成、部件的技术状况估算各总成部件的成新率。

(3) 将各总成部件的成新率与权重相乘，即得到各总成部件的权分成新率。

(4) 最后将各总成部件权分成新率相加，即得被评估车辆的成新率。

表 5-10 机动车总成、部件价值权重分配

总 成 名 称	权重/(%)		
	轿车	客车	货车
发动机及离合器总成	25	28	25
变速器及传动轴总成	12	10	15
前桥及转向器前悬架总成	9	10	15
后桥及后悬架总成	9	10	15
制动系统	6	5	5

(续)

总成名称	权重/(%)		
	轿车	客车	货车
车架总成	0	5	6
车身总成	28	22	9
电器仪表系统	7	6	5
轮胎	4	4	5

由于在不同种类、档次的车辆上，各组成部分对整车的重要性及其价值占整车的比例各不相同，有些类型车辆之间相差还很大。因此表5-4的定基物价指数只能供评估人员参考，不可作为唯一标准。在实际评估时，应根据车辆各部分价值量占整车价值的比例，调整各部分的权重。

用部件鉴定法计算的加权成新率时，部件成新率的取值一般不能超过采用公式计算得出的整车成新率。

采用部件分析法时车辆各组成部分权重难以掌握，特别是各种车型及各种品牌，其车辆各组成部分权重也是不同的，因此它费时费力。但评估值更接近客观实际，可信度高。因为它既考虑了二手车实体性损耗，同时也考虑了二手车维修换件会增大对于车辆的价值。这种方法一般用于价值较高的二手车评估。

5.5 综合调整系数的确定

5.5.1 综合调整系数的构成

对于采用年限法和行驶里程法计算成新率时，还应考虑二手车的技术状况对成新率的影响，影响二手车成新率的主要因素有车辆技术状况、使用和维修状态、原始制造质量、工作性质、工作条件5个方面。为此，综合调整系数由5个方面构成，但这5个方面因素的影响权重是不同的，根据经验分别取为30%、25%、20%、15%和10%。则综合调整系数的计算公式如下

$$K = K_1 \times 30\% + K_2 \times 25\% + K_3 \times 20\% + K_4 \times 15\% + K_5 \times 10\%$$

式中，K_1——车辆技术状况调整系数；
K_2——车辆使用和维修状态调整系数；
K_3——车辆原始制造质量调整系数；
K_4——车辆工作性质调整系数；
K_5——车辆工作条件调整系数。

5.5.2 各系数的选取

1. 车辆技术状况系数 K_1

车辆技术状况系数是基于对车辆技术状况鉴定的基础上对车辆进行的分级，然后取调

整系数来修正车辆的成新率,技术状况系数取值范围为 0.6~1.0,技术状况好时取上限;反之取下限。

2. 车辆使用和维修状态系数 K_2

车辆使用和维修状态系数是反映使用者对车辆使用、维修的水平,不同的使用者,对车辆使用、维修的实际执行情况差别较大,因而直接影响到车辆的使用寿命和成新率,使用和维修状态系数取值范围为 0.7~1.0。

3. 车辆原始制造质量系数 K_3

确定车辆原始制造质量系数时,应了解车辆是国产车还是进口车,是进口车的还需了解是否是名牌车,以及进口国别;是国产车的应了解是名牌产品还是一般产品。一般来说,国家正规手续进口的车辆质量优于国产车辆,名牌产品优于一般产品,但又有较多例外,例如,20 世纪 90 年代中期进口的韩国大宇、现代等车型,由于车辆质量及配件供应存在的问题,应属进口非名牌车。因此,在确定此系数时应较慎重。对依法没收领取牌证的走私车辆,其原始制造质量系数建议视同国产名牌产品考虑。原始制造质量系数取值范围在 0.7~1.0。

4. 车辆工作性质系数 K_4

车辆工作性质不同,其繁忙程度不同,使用强度也不同。把车辆工作性质分为私人工作用车和生活用车,机关企事业单位的公务和商务用车,从事旅客、货运、城市出租的营运用车。以普通小轿车为例,一般来说,私人工作和生活用车每年最多行驶约 2.5 万 km;公务、商务用车每年不超过 6 万 km;而营运出租车每年行驶有些高达 15 万 km,甚至更多。可见工作性质不同,其使用强度差异也较大。车辆工作性质系数取值范围为 0.5~1.0。

5. 车辆工作条件系数 K_5

我国地域辽阔,各地自然条件差别很大,车辆的工作条件对其成新率影响很大。把工作条件分为道路条件和特殊使用条件。

道路条件可分为好路、中等路和差路 3 类。

好路是指国家道路等级中的高速公路、一、二、三级道路,好路率在 50% 以上;中等路是指符合国家道路等级四级道路,好路率在 30%~50%;差路是指国家等级以外的路,好路率在 30% 以上。

特殊使用条件主要指特殊自然条件,包括寒冷、沿海、风沙、山区等地区。

根据上述工作条件可适当取值,车辆长期在道路条件为好路和中等路行驶时,工作条件系数取 1 或 0.8;车辆长期在差路或特殊使用条件下工作,其系数取 0.6。

各调整系数的选取方法及其权重分配见表 5-11。

表 5-11 二手车成新率调整系数

影响因素	因素分级	调整系数	权重/(%)
技术状况	好	1.0	30
	较好	0.9	
	一般	0.8	

(续)

影响因素	因素分级	调整系数	权重/(%)
技术状况	较差	0.7	30
	差	0.6	
维修	好	1.0	25
	较好	0.9	
	一般	0.8	
	较差	0.7	
制造质量	进口车	1.0	20
	国产名牌车	0.9	
	进口非名牌车	0.8	
	走私罚没车、国产非名牌车	0.7	
工作性质	私用	1.0	15
	公务、商务	0.7	
	营运	0.5	
工作条件	较好	1	10
	一般	0.8	
	较差	0.6	

从上述影响因素中可以看出，各影响因素关联性较大。一般来说，其中某一影响因素加强时，其他项影响因素也随之加强；反之则减弱。影响因素作用加强时，其综合调整系数不随影响作用加强而无限加大，一般综合调整系数取值不要超过1。

目前，众多的汽车生产厂家为促进新车销售，纷纷开展旧车置换业务，例如，一汽大众奥迪公司、上海通用公司等为旧车置换制定了相关的综合调整系数表，供各品牌公司在评估车辆时使用。

除了上述5种主要因素之外，还有其他因素对二手车的成新率有一定的影响，如车辆大修情况、重大事故情况和地域因素等。

一辆机动车经过一段时间的使用后（或停用受自然力的影响）会产生磨损，磨损的补偿就是修理，当某零部件完全丧失功能而又无法修理时，必须换件以恢复其功能。当车辆主要总成的技术状况下降到一定程度时，需要用修理或更换车辆零部件的方法，以恢复车辆的动力性、经济性、工作可靠性和外观的完整美观性，这种对车辆的追加投入从理论上讲，增加了车辆的使用寿命，因此，对成新率的估算值可适当增加。但是在实际使用和维修中存在许多不足之处：①使用者对车辆的技术管理水平低，不清楚自己车辆的实际技术状况，而不能做到合理送修、适时大修；②社会上有些维修企业，维修设备落后，维修安装技术水平差；③有些配件质量差。

因此，经过大修的车辆不一定都能很好地恢复其使用性能，例如，老旧的国产车刚完成大修，虽然很好地恢复了其使用性能，但其耐久性一般很差；一些高档进口车辆经过大修以后,不仅难以恢复原始技术状况,而且有扩大故障的可能性。因此,对于重置成本在 7 万元以下的旧车或老旧车辆,一般不考虑大修对其成新率的增加问题;对于重置成本在 7 万~25 万元之间的车辆,凭车主提供的车辆大修结算单等资料可适当考虑增加成新率的估算值;对于 25 万元以上的进口车或国产高档车,凭车主提供的车辆大修或一般维修换件的结算单等资料,分析车辆受托维修厂家的维修设备、维修技术水平、配件来源等情况,或者对车辆进行实体鉴定,考查维修对车辆带来的正面作用或者可能出现的负面影响,从而酌情决定是否增加成新率的估算值。

重大事故通常是指车辆因碰撞、倾覆而造成车辆主要结构件的严重损伤,尤其是承载式车身的车辆发生过重大事故后,往往存在严重的质量缺陷,并且不易修复,对其价值有重大影响,二手车评估人员必须非常重视。因此,出现重大事故的二手车应给予一定的折损率,一般为 10%~50%。对于火烧车、水浸车的评估研究探索,尚需进一步研究探讨。

5.6 评估实例分析

5.6.1 重置成本法的评估步骤

用重置成本法成新率模型评估二手车价值,可按下列步骤进行。

(1) 确定重置成本。重置成本是被评估车辆在评估基准日时的全新车辆价格(包括上牌的各种税费),一般是通过市场询价而取得,市场询价就是从新车生产厂家、经销商、各种媒体上取得,它是评估的第一步,价格资料、技术资料的准确与否直接关系到评估结论是否正确。

(2) 确定成新率。确定成新率是重置成本法运用中的难点,评估人员在现场勘察的基础上,认真填好评估勘察作业表格,详细鉴定车况,可用 5.4 节所述的 5 种方法确定成新率。在此基础上综合分析品牌因素、市场热销程度、市场占有率情况、车龄、地区差异、车辆档次和政府的宏观政策,对车辆的变现能力的影响,计算确定二手车变现系数以确定综合成新率。

(3) 确定综合调整系数。根据对二手车技术状况鉴定,确定其各个调整系数,再考虑其对应的权重,确定综合调整系数。

(4) 计算评估值。采用重置成本法的公式计算评估值。

5.6.2 评估实例

【例 5-15】 某人于 2009 年 7 月共花 13 万元购得自动豪华型 2008 款桑塔纳 3000 一辆,发动机排量 2.0L,家庭自用,并于当月登记注册,2015 年 7 月在上海交易。该车未发现重大事故痕迹,但车外表有多处轻微事故痕迹,需修理与做漆,约需 0.1 万元。维护保养一般,路试车况较好,行驶里程 6 万 km。试用重置成本、双倍余额折旧、成新率调整系数法计算评估值。

解:

1) 确定重置成本

根据市场咨询,2015 年 7 月上海市场上 2008 款桑塔纳 3000 自动豪华型轿车的纯车价是 12.48 万元。

$$B = 12.48 + \frac{12.48}{1.17} \times 10\% \approx 13.55(万元)$$

2) 确定成新率

该车规定使用年限 $G=15$ 年，已使用年限 $Y=6$ 年，根据双倍余额递减折旧法，其成新率为

$$C_S = \left(1 - \frac{2}{G}\right)^Y \times 100\% = \left(1 - \frac{2}{15}\right)^6 \times 100\% = 42.38\%$$

或

$$C_S = \left[1 - \frac{2}{G} \sum_{N=1}^{Y}\left(1 - \frac{2}{G}\right)^{n-1}\right] \times 100\%$$
$$= \left\{1 - \frac{2}{15}\left[\left(1 - \frac{2}{15}\right)^{1-1} + \left(1 - \frac{2}{15}\right)^{2-1} + \left(1 - \frac{2}{15}\right)^{3-1}\right.\right.$$
$$\left.\left. + \left(1 - \frac{2}{15}\right)^{4-1} + \left(1 - \frac{2}{15}\right)^{5-1} + \left(1 - \frac{2}{15}\right)^{6-1}\right]\right\} \times 100\%$$
$$= \left[1 - \frac{2}{15}(1 + 0.8667 + 0.7511 + 0.6510 + 0.5642 + 0.4890)\right] \times 100\%$$
$$= 42.38\%$$

3) 计算成新率调整系数

因为车况较好，技术状况调整系数取 $K_1 = 0.9$；

维护保养一般，取车辆使用与维修状态系数 $K_2 = 0.8$；

桑塔纳车为国产名牌车，考虑地域因素，品牌调整系数取 $K_3 = 0.9$；

工作性质为私用，年平均行驶里程为 1 万 km，取车辆工作性质系数 $K_4 = 1.0$；

该车主要在市内使用，取车辆工作条件系数 $K_5 = 1.0$。

则成新率调整系数为

$$K = K_1 \times 30\% + K_2 \times 25\% + K_3 \times 20\% + K_4 \times 15\% + K_5 \times 10\%$$
$$= 0.9 \times 30\% + 0.8 \times 25\% + 0.9 \times 20\% + 1.0 \times 15\% + 1.0 \times 10\%$$
$$= 0.9$$

4) 计算评估值

$$P = B \times C_S \times K = 13.55 \times 42.38\% \times 0.9 = 5.17(万元)$$

去掉修理与做漆费 0.1 万元，则最终评估值为 5.07 万元。

【例 5-16】 某公司 2011 年 6 月购得一辆 2011 款 2.4L 技术型奥迪 A6 轿车作为公务使用，2015 年 6 月在北京交易。2015 年 6 月北京市场上该型号车纯车价是 42.45 万元，该车技术等级评定为二级车，无重大事故痕迹，该车外表有少数划痕无需进行修理。维护保养好，路试车况较好。行驶里程 15 万 km。试用重置成本法、年份数求和法、综合调整系数法计算评估值。

解： 根据题意：

1) 确定重置成本

$$B = 42.45 + \frac{42.45}{1.17} \times 10\% = 46.08(万元)$$

2) 确定成新率

规定使用年限 $G=15$ 年，已使用年限 $Y=4$ 年，采用年份数求和法计算成新率

$$C_F = \left[1 - \frac{2}{G(G+1)} \sum_{n=1}^{Y}(G+1-n)\right] \times 100\%$$

$$= \left[1 - \frac{2}{15 \times (15+1)} \sum_{n=1}^{4}(15+1-n)\right] \times 100\%$$

$$= \left\{1 - \frac{2}{15 \times 16}[(15+1-1)+(15+1-2)+(15+1-3)+(15+1-4)]\right\} \times 100\%$$

$$= 55\%$$

3) 确定综合调整系数

该车为二级车,车况好,车辆技术状况系数取 $K_1=0.9$;
维护保养好,使用与维修状态系数取 $K_2=1.0$;
此奥迪车为进口车,车辆原始制造质量系数取 $K_3=1.0$;
该车为公务用车,平均每年行驶近 4 万 km,工作性质系数取 $K_4=0.7$;
该车主要在市内行驶,工作条件好,工作性质系数取 $K_5=1.0$。
则综合调整系数

$$K = K_1 \times 30\% + K_2 \times 25\% + K_3 \times 20\% + K_4 \times 15\% + K_5 \times 10\%$$

$$= 0.9 \times 30\% + 1.0 \times 25\% + 1.0 \times 20\% + 0.7 \times 15\% + 1.0 \times 10\%$$

$$= 0.925$$

4) 计算评估值

$$P = B \times C \times K$$

$$= 46.08 \times 55\% \times 0.925$$

$$= 23.44(万元)$$

【例 5-17】 某公司欲出售一辆进口高档轿车。根据调查,目前全新的此款车的售价为 85 万元。至评估基准日止,该车已使用了 2 年 6 个月,累计行驶里程 65000km。经现场勘查,该车车身处有两处擦伤痕迹,后悬架局部存在故障,前排座椅电动装置工作不良,一侧电动车窗不能正常工作,发电机工作不正常,其维修费用需要 5000 元,其他车况均与车辆的新旧程度相符。试评估该车的价格。

解:
1) 确定重置成本

$$B = 85 + \frac{85}{1.17} \times 10\% = 92.26(万元)$$

2) 确定成新率
由于被评估车辆的价值较高,故决定采用部件鉴定法确定其成新率。
根据被评估车辆上各主要部分的价值及重要性占整车价值及重要性的比例,按百分比确定各部分的权重,见表 5-12。

表 5-12 车辆各部分的权重

总成部件	发动机及离合器总成	变速器及传动轴总成	悬架与车桥	制动系统	车身总成	电器仪表系统	轮胎
权重/(%)	25	12	18	6	28	7	4

对车辆进行技术鉴定,确定车辆各部分的成新率及整车的成新率,见表 5-13。

表 5-13 车辆成新率估算明细表

总 成 部 件	权重/(%)	成新率/(%)	加权成新率/(%)
发动机及离合器总成	25	80	20
变速器及传动轴总成	12	80	9.6
悬架与车桥	18	65	11.7
制动系统	6	80	4.8
车身总成	28	70	19.6
电器仪表系统	7	70	4.9
轮胎	4	80	3.2
合　　计	100		73.8

3)计算车辆的评估值

车辆的评估值 = 92.26×73.8% = 68.09(万元)。

去掉维修费 0.5 万元,则最终评估值为 67.59 万元。

【例 5-18】 2015 年 8 月,某大众品牌置换公司拥有一辆上海大众生产的 2014 款 1.8TSI DSG 御尊版帕萨特轿车,于 2014 年 10 月登记上牌,公务用车,车况好,行驶里程数为 8700km。某客户愿以一辆 1.8L 桑塔纳轿车进行置换,该桑塔纳轿车是 2012 年 2 月登记上牌使用,私用,已行驶里程为 67000km,车况较好。计算这次置换需贴补多少差价?(试采用重置成本、等速折旧、成新率调整系数、变现系数法计算。)

解:经市场调查可知,2015 年 8 月 2014 款 1.8TSI DSG 御尊版帕萨特轿车的新车价为 24.08 万元,1.8L 桑塔纳轿车的新车价为 7.98 万元。

1. 计算 2014 款 1.8TSI DSG 御尊版帕萨特轿车的评估值

1)确定重置成本

$$B = 24.08 + \frac{24.08}{1.17} \times 10\% = 26.14(万元)$$

2)用等速折旧法计算成新率

根据国家汽车报废规定,9 座及 9 座以下非营运乘用车的使用年限制,但考虑汽车的设计使用寿命一般为 15 年,故取规定使用年限为 15 年,折合 180 个月,从初次登记之日至评估基准日已使用 10 个月,则成新率为

$$C = \left(1 - \frac{10}{180}\right) \times 100\% = 94.44\%$$

3)计算成新率调整系数

车况好,技术状况调整系数取 $K_1 = 1$;

维护保养好,取车辆使用与维修状态系数 $K_2 = 1$;

帕萨特为国产名牌车,品牌调整系数取 $K_3 = 0.9$;

工作性质为公务生活消费,取车辆工作性质系数 $K_4 = 0.7$;

该车主要在市内使用,取车辆工作条件系数 $K_5 = 1$。

则成新率调整系数为

$$K = K_1 \times 30\% + K_2 \times 25\% + K_3 \times 20\% + K_4 \times 15\% + K_5 \times 10\%$$
$$= 1.0 \times 30\% + 1.0 \times 25\% + 0.9 \times 20\% + 0.7 \times 15\% + 1.0 \times 10\%$$
$$= 0.935$$

4) 确定变现系数

该车已使用了 10 个月，查表 5-1 知，变现系数 $\Phi = 0.84$。

5) 计算评估值

$$P = B \times C \times K \times \Phi = 26.14 \times 94.44\% \times 0.935 \times 0.84 = 19.39 (万元)$$

2. 计算 1.8L 桑塔纳轿车的评估值

1) 确定重置成本

$$B = 7.98 + \frac{7.98}{1.17} \times 10\% = 8.66 (万元)$$

2) 用等速折旧法计算成新率

同样，取 1.8L 桑塔纳轿车的规定使用年限为 15 年，折合 180 个月，从初次登记之日至评估基准日已使用了 3 年 6 个月，共 42 个月，则成新率为

$$C = \left(1 - \frac{42}{180}\right) \times 100\% = 76.67\%$$

3) 计算成新率调整系数

车况较好，技术状况调整系数取 $K_1 = 0.9$；

维护保养较好，取车辆使用与维修状态系数 $K_2 = 0.9$；

桑塔纳为国产名牌车，品牌调整系数取 $K_3 = 0.9$；

工作性质为个人生活消费，取车辆工作性质系数 $K_4 = 1.0$；

该车主要在市内使用，取车辆工作条件系数 $K_5 = 1$。

则成新率调整系数为

$$K = K_1 \times 30\% + K_2 \times 25\% + K_3 \times 20\% + K_4 \times 15\% + K_5 \times 10\%$$
$$= 0.9 \times 30\% + 0.9 \times 25\% + 0.9 \times 20\% + 1.0 \times 15\% + 1.0 \times 10\%$$
$$= 0.925$$

4) 确定变现系数

该车已使用了 42 个月，查表 5-1 知，变现系数 $\Phi = 0.94$。

5) 计算评估值

$$P = B \times C \times K \times \Phi = 8.66 \times 76.67\% \times 0.925 \times 0.94 = 5.77 (万元)$$

3. 计算两车之间的差价

2014 款 1.8TSI DSG 御尊版帕萨特轿车与 1.8L 桑塔纳轿车的差价为

$$19.39 - 5.77 = 13.62 (万元)$$

【例 5-19】 一辆厦门金龙 43 座 XMQ6998Y 大型客车欲转让。据该车辆的机动车行驶证和登记证书所记，该车登记日期为 2013 年 8 月，2015 年 8 月评估。据现场勘察，该车的外观和内饰正常，能正常上路行驶，累计行驶里程约为 15 万 km。试用行驶里程法估算该车的价格。（提示：从中国车网上查得，同生产厂家与被估车型相近大型客车的车价为 58 万元，其购置税约为车价的 10%。)

解： 解题步骤如下。

（1）正常运营的大型客车一般较少人为调整里程表，表上显示的累计行驶里程数比较真实地反映了其使用强度，故可采用行驶里程法估算其价格。

（2）根据《机动车强制报废标准规定》，大型客车规定的累计行驶里程数为 60 万 km。已知该车里程表显示累计行驶里程约为 15 万 km。

（3）该车的里程成新率为 $C_S = (1 - 15/60) \times 100\% = 75\%$。

（4）该车的现时重置成本 $= 58 + \dfrac{58}{1.17} \times 10\% = 62.96$（万元）。

由于该车于 2013 年 8 月购置，存在功能性贬值，取其为 95%。

（5）评估值＝重置成本×功能性贬值率×成新率＝$62.96 \times 95\% \times 75\% = 44.86$（万元）。

【例 5-20】 某一私家生活用轿车，已使用 5 年。行驶 8 万 km。一般均在城市中行驶，使用条件较好，车辆技术状况和维护保养较好。现欲转让，需评估其现有价值。经调查同型号轿车现时市场销售价为 26.8 万元。购置附加税约为车价的 10%。试用部件鉴定法评估其价值。

解：

（1）本题采用重置成本法评估该车价值，而成新率则采用部件鉴定法进行确定。

（2）将该车分成 9 个不同的总成部件，见表 5-14，各总成部件的权重（或称权分），也按表 5-14 中所给数据进行计算。

（3）计算各总成部件的成新率。9 个总成部件的成新率根据各总成的实际使用情况，采用使用年限法求得，但可根据各总成部件的实际状况进行修正。由于计算比较繁杂，为节省篇幅，其计算过程就不一一列出。具体数据填入表 5-14 成新率一栏内。栏内的成新率大多数总成视其实际的技术状况，进行了适当的调整。

表 5-14 成新率估算明细表

总 成 部 件	权重/(%)	成新率/(%)	加权成新率/(%)
发动机及离合器总成	25	83	20.75
变速器及传动轴总成	12	80	9.6
前桥及转向器、前悬架总成	9	86	5.94
后桥及后悬架总成	9	75	6.75
制动系统	6	70	4.2
车架总成	0	0	0
车身总成	28	80	22.4
电气设备及仪表	7	65	4.55
轮胎	4	70	2.8
合　　计	100		76.99

（4）求加权成新率。将各总成部件的成新率与权重相乘，其结果即为权分成新率或加权成新率。

（5）计算整车的成新率 C。把各总成部件的加权成新率相加，就得到整车成新率，即

$C=76.99\%$。

(6) 计算该车的重置成本 B。按题意该车的重置成本必须考虑 10% 的购置税。所以，重置成本为

$$B=26.8\times\left(1+\frac{1}{1.17}\times 10\%\right)=29.09(万元)$$

(7) 计算该轿车的评估价值。该轿车的评估值为

$$P=B\times C=29.09\times 76.99\%\approx 22.4(万元)$$

习 题

1. 何谓重置成本法？其计算模型有哪些？如何应用？
2. 何谓复原重置成本？何谓更新重置成本？两者有何区别？
3. 机动车各种陈旧性贬值包括哪几个方面？
4. 何谓二手车变现系数？在二手车评估中如何应用？
5. 重置成本法有何局限性？
6. 汽车重置成本如何构成？哪些间接成本须纳入重置成本中？
7. 进口车主要包括哪些税费？如何计算？
8. 用加合分析法确定重置成本全价应注意哪些问题？
9. 简述物价指数法计算二手车重置成本的原理。应用物价指数法应注意哪些问题？
10. 何谓寿命比较法？如何采用寿命比较法来确定车辆实体性贬值率 λ？
11. 机动车的有形损耗率与机动车的成新率有何关系？确定机动车成新率有哪些方法？
12. 简述等速折旧法和加速折旧法计算机动车成新率的原理。
13. 简述行驶里程法计算机动车成新率的原理。
14. 何谓整车观测法？如何采用整车观测法来确定机动车成新率？
15. 何谓部件鉴定法？如何采用部件鉴定法来确定机动车成新率？
16. 综合调整系数由哪几方面构成？权重分别是多少？如何正确选择各系数？
17. 简述用重置成本法评估二手车价值的基本步骤？
18. 现有 A、B 两辆 30 座客车，其剩余使用年限均为 4 年，已知 A 车的百公里油耗为 32L，B 车的百公里油耗为 29L，油价为 6.2 元/L。A、B 两车每年运营 300 天，每天各行驶 300km，A 车每年要比 B 车多支出 4000 元修理费。设所得税率为 33%，折现率均为 10%，求与 B 车相比，A 车的营运性贬值是多少？
19. 某家庭用普通型桑塔纳轿车，初次登记年月是 2010 年 2 月，评估基准日是 2015 年 2 月，请分别用等速折旧法、加速折旧法中的年份数求和法与双倍余额递减法计算其成新率。
20. 某租赁公司欲转让一辆捷达轿车，该车初次登记日期为 2013 年 3 月，评估基准时是 2015 年 3 月。请分别用等速折旧法、年份数求和法和双倍余额递减法计算成新率。
21. 某租赁公司 2012 年 4 月购得上海大众帕萨特一辆，2015 年 8 月在北京交易。2015 年 8 月北京市场上该型号车纯车价是 21 万元。该车无重大事故痕迹，该车外表有少

数划痕无需进行修理。维护保养好，路试车况好，行驶里程 18 万 km。试用重置成本法、年份数求和法、综合调整系数法计算评估值。

22. 张先生于 2013 年 6 月共花 14 万元购得上海通用凯越轿车一辆，用于家庭自备，并于当月登记注册，2015 年 12 月欲进行转让。经评估师进行技术状况鉴定，该车技术状态良好，未发现有重大事故痕迹，但外表有多处轻微事故痕迹，需修理与做漆，约需 0.3 万元，维护保养一般，行驶里程 4 万 km，目前新车价为 10 万元。请用重置成本法、双倍余额折旧法、综合调整系数法计算评估值。

23. 公务用车北京切诺基 6420E，初次登记日期为 2006 年 2 月，行驶里程为 26 万 km，该款车已停产，类似配置的 2500 系列车，最低包牌价为 30 万元。经检查该车有碰撞修复痕迹，4 个角边有明显碰撞修复痕迹，但基本功能尚正常，发动机有轻微渗油现象，转向球头生锈，发动机工作噪声略大。试评估出 2015 年 8 月该车的价值（用等速折旧法计算成新率。）

第 6 章
收益现值法评估二手车价值

本章要求学生掌握收益现值法的基本原理、收益现值法的应用前提、收益现值法的特点和收益现值法的计算方法;掌握收益现值法中各评估参数的确定,即剩余使用年限 n 的确定、预期收益额 A 的确定、折现率 i 的确定;能运用收益现值法对二手车进行价值评估。

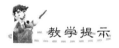

收益现值法是资产评估中的一种基本方法,应用在二手车评估中主要是针对营运车而言。本章重点讲解收益现值法的基本原理,以及折现率 i 的确定方法。折现率 i 是要通过大量的统计获得的,折现率的微小变化对二手车的价值影响很大。

汽车评估(第2版)

本章教学要点

知识要点	掌握程度	相关知识
收益现值法的基本原理	熟悉收益现值法的定义；掌握收益现值法的基本原理；了解收益现值法的应用前提；熟悉收益现值法的特点；掌握收益现值法的计算方法	收益现值法的定义；收益现值法的基本原理；收益现值法的4个应用前提；收益现值法的优点与缺点；年收益不相等与年收益相等的计算方法
收益现值法中各评估参数的确定	掌握剩余使用年限的确定；掌握预期收益额的确定；熟悉折现率的确定	剩余使用年限与报废年限的关系；预期收益额的计算公式；确定折现率的构成与选取
评估实例分析	熟悉收益现值法评估的工作步骤；掌握评估实例	收益现值法评估二手车价值的基本步骤；3个计算实例

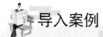
导入案例

收益现值法又称收益还原法、收益资本金化法，是指通过估算被评估资产的未来预期收益并折算成现值，借以确定被评估资产价值的一种。从资产购买者的角度出发，购买一项资产所付的代价不应高于该项资产或具有相似风险因素的同类资产未来收益的现值。

收益现值法对企业资产进行评估的实质：将资产未来收益转换成资产现值，而将其现值作为待评估资产的重估价值。

收益现值法的基本理论公式可表述为：资产的重估价值＝该资产预期各年收益折成现值之和。

收益现值法较适用于投资营运的二手车，即将被评估的二手车在剩余寿命期内预期收益，折现为评估基准日的现值，借此来确定二手车价值的一种评估方法。现值即为二手车评估值，现值的确定依赖于未来预期收益。

从原理上讲，收益现值法是基于这样的事实，即人们之所以占有某二手车，主要是考虑这辆车能为自己带来一定的收益。如果某二手车的预期收益小，二手车价格就不可能高；反之二手车价格肯定就高。投资者投资购买二手车时，一般要进行可行性分析，其预计的内部回报率只有在超过评估时的折现率时才肯支付货币额来购买二手车。应该注意的是，运用收益现值法进行评估时，是以二手车投入使用后连续获利为基础的。在二手车交易中，人们购买的目的往往不是在于二手车本身，而是二手车获利的能力。

6.1 收益现值法的基本原理与运用

6.1.1 收益现值法的定义

收益现值法是将被评估的车辆在剩余寿命期内的预期收益用适当的折现率折现为评估基准日的现值，并以此确定评估价格的一种方法。二手车的价格评估一般很少采用收益现值法，但对一些特定目的、有特许经营权的二手车，人们购买的目的往往不是在于车辆本身，而是车辆获利的能力。因此，对于营运车辆的评估采用收益现值法比较合适。

6.1.2 收益现值法的基本原理

收益现值法是基于这样的假设，即人们之所以购买某车辆，主要是考虑这辆车能为自己带来一定的收益。采用收益现值法对二手车进行评估所确定的价值，是指为获得该二手车以取得预期收益的权利所支付的货币总额，它以车辆投入使用后的连续获利为基础。如果某车辆的预期收益小，车辆的价格就不可能高，反之车辆的价格肯定就高。

收益现值法评估值的计算，实际上就是对被评估车辆未来预期收益进行折现的过程。

所谓折现，就是将未来的收益，按照一定的折现率，折算到评估基准日的现值。这里就引出了收益现值法中一个重要概念，那就是资金的时间价值。资金的时间价值是指资金作为资本的形态,在扩大再生产及其周转过程中,随着时间的增长而产生的增值,其具体形态就是利息或利润。由于资金具有时间价值,一定数额的收益发生在不同的时间,具有不同的价值。所以,收益必须与时间结合起来才能真正反映出资产的价值。

使用收益现值法评估出的二手车价值是指评估基准日这一时点的价值,但收益是在未来某个时间发生的,故需要对未来不同时间产生的收益或者是支出的费用进行时间价值的计算,即将未来的收益和支出的费用换算到评估基准日这一时点的价值,这就是所谓的等值计算。将未来收益进行时间价值的计算,并换算成评估基准日这一时点的价值过程称为折现,所使用的换算比率就称为折现率。

6.1.3 收益现值法的应用前提

收益现值法应用的前提是:①被评估二手车必须是经营性车辆,且具有继续经营和获利的能力;②继续经营的预期收益可以预测而且必须能够用货币金额来表示;③二手车购买者获得预期收益所承担的风险也可以预测,并可以用货币来衡量;④被评估二手车预期获利年限可以预测。

由以上应用的前提条件可见,运用收益现值法进行评估时,是以车辆投入使用后连续获利为基础的。在机动车的交易中,人们购买的目的往往不是在于车辆本身,而是在于车辆的获利能力。

因此,收益现值法较适用于投资营运的车辆。

6.1.4 收益现值法的特点

1. 收益现值法的优点

(1) 与投资决策相结合,容易被交易双方接受。
(2) 能真实和较准确地反映车辆本金化的价格。

2. 收益现值法的缺点

(1) 预期收益额和折现率及风险报酬率的预测难度大。
(2) 受主观判断和未来不可预见因素的影响较大。

6.1.5 收益现值法的计算方法

收益现值法的评估值的计算,实际上就是对被评估车辆未来预期收益进行折现的过程。被评估车辆的评估值等于剩余寿命期内各收益期的收益现值之和,其基本计算公式为

$$P = \sum_{t=1}^{n} \frac{A_t}{(1+i)^t}$$

$$= \frac{A_1}{(1+i)^1} + \frac{A_2}{(1+i)^2} + \cdots + \frac{A_n}{(1+i)^n}$$

式中,P——评估值;

A_t——未来第 t 个收益期的预期收益额,二手车的收益期是有限的,A_t 中还包括收益期末车辆的残值,一般估算时残值忽略不计;

n——收益年期,对二手车为剩余使用年限;

i——折现率；

t——收益期，一般以年计。

当 $A_1=A_2=\cdots=A_n=A$ 时，即 t 从 $1\sim n$，未来收益分别相同且为 A 时，则有

$$P = A \cdot \left[\frac{1}{1+i} + \frac{1}{(1+i)^2} + \cdots + \frac{1}{(1+i)^n}\right]$$

$$= A \cdot \frac{(1+i)^n - 1}{i \cdot (1+i)^n}$$

简记为

$$P = A \cdot (P/A, i, n)$$

式中，$\frac{1}{(1+i)^n}$——第 t 个收益期的现值系数；

$\frac{(1+i)^n - 1}{i \cdot (1+i)^n}$——年金现值系数，简写为 $(P/A, i, n)$，可查表，见表 6-1。

表 6-1 年金现值系数 $(P/A, i, n)$ 速查表

n	i								
	1%	2%	3%	4%	5%	6%	7%	8%	9%
1	0.9901	0.9804	0.9709	0.9615	0.9524	0.9434	0.934.6	0.9259	0.9174
2	1.9704	1.9416	1.9135	1.8861	1.8594	1.8334	1.8080	1.7833	1.7591
3	2.9410	2.8839	2.8286	2.7751	2.7232	2.6730	2.6243	2.5771	2.5313
4	3.9020	3.8077	3.7171	3.6299	3.5460	3.4651	3.3782	3.3121	3.2397
5	4.8534	4.7135	4.5797	4.4518	4.3295	4.2124	4.1002	3.9927	3.8897
6	5.7955	5.6014	5.4172	5.2421	5.0757	4.9173	4.7665	4.6229	4.4859
7	6.7282	6.4720	6.2303	6.0021	5.7864	5.5824	5.3893	5.2064	5.0330
8	7.6517	7.3255	7.0197	6.7327	6.4632	6.2098	5.9713	5.7466	5.5348
9	8.5660	8.1622	7.7861	7.4353	7.1078	6.8017	6.5152	6.2469	5.9952
10	9.4713	8.9826	8.5302	8.1109	7.7217	7.3601	7.0236	6.7101	6.4177
11	10.3676	9.7868	9.2526	8.7605	8.3064	7.8869	7.4987	7.1390	6.8052
12	11.2551	10.5753	9.9540	9.3851	8.8633	8.3838	7.9427	7.5361	7.1607
13	12.1337	11.3484	10.6350	9.9856	9.3936	8.8527	8.3577	7.9038	7.4869
14	13.0037	12.1062	11.2961	10.5631	9.8986	9.2950	8.7455	8.2442	7.7862
15	13.8651	12.8493	11.9379	11.1184	10.3797	9.7122	9.1079	8.5595	8.0607
16	14.7179	13.5777	12.5611	11.6523	10.8378	10.1059	9.4466	8.8514	8.3126
17	15.5623	14.2919	13.1661	12.1657	11.2741	10.4773	9.7632	9.1216	8.5436
18	16.3983	14.9920	13.7535	12.6896	11.6896	10.8276	10.0591	9.3719	8.7556
19	17.2260	15.6785	14.3238	13.1339	12.0853	11.1581	10.3356	9.6036	8.9601
20	18.0456	16.3514	14.8775	13.5903	12.4622	11.4699	10.5940	9.8181	9.1285
21	18.8570	17.0112	15.4150	14.0292	12.8212	11.7641	10.8355	10.0168	9.2922
22	19.6604	17.6580	15.9369	14.4511	13.4886	12.3034	11.0612	10.2007	9.4424
23	20.4558	18.2922	16.4436	14.8568	13.4886	12.3034	11.2722	10.3711	9.5802
24	21.2434	18.9139	16.9355	15.2470	13.7986	12.5504	11.4693	10.5288	9.7066
25	22.0232	19.5235	17.4131	15.6221	14.0939	12.7834	11.6536	10.6748	9.8226
26	22.7952	20.1210	17.8768	15.9828	14.3752	13.0032	11.8258	10.8100	9.9290

(续)

n	i								
	1%	2%	3%	4%	5%	6%	7%	8%	9%
27	23.5596	20.7059	18.3270	16.3296	14.6430	13.2105	11.9867	10.9352	10.0266
28	24.3164	21.2813	18.7641	16.6631	14.8981	13.4062	12.1371	11.0511	10.1161
29	25.0658	21.8444	19.1885	16.9837	15.1411	13.5907	12.2777	11.1584	10.1983
30	25.8077	22.3965	19.6004	17.2920	15.3725	13.7648	12.4090	11.2578	10.2737
35	29.4086	24.9986	21.4872	18.6646	16.3742	14.4982	12.9477	11.6546	10.5668
40	32.8347	27.3555	23.1148	19.7928	17.1591	15.0463	13.3317	11.9246	10.7574
45	36.0945	29.4902	24.5187	20.7200	17.7741	15.4558	13.6055	12.1084	10.8812
50	39.1961	31.4326	25.7298	21.4822	18.2559	15.7619	13.8007	12.2335	10.9617
55	42.1472	33.1748	26.7744	22.1086	18.6335	15.9905	13.9399	12.3186	11.0140

n	i								
	10%	12%	14%	15%	16%	18%	20%	24%	28%	32%
1	0.9091	0.8929	0.8772	0.8696	0.8621	0.8475	0.8333	0.8065	0.7813	0.7576
2	1.7355	1.6901	1.6467	1.6257	1.6052	1.5656	1.5278	1.4568	1.3916	1.3315
3	2.4869	2.4018	2.3216	2.2832	2.2459	2.1743	2.1065	1.9813	1.8684	1.7663
4	3.1699	3.0373	2.9173	2.8550	2.7982	2.6901	2.5887	2.4043	2.2410	2.0957
5	3.7908	3.6048	3.4331	3.3522	3.2743	3.1272	2.9906	2.7454	2.5320	2.3452
6	4.3553	4.1114	3.8887	3.7845	3.6847	3.4976	3.3255	3.0205	2.7594	2.5342
7	4.8684	4.5638	4.2882	4.1604	4.0386	3.8115	3.6046	3.2423	2.9370	2.6775
8	5.3349	4.9676	4.6389	4.4873	4.3436	4.0776	3.8372	3.4212	3.0758	2.7860
9	5.7590	5.3282	4.9164	4.7716	4.6065	4.3030	4.0310	3.5655	3.1842	2.8681
10	6.1446	5.6502	5.2161	5.0188	4.8332	4.4941	4.1925	3.6819	3.2689	2.9304
11	6.4951	5.9377	5.4527	5.2337	5.0286	4.6560	4.3271	3.7757	3.3351	2.9776
12	6.8137	6.1944	5.6603	5.4206	5.1971	4.7932	4.4392	3.8514	3.3868	3.0133
13	7.1034	6.4235	5.8424	5.5831	5.3423	4.9095	4.5327	3.9124	9.4272	3.0404
14	7.3667	6.6282	6.0021	5.7245	5.4675	5.0081	4.6106	3.9616	3.4587	3.0609
15	7.6061	6.8109	6.1422	5.8474	5.5755	5.0916	4.6755	4.0013	3.4834	3.0764
16	7.8237	6.9740	6.2651	5.9542	5.6685	5.1624	4.7296	4.0333	3.5026	3.0882
17	8.0216	7.1196	6.3729	6.0472	5.7487	5.2223	4.7746	4.0591	3.5177	3.0971
18	8.2014	7.2497	6.4674	6.1280	5.8178	5.2732	4.8122	4.0799	3.5294	3.1039
19	8.3649	7.3658	6.5504	6.1982	5.8775	5.3162	4.8435	4.0967	3.5386	3.1090
20	8.5136	7.4694	6.6231	6.2593	5.9288	5.3527	4.8696	4.1103	3.5458	3.1129
21	8.6487	7.5620	6.6870	6.3125	5.9731	5.3837	4.8913	4.1212	3.5514	3.1158
22	8.7715	7.6446	6.7429	6.3587	6.0113	5.4099	4.9094	4.1300	3.5558	3.1180
23	8.8832	7.7184	6.7921	6.3988	6.0442	5.4321	4.9245	4.1371	3.5592	3.1197
24	8.9847	7.7843	6.8351	6.4338	6.0726	5.4509	4.9371	4.1428	3.5619	3.1210
25	9.0770	7.8431	6.8729	6.4641	6.0971	5.4669	4.9476	4.1474	3.5640	3.1220
26	9.1609	7.8957	6.9061	6.4906	6.1182	5.4804	4.9563	4.1511	3.5656	3.1227
27	9.2372	7.9426	6.9352	6.5135	6.1364	5.4919	4.9636	4.1542	3.5669	3.1233
28	9.3066	7.9844	6.9607	6.5335	6.1520	5.5016	4.9697	4.1566	3.5679	3.1237
29	9.3696	8.0218	6.9830	6.5509	6.1656	5.5098	4.9747	4.1585	3.5687	3.1240

(续)

n	i									
	10%	12%	14%	15%	16%	18%	20%	24%	28%	32%
30	9.4269	8.0552	7.0027	6.5660	6.1772	5.5168	4.9789	4.1601	3.5693	3.1242
31	9.6442	8.1755	7.0700	6.6166	6.2153	5.5386	4.9915	1.1644	3.5708	3.1248
32	9.7791	8.2438	7.1050	6.6418	6.2335	5.5482	4.9966	4.1659	3.5712	3.1250
33	9.8628	8.2825	7.1232	6.6543	6.2421	5.5523	4.9986	4.1664	3.5714	3.1250
34	9.9148	8.3045	7.1327	6.6605	6.2463	5.5541	4.9995	4.1666	3.5714	3.1250
35	9.9471	8.3170	7.1376	6.6636	6.2482	5.5549	4.9998	4.1666	3.5714	3.1250

6.2 收益现值法中各评估参数的确定

要计算出被评估车辆的评估值 P，就要确定剩余寿命期 n，预期收益额 A 和折现率 i 3 个参数。

6.2.1 剩余使用年限的确定

剩余使用年限指从评估基准日到车辆到达报废年限所剩余的使用年限，即
$$n=G-Y$$
式中，n——剩余使用年限；
G——规定使用年限；
Y——已使用年限。

在车辆技术状况基本正常的情况下，可按国家规定的报废标准确定车辆的剩余使用寿命。如果车辆的技术状况很差，则应根据车辆的实际状况，判定车辆的剩余使用寿命。

例如，有一辆桑塔纳出租车，于 2012 年 8 月初次注册登记，评估基准日为 2015 年 8 月。根据《机动车强制报废标准规定》，该车规定使用年限 $G=8$ 年，已使用年限 $Y=3$ 年，剩余使用年限 $n=G-Y=8-3=5$ (年)。

6.2.2 预期收益额的确定

在运用收益现值法中，收益额的确定是关键。收益额是指由被评估对象在使用过程中产生的超出其自身价值的溢余额。其计算公式为

年收益额＝(年总收入－年总支出)×(1－所得税率)

在确定年收益额时，应考虑以下两点。

(1) 收益额指的是车辆使用带来的未来收益期望值，是通过预测分析获得的。无论对于所有者还是购买者，判断某辆车是否有价值，首先应判断该车是否带来收益。对其收益的判断，不仅是看现在的收益能力，更重要的是预期未来的收益能力。

(2) 收益额的构成，以企业为例，目前有几种观点：①企业所得税后利润；②企业所得税后利润与提取折旧额之和扣除投资额；③利润总额。

关于选择哪一种作为收益额，针对二手车的评估特点与评估目的，为估算方便，推荐选择第一种观点，目的是准确反映预期收益额。为了避免计算错误，一般应列出车辆在剩

余寿命期内的现金流量表。

现举例说明预期收益 A 的确定过程及其所进行的可行性分析。

【例 6-1】 某人欲购一辆桑塔纳轿车，准备从事出租车经营，调查分析其预期收益情况。

解：（1）出租车全年可运营 320 天，每天平均毛收入 700 元，则预期的年收入为
$$700 \times 320 = 22.4 (万元)$$

（2）预期的年支出为：

① 平均每天行驶 300km，百公里耗油为 8L，油价为 7.5 元/L，则年支出耗油费用为
$$7.5 \times 8 \times \frac{300}{100} \times 320 = 5.76 (万元)$$

② 日常对车辆的维护保养、修理费约为 1.2 万元；平均大修费用为 0.8 万元。共计 2.0 万元。

③ 保险费、车船税、牌照等杂费预测共计 1.4 万元。

④ 人员的劳务工资为 6.0 万元。

⑤ 不可预见的支出费用为 0.5 万元。

以上 5 项年支出费用合计为
$$5.76 + 2.0 + 1.4 + 6.0 + 0.5 = 15.66 (万元)$$

（3）年毛收入为年总收入减去总支出。
$$22.4 - 15.66 = 6.74 (万元)$$

（4）按企业所得税条例规定，应纳税率为 25%。故税后利润为
$$A = 6.74 \times (1 - 25\%) = 5.055 (万元)$$

上例预测出的年税后净收益额 A 值，若在不同的年份，其收入和支出可能均有变化。若在条件允许的情况下，就应预测出未来每年不同的税后净收益值。

这种在可行性分析后预测出的收益额，可能与实际情况会有出入，所以在支出费用中增加了一项不可预见的开支费用，以提高净收益的可靠性，提高预测的准确度。一般不可预见费用为其总支出的 5%～7%，但还是要视情况而定。在进行可行性分析时，调查得越周详，分析得越仔细，预测准确度越高。但市场情况是千变万化的，要完完全全把握住市场的变化情况，有相当的难度，所以任何投资都有风险。

6.2.3 折现率的确定

收益现值法中折现率 i 的确定也是一个比较棘手的问题。折现率 i 必须谨慎确定，折现率的微小变化，会给评估值带来较大影响。确定折现率不仅要有定性分析，更重要的还需有定量确定的方法。

1. 折现率 i 的定义

折现率是指将未来预期收益折算成现值的比率，是换算车辆现值与预期收益的有效工具。

由于资金具有时间价值，一定数额的收益，发生在不同的时期，具有不同的价值。未来的一定量收益和现在同样量的收益，在价值上是不相等的。一般来说，未来某一定量收

益只能和现在某一个小于它的收益量在价值上相等。因此，收益必须和时间结合起来，才能真正反映二手车的价值。

2. 折现率的确定原则

确定折现率时，应遵循如下4个方面的原则。

1) 折现率应高于无风险利率

无风险利率也称安全利率，是指投资者在不冒风险的情况下，就可以长期而稳定地获得投资收益的利率。显然，投资者在选择投资方式时，只有在资产的期望收益率高于无风险利率时，才有可能实施其投资行为。也即只有在体现投资收益率的折现率高于无风险利率时，投资者才会实施其投资计划。不然将资金存入银行或购买国债会更安全并能有效地获利。

2) 折现率应体现投资回报率

折现率就是经验丰富的投资者，对待评估资产进行投资，所需获得的回报率。评估中的折现率反映的是资产期望的收益率，由于收益率是与投资风险成正比的，风险大，收益率也就高；反之，收益率就低。例如，将资金投入银行存款或购买国债，风险很小，但利率低，收益就小。若将资金投向股市、房地产市场，风险较大，收益率也高。因此，折现率反映的是对应某一风险状态下该资产的期望投资回报率，或称期望报酬率。

3) 折现率要能体现资产收益风险

某项资产未来收益的不确定性就是资产的收益风险，这种不确定性往往会给投资者带来难以估计的后果。两项资产未来能创造等量的收益，但它们可能承担的风险却会不一样，这与资产的使用者，和使用资产时的使用条件、使用环境、用途、使用技巧、管理水平等密切相关，对这两项资产的评估当然应采用不同的折现率，才能得到比较切合实际的评估结果。由此可以看出，折现率是管理的报酬，有别于资金存入银行存款的利率报酬。这也体现了市场高风险高回报的市场法则。因此，折现率的选取应体现资产收益风险。

4) 折现率应与收益口径相匹配

在使用资金这一指标时，要充分考虑年收益率的计算口径与资金收益额的计算口径的一致性。若不一致，会影响评估结果的合理性。

在采用收益现值法时，由于评估的目的不同，收益额计算可以有不同的口径。如收益额用净利润、净现金流量等，而折现率则既有按不同口径的收益额为分子计算的折现率，也有按同一口径的收益额为分子，而以不同口径投资额计算的折现率。因此，针对不同收益额进行评估时，应注意收益额与折现率之间结构与口径的匹配和协调，以保证评估结果的合理性。

3. 折现率的构成

折现率也称预期报酬率、回报率、收益率，这些称谓在二手车评估中都出现过。折现率是根据资金的时间价值这一特性，按复利计息原理把未来一定时期的预期收益折合成现值的一种比率。折现率是收益现值法评估中的一个关键性指标。从其构成上看，评估中的折现率由两部分构成：无风险报酬率和风险报酬率。用公式来表示，即为

$$i = 无风险报酬率\ i_1 + 风险报酬率\ i_2$$

即

$$i = i_1 + i_2$$

如果风险报酬率中不包含通货膨胀率,那么折现率还包括通货膨胀率,则上式将改写成

$$i=无风险报酬率i_1+风险报酬率i_2+通货膨胀率i_3$$

即

$$i=i_1+i_2+i_3$$

4. 无风险报酬率 i_1 的选取

目前,我国的资产评估通常以银行定期存款利率为安全利率,也有以国债利率作为无风险报酬率的参量标准。国际上普遍以长期国债利率作为安全利率。如美国就是以30年的国债利率作为安全利率的。在我国由于国债市场发展中还存在一些问题,一般不能简单照搬西方的做法。因为我国的国债利率并不能完全由市场供求情况来决定,其利率稍高于同期银行存款利率,目前则大致与银行同期存款利率持平,但国债利息不缴纳20%的所得税,实际还是比银行同期存款利率高。而我国银行存款利率是根据市场需求来制定的,反映了市场供求和投资收益的基本情况,故在当前的资产评估中,多采用银行定期定款利率作为安全利率,即无风险报酬率。因此,目前在二手车评估中,建议采用我国银行5年期定期存款利率作为无风险报酬率。

5. 风险报酬率 i_2 的选取

风险报酬率的确定比较复杂。风险报酬率是指冒风险投资所得风险补偿额与风险投资额的比率。风险必须付出代价,人们把这一代价称为风险补偿或风险报酬。

风险报酬可通过计算获得。计算方法有累加法、股息增长模型法、资本资产定价模型法等。

1) 累加法

累加法是将确定了的主要风险因素所应获得的报酬率累加后得到风险报酬率。此方法比较主观,但它能直接反映伴随各主要风险而应得到的风险报酬。该方法列出了各风险的组成,并标示出了对应风险所能取得的风险报酬率,见表6-2,将其累加即为期望的风险报酬率。

表6-2 风险报酬率表

风险组成	通货膨胀	市场风险	购买力风险	经营风险	利率风险	总的期望风险报酬率
风险报酬率/(%)	2.4	3.0	3.6	5.0	1.0	15

因为累加法分别给出了各种风险,并且直观地反映出了各种风险补偿的个人期望值。所以累加法看起来较吸引人,但是,要精确地对表中各项风险补偿的期望报酬率进行量化是非常困难的。由于累加法在确定各种风险补偿因素时具有主观性,故在使用时要慎重对待。

2) 股息增长模型法

股息增长模型法是通过计算来获得所期望的风险报酬率。其计算公式如下

$$i_2=\frac{b(1+g)}{V}+g$$

式中，V——股票价格；

b——基期股息；

g——固定股息增长率；

i_2——期望的风险报酬率。

此公式说明了股票价格与该股票基期股息 b、股息增长率 g、期望报酬率 i_2 有关。如果上式中的 V、b、g 可以确定，则可求出能补偿风险投资的风险报酬率 i_2。

计算风险报酬率 i_2 需要满足一个重要条件，那就是固定股息增长率 g 在一定时期内必须保持稳定，故称其为固定股息增长率。而且，其增长率还必须小于风险报酬率 i_2。现举例说明风险报酬率 i_2 的计算方法。

【例6-2】 若 2015 年，某上市公司支付每股 0.46 元的股息，此时该公司的股票价格为每股 10 元，预期股息增长率为 4.5%，且保持稳定。用股息增长模型计算风险报酬率 i_2。

解： 风险报酬率 i_2 计算如下

$$i_2 = \frac{b(1+g)}{V} + g$$
$$= \frac{0.46 \times (1+4.5\%)}{10} + 4.5\% = 9.3\%$$

3）资本资产定价模型法

资本资产定价模型法是分析资本资产收益与风险关系的经典方法，主要用于分析证券的风险与收益的对应关系。其计算公式如下

$$i_2 = i_1 + \beta(i_m - i_1)$$

式中，i_2——期望的风险报酬率；

i_1——无风险报酬率；

i_m——市场平均的期望收益率；

β——风险调整系数。

上式推导时有许多假设，这些假设并不完全符合实际情况，所以此式在应用中有一定的局限性。但由于该计算公式简单，故还是被人们所接受，计算结果还较有效，已成为处理风险问题的主要工具和重要的理论武器。在用收益现值法评估二手车，确定风险报酬率时，也可借鉴此公式。但式中的有关参数的确定，有一定的难度，因为我国的股票市场还很不成熟，时间很短，还有待进一步规范。有些数据较难获得，而在西方一些发达国家在获取上述参数时就较方便。

首先，式中的 β 值，可在证券市场上选择汽车制造业的 β 值。这个值通常在证券分析机构公开出版物上可找到。值得提醒的是，β 值从长期来看是趋于稳定的，但短期内是变化的。由于我国证券市场还不很完善，历史极短，β 值经常变化。因此，在评估时，要选取最新公布的行业 β 值。有资料推荐汽车制造业的 β 值为 0.94107。

其次，市场平均期望报酬率 i_m 与无风险报酬率 i_1 之间的差值（也称为市场风险溢价），可通过证券市场长期收益率的统计数据获得。例如，美国从 1926 年至 1997 年的 72 年的统计数据表明，其 72 年股票的平均收益率是 13%。在这期间普通股平均收益比国库券的平均收益率高出 9.2 个百分点，比长期国债的平均收益率高出 7.4 个百分点。我国证券市场还很年轻，要注意证券分析机构发布的统计数据。对于无风险报酬率前述已建议采用 5

年期银行定期存款利率。现举例说明如何用资本资产定价模型法来计算风险报酬率 i_2 的值。

【例 6-3】 若无风险报酬率取银行 5 年期定期存款利率,则 $i_1=4.25\%$,而 $\beta=0.94107$;市场的平均期望报酬率 $i_m=9.8\%$。试计算风险报酬率 i_2 的值。

解:风险报酬率 i_2 的计算如下

$$i_2 = i_1 + \beta(i_m - i_1)$$
$$= 4.25\% + 0.94107 \times (9.8\% - 4.25\%) = 9.473\%$$

6.3　评估实例分析

6.3.1　收益现值法的评估步骤

运用收益现值法评估应按下列步骤进行:
第一步,搜集有关营运车辆的收入和费用的资料;
第二步,估算预期收入;
第三步,估算营运费用;
第四步,估算预期净收益;
第五步,选用适当的折现率;
第六步,选用适当的计算公式求出收益现值。

评估中采用的预期收入、预期营运费用和预期净收益,都采用正常客观的数据。

利用被评估车辆本身的资料直接推算出的预期收入、预期营运费用或预期净收益,应与类似二手车的正常情况下的预期收入、营运费用和净收益进行比较。若与正常客观的情况不符,应进行适当的调整修正,使其成为正常客观的数据。

在求取净收益时,应根据净收益过去、现在、未来的变动情况及可获收益的年限,确定未来净收益流量。

收益年限的确定应根据被评估车辆的使用情况、市场竞争趋势和机动车报废标准的规定,确定一个合理的年限。

折现率宜以投资于该类营运车辆所能获得的正常投资报酬为基准。

6.3.2　评估实例

【例 6-4】 某人拟购一辆桑塔纳普通型出租车,作为个体出租车经营使用,该车各项数据和情况见表 6-3,试用收益现值法评估此桑塔纳出租车的价值。

表 6-3　出租车基本数据和情况

1	评估基准日	2015 年 8 月 15 日
2	初次登记年月	2011 年 8 月
3	技术状况	正常
4	每年营运天数	350 天

(续)

5	每天毛收入	750 元
6	每天燃油费、润滑油费	300 元
7	每年日常维修、保养费	6000 元
8	每年保险及各项规费	12000 元
9	营运证使用费	18000 元
10	两名驾驶员劳务、保险费	90000 元

试用收益现值法评估此桑塔纳出租车的价值。

解：首先求预计年收入：$350 \times 750 = 262500$(元)

预计年支出：

油费　　　　　　　　$350 \times 300 = 105000$(元)
维修、保养费　　　　6000 元
保险及规费　　　　　12000 元
营运证使用费　　　　18000 元
驾驶员劳务、保险费　90000 元
总支出费用为：　　　$105000 + 6000 + 12000 + 18000 + 90000 = 231000$(元)
预计年纯收入为：　　$262500 - 231000 = 31500$(元)
税后收益额为：　　　$31500 \times (1 - 25\%) = 23625$(元)

根据目前银行储蓄和贷款利率、债券、行业收益等情况，确定资金预期收益率为 10%，风险报酬率为 5%，则折现率为

$$10\% + 5\% = 15\%$$

该车剩余使用年限 4 年，假定每年的年收入相同，根据收益现值法公式的模型二，则可得该车的评估值为

$$P = A \cdot \frac{(1+i)^n - 1}{i(1+i)^n}$$

$$= 23625 \times \frac{(1+15\%)^4 - 1}{15\% \times (1+15\%)^4}$$

$$= 67449(元)$$

【例 6-5】 某个体人员拟购买一辆轻型货车从事营运经营，该车的剩余使用年限为 4 年，适用的折现率为 8%，经预测 4 年内各车的预期收益分别为 1 万元、0.9 万元、0.8 万元、0.7 万元。试用收益现值法评估该车辆目前的价格。

解：由于每年的预期收益额不相等，根据收益现值法的模型一，可得该车的评估值为

$$P = \frac{10000}{1+8\%} + \frac{9000}{(1+8\%)^2} + \frac{8000}{(1+8\%)^3} + \frac{7000}{(1+8\%)^4}$$

$$= 9259 + 7716 + 6351 + 5145$$

$$= 28471(元)$$

【例 6-6】 王某想买一辆旧轿车经营出租，2015 年 4 月 14 日在二手车交易市场见到一辆登记日为 2010 年 4 月的桑塔纳轿车，已行驶了 25 万 km，标价为 3.5 万元。请帮助他分析一下，买此车经营出租是否可行？

假设相关条件如下：

(1) 每年需交出租车标费 5500 元。

(2) 牌照、保险费及各种规费、杂费，每年需交 9500 元。

(3) 每年给驾驶员开支 48000 元。

(4) 买车后第一年用在日常维修、保养及大修方面的费用为 6000 元，以后每年要递增 2000 元。

(5) 买车后第一年可出车 350 天，以后每年因大修要递减 10 天。出车时，每天行驶 250km，毛收入为 600 元。该车的百公里油耗为 8L，油价为 7.5 元/L。

(6) 预计资金收益率为 10%，风险收益率为 5%。

(7) 所得税率为 25%。

解：

出租车的使用年限为 8 年，该车登记日 2010 年 4 月到 2015 年 4 月 14 日正好使用 5 年，即剩余使用寿命为 3 年。

折现率取资金收益率与风险收益率之和，即折现率＝10%＋5%＝15%

(1) 计算第一年的收益。

预计第一年收入：$600 \times 350 = 210000$(元)

预计第一年支出：$5500 + 9500 + 48000 + 6000 + 7.5 \times 8 \times 2.5 \times 350 = 121500$(元)

毛利润：$210000 - 121500 = 88500$(元)

税后利润：$88500 \times (1 - 25\%) = 66375$(元)

则第一年折现收益为：$\dfrac{66375}{1+15\%} = 57717$(元)

(2) 计算第二年的收益。

预计第二年收入：$600 \times (350 - 10) = 204000$(元)

预计第二年支出：$5500 + 9500 + 48000 + 8000 + 7.5 \times 8 \times 2.5 \times 340 = 122000$(元)

毛利润：$204000 - 122000 = 82000$(元)

税后利润：$82000 \times (1 - 25\%) = 61500$(元)

则第二年的折现收益为：$\dfrac{61500}{(1+15\%)^2} = 46503$(元)

(3) 计算第三年的收益。

预计第三年收入：$600 \times (350 - 20) = 198000$(元)

预计第三年支出：$5500 + 9500 + 48000 + 10000 + 7.5 \times 8 \times 2.5 \times 330 = 122500$(元)

毛利润：$198000 - 122500 = 75500$(元)

税后利润：$75500 \times (1 - 25\%) = 56625$(元)

则第三年的折现为：$\dfrac{56625}{(1+15\%)^3} = 37232$(元)

(4) 计算总收益。

三年合计收益现值为：$57717 + 46503 + 37232 = 141452$(元)

由于三年总收益 141452 元大于此车的标价 35000 元,并有 106452 元的盈利,故买此车经营出租是可行的。

习 题

1. 何谓收益现值法?简述收益现值法的基本原理。
2. 简述收益现值法的应用前提和特点。
3. 简述收益现值法的计算方法。
4. 如何确定预期收益额?
5. 何谓折现率?确定折现率有哪 4 个方面的原则?
6. 折现率由哪几部分构成?
7. 如何正确选取无风险报酬率?
8. 如何正确选取风险报酬率?
9. 简述收益现值法评估的工作步骤。
10. 2015 年 10 月某人打算在二手车市场购置一辆轿车用于个体出租车运营。该车的基本信息及经营预测如下:2011 年 10 月购买,并于当月完成车辆登记手续,已行驶里程数为 36 万 km。目前车辆技术状况良好,能正常运行;如用于出租车运营,全年预计可出勤 320 天。根据市场经营经验,该车型每天平均毛收入约 700 元,每天耗油费用 250 元,年检、保险费及各种应支出费用折合平均每天 75 元,年日常维修保养费用约 12000 元,年平均大修费用约 8000 元,人员劳务费 50000 元。根据目前银行储蓄年利率、行业收益等情况,确定资金预期收益率为 15%,风险报酬率为 5%。假设每年的纯收入相同,试结合上述条件评估该车可接受的最大投资额是多少。
11. 现有一辆 19 座以上的客运车辆,需要鉴定评估,该车系长途客运车辆,车主欲将车与线路营运权一同对外转让,线路经营权年限与车的报废年限相同。已知该线路于 2012 年 4 月登记注册,并投入营运,试评估该车于 2015 年 10 月的价值。据统计,该车的年平均收入为 80 万元,年均支出费用为 45 万元,取所得税率为 25%,折现率为 12%。
12. 现在一辆 10 座旅行客车转让,某个体工商户欲购该车作客运。按国家规定,该车剩余使用年限为 4 年,经预测这 4 年内每年的预期纯收入分别为:2.0 万元、1.5 万元、0.8 万元和 0.5 万元,试评估该车的价值。
13. 某企业出售一辆带拖挂的货车。评估时该车已使用 6 年,经市场调查和预测,该车每年还可以给企业带来预期收入 5 万元,汽车投入运营成本每年为 2.2 万元,企业所得税率为 33%,同行业的投资回报率为 10%,试评估该车的价值。
14. 某人欲购买一辆捷达二手车,准备从事出租经营,经调查分析,其预期收益为每年 15 万元,运营成本为 10 万元,个人所得税率为 25%,该二手车已使用 4 年,每年报酬率为 14%,试评估其价值。[已知$(P/A,14\%,4)=2.9173$]

第7章
现行市价法评估二手车价值

教学目标

本章要求学生掌握现行市价法的基本原理、应用前提和特点；掌握现行市价法的评估方法中的直接比较法、类比调整法和成本比率估价法；能运用现行市价法对二手车进行价值评估。

教学提示

现行市价法是资产评估中的一种基本方法。现行市价法能够客观反映二手车目前的市场情况，能充分反映二手车市场现实价格，其评估结果易被各方面理解和接受，因此，在二手车评估中应用很广。本章重点讲解现行市价法的基本原理和应用前提，以及现行市价法的评估方法。在运用现行市价法时重点是寻找参照车辆，但参照车辆与被评估二手车完全相同很难获得，一般情况是参照车辆与被评估二手车相近，为此，应讲述被评估车辆和参照车辆之间差异的量化调整技巧，以修正评估结果。

本章教学要点

知识要点	掌握程度	相关知识
现行市价法的基本原理	掌握现行市价法的定义；熟悉现行市价法的基本原理；了解现行市价法的应用前提；熟悉几个基本概念；熟悉现行市价法的特点	现行市价法的定义；现行市价法的基本原理；现行市价法的两个基本前提条件；参照物的相似性和可比性、市场价格、信息来源等基本概念；现行市价法的优点与缺点
现行市价法的评估方法	掌握直接比较法；掌握类比调整法；熟悉成本比率估价法	直接比较法的计算公式；类比调整法的计算模型与评估步骤；成本比率估价法的计算方法
评估实例分析	熟悉市场价格比较法的基本程序；掌握评估实例	市场价格比较法评估二手车价值的基本步骤；计算实例

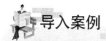 导入案例

现行市价法也称市场比较法,是根据目前公开市场上与被评估资产相似的或可比的参照物的价格来确定被评估资产的价格。现行市价法是一种最简单、有效的方法,是因为评估过程中的资料直接来源于市场,同时又为即将发生的资产行为估价。但是,现行市价法的应用,与市场经济的建立和发展,资产的市场化程度密切相关。我国市场经济的建立及逐渐完善,为现行市价法提供了有效的应用空间,现行市价法日益成为一种重要的资产评估方法。

比较因素是指可能影响设备市场价值的因素。在使用现行市价法进行评估的过程中,重要的一项工作是将参照物与评估对象进行比较。在比较之前,首先要确定哪些因素可能影响设备的价值。一般来说,设备的比较因素可分为时间因素、地域因素、功能因素、交易因素、质量因素5类。

(1) 时间因素是指参照物或交易时间与被评估资产在评估基准时间不同所致的资产价格差异。

(2) 地域因素是指资产所在地区、地段条件对价格影响的差异。

(3) 功能因素是指资产功能过剩和不足对资产价格的影响。如一台多功能机器效能很高,用途广泛,但购买者不需这样高的效能和广泛用途,形成剩余功能,不能被买者承认。因而,只能按低于其功能价值的价格来交易。

(4) 交易因素是指交易动机、背景对价格的影响,不同的交易动机和交易背景会对设备的出售价格产生影响。另外,交易数量也是影响设备售价的一个重要因素。

(5) 质量因素指资产本身功能、性能、精度、耐用度等技术状况。一般来说,同类产品质量好的价格高,质量差的价格低。在资产评估中质量因素对资产价格的影响也必须予以充分考虑。

采用现行市价法评估二手车的基本步骤包括如下4个方面。

1) 考察鉴定被评估二手车

收集被评估二手车的资料,包括二手车的类别、名称、型号等。了解二手车的用途、目前的使用情况,并对二手车的性能、新旧程度等进行必要的技术鉴定,以获得被评估二手车的主要参数,为市场数据资料的搜集及参照物的选择提供依据。

2) 选择参照物

按照可比性原则选取参照物。二手车的可比性因素主要包括类别、型号、用途、结构、性能、新旧程度、成交数量、成交时间、付款方式等。参照物一般应选择两个以上。

3) 对被评估二手车和参照物之间的差异进行比较、量化和调整

被评估二手车与参照物之间的各种可比因素,应尽可能地予以量化、调整。

(1) 销售时间差异的量化。在选择参照物时,应尽可能地选择在评估基准日成交的案例,以免去销售时间允许的量化步骤。若参照物的交易时间在评估基准日之前,可采用指数调整法将销售时间差异量化并予以调整。

(2) 二手车性能差异的量化。二手车性能差异的具体表现是二手车营运成本的差异。通过测算超额营运成本的方法将性能方面的差异量化。

(3) 新旧程度差异的量化。被评估二手车与参照物在新旧程度上不一定完全一致，参照物也未必是全新的。这就要求评估人员对被评估二手车与参照物的新旧程度的差异进行量化。

差异量＝参照物价格×（被评估二手车成新率－参照物成新率）

(4) 销售数量、付款方式差异的量化。销售数量大小、采用何种付款方式均会对二手车的成交单价产生影响。对销售数量差异的调整采用未来收益的折现方法解决；对付款方式差异的调整，被评估二手车通常是以一次性付款方式为假定前提，若参照物采用分期付款方式，则可按当期银行利率将各期分期付款额折现累加，即可得到一次性付款总额。

4) 汇总各因素差异量化值，求出二手车的评估值

对上述各差异因素量化值进行汇总，给出二手车的评估值。以数学表达式表示为

被评估二手车的价值＝参照物现行市价×$\sum$差异量

或

被评估二手车的价值＝参照物现行市价×差异调整系数

用市价法进行评估，了解市场情况是很重要的，并且要全面了解，了解的情况越多，评估的准确性越高，这是市价法评估的关键。

运用市价法收购二手车的贸易企业一般要建立各类二手车技术、交易参数的数据库，以提高评估效率。用市价法评估已包含了该二手车的各种贬值因素，包括有形损耗的贬值、功能性贬值和经济性贬值。因而用市价法评估不用再专门计算功能性贬值和经济性贬值。

7.1 现行市价法的基本原理与运用

7.1.1 现行市价法的定义

现行市价法又称市价法、市场价格比较法或和销售对比法，是指通过比较被评估车辆与最近出售类似车辆的异同，并将类似车辆市场价格进行调整，从而确定被评估车辆价值的一种评估方法。

7.1.2 现行市价法的基本原理

现行市价法的基本原理是通过市场调查，选择一个或几个与评估车辆相同或类似的车辆作为参照车辆，分析参照车辆的结构、配置、功能、性能、新旧程度、地区差别、交易条件及成交价格等，并与待评估车辆一一对照比较，找出两者的差别及差别所反映的价格上的差额，经过调整，计算出二手车的评估价格。

运用现行市价法要求充分利用类似二手车成交价格信息，并以此为基础判断和估测被评估车辆的价值。运用已被市场检验了的结论来评估被评估车辆，显然容易被买卖双方当事人所接受。因此，现行市价法是二手车评估中最直接、最具说服力的评估途径之一。

用现行市价法评估二手车包含了被评估车辆的各种贬值因素，如有形损耗的贬值、功

能性贬值和经济性贬值。因为市场价格综合反映了车辆的各种因素，则车辆的有形损耗及功能陈旧而造成的贬值，自然会在市场价格中有所体现。经济性贬值则是反映社会对各类产品综合的经济性贬值的大小，突出表现为供求关系的变化对市场价格的影响，因而，用市价法评估不用再专门计算功能性贬值和经济性贬值。

7.1.3 现行市价法的应用前提

由于现行市价法是以同类二手车销售价格相比较的方式来确定被评估车辆价值的，因此，运用这一方法时一般应具备两个基本的前提条件。

（1）要有一个市场发育成熟、交易活跃的二手车交易公开市场，经常有相同或类似二手车的交易，有充分的参照车辆可取，市场成交的二手车价格反映市场行情，这是应用现行市价法评估二手车的关键。在交易市场上二手车交易越频繁，与被评估相类似的二手车价格就越容易获得。

（2）市场上参照的二手车与被评估二手车有可比较的指标，这些指标的技术参数等资料是可收集到的，并且价值影响因素明确，可以量化。

运用现行市价法，最重要的是要在交易市场上能够找到与被评估二手车相同或相类似的已成交过的参照车辆，并且参照车辆是近期的、可比较的。所谓近期，是指参照车辆交易时间与被评估二手车评估基准日时间相近，一般在一个季度之内；所谓可比较，是指参照车辆在规格、型号、功能、性能、配置、内部结构、新旧程度及交易条件等方面与被评估二手车不相上下。

现行市价法要求二手车交易市场发育比较健全，并以能够相互比较的二手车交易在同一市场或地区经常出现为前提，而目前我国各地二手车交易市场完善程度、交易规模差异很大，有些地区的汽车保有量少，车型数少，二手车交易量少，寻找参照车辆较为困难。因此，现行市价法的实际运用在我国目前的二手车交易市场条件下将受到一定的限制。

现行市价法是从卖者的角度来考虑被评估二手车的变现值的，二手车评估价值的大小直接受市场的制约，因此，它特别适用于产权转让的畅销车型的评估，如二手车收购（尤其是成批收购）和典当等业务。畅销车型的数据充分可靠，市场交易活跃，评估人员熟悉其市场交易情况，采用现行市价法评估二手车，时间会很短。

7.1.4 现行市价法应用的几个基本概念

应用现行市价法还需了解参照物的相似性和可比性、市场价格、信息来源等其他基本概念。

1. 参照物的相似性与可比性

运用现行市价法最重要的是要能找到与被评估车辆完全相同或相类似的参照物。

所谓完全相同是指车辆品牌型号、配置等均一样。但是在不同的时期，寻找到同型号的车辆作为参照物有时比较困难。所以，一般来说，只要参照车辆与被评估车辆的类别相同、主参数相同、结构性能相同，只是生产顺序号不同，只做过局部改进的车辆，且只在行驶里程和实体状态上有些差异，则可认为是完全相同的。

相似性是指被评估对象和参照物之间，在车辆的类型、结构性能、功能、市场条件、交易条件等方面是相类似的，差异较小。若选择的参照物与被评估车辆在上述这些方面差异较大，很可能会得出一个较大的价值区间，增大评估结果的误差。

可比性是指评估对象与参照物之间有可比较的指标、技术参数、技术性能等，这些有关的资料又能收集得到。另外，影响价格的因素比较明确，并可量化，而且参照物是近期的、可比较的。总之，对评估对象与参照物之间的比较是通过比较各种复杂的因素来进行的。

2. 参照物的市场价格

参照物的价格必须是实际交易的价格，而不能是报价或预测价格。参照物价格作为评估的基础条件必须符合公平市场原则。如果这个市场价格受到买卖双方特殊关系的影响，或是子、母公司之间的关联产生的价格，则不能作为估价的基础。

3. 市场信息来源

评估人员在了解和掌握了评估对象的基本情况以后，就要进行市场调查，选取二手车市场参照物，收集相同或相似参照物的售价。参照物售价的来源包括以下方面。

（1）二手车经销商或其他销售商，如4S店置换价格情况。

（2）二手车购买者的购进价格。

（3）拍卖行二手车拍卖数据库中的价格资料。一般来说拍售价格比公开市场的销售价要低，所以，只可作为参考价。

（4）网上的价格资料。

（5）相关公开出版物所公布的价格资料。例如，中国汽车流通协会、中车联信息技术中心联合发布的《中国二手车价格手册》中提供的资料。

7.1.5 现行市价法的特点

1. 现行市价法的优点

（1）能够客观反映二手车目前的市场情况，其评估的参数、指标，可直接从市场获得，评估值能反映二手车市场现实价格。

（2）结果易于被各方面理解和接受。

2. 现行市价法的缺点

（1）需要公开及活跃的二手车市场作为基础，然而在我国很多地方二手车市场建立时间短，发育不完全、不完善，寻找参照车辆有一定的困难。

（2）可比因素多而复杂，即使是同一个生产厂家生产的同一型号的产品，同一天登记，但可能由于由不同的车主使用，其使用强度、使用条件、维护水平的不同而带来车辆技术状况不同，造成二手车评估价值差异。

（3）现行市价法对信息资料的数量和质量要求较高，而且要求评估人员要有较丰富的评估经验和评估技巧。

7.2 现行市价法的评估方法

运用现行市价法确定单台车辆价值通常采用直接比较法、类比调整法和成本比率估价法。

7.2.1 直接比较法

直接比较法又称直接市价法，是指在市场上找到与被评估车辆完全相同的车辆的现行市价，并依其价格直接作为被评估车辆评估价格的一种方法。

应用直接比较法有以下两种情况。

1. 参照车辆与被评估二手车完全相同

所谓完全相同是指车辆型号、使用条件和技术状况相同，生产和交易时间相近。这样的参照车辆常见于市场保有量大、交易比较频繁的畅销车型，如桑塔纳、凯越和雅阁等。

2. 参照车辆与被评估二手车相近

参照车辆与被评估二手车相近是指参照车辆与被评估车辆类别相同、主参数相同、结构性能相同，只是生产序号不同并只做局部改动，交易时间相近的车辆，也可近似等同作为评估过程中的参照车辆。这种情况在我国汽车市场上是非常常见的，很多汽车厂商为了追求车型的变化，给消费者一个新的感受，每年都在原车型的基础上做一些小的改动，如车身的小变化、内饰配置的变化等。

直接比较法的评估公式为

$$P=P'$$

式中，P——评估值；

P'——参照车辆的市场价格。

但要注意的是，运用直接比较法时，被评估对象与参照物之间的差异必须是很小的，其价值量的调整也应很小，并且这些差异对该价值的影响容易直接确定。否则，就不宜采用直接比较法进行评估。

7.2.2 类比调整法

1. 计算模型

类比调整法又称为类似比较法，是指评估车辆时，在公开市场上找不到与之完全相同但能找到与之相类似的车辆，此时可以此为参照车辆，并根据车辆技术状况和交易条件的差异对价格做出相应调整，进而确定被评估车辆价格的评估方法。其基本计算公式为

$$P=P'+P_1-P_2$$

或

$$P=P' \cdot K$$

式中，P——评估值；

P'——参照车辆的市场价格；

P_1——评估对象比参照车辆优异的价格差额；

P_2——参照车辆比评估对象优异的价格差额；

K——差异调整系数。

2. 评估步骤

运用类比调整法评估二手车价值，应按下列步骤进行，如图7.1所示。

1）搜集交易实例

运用类比调整法进行评估时，应准确搜集大量交易实例，掌握正常市场价格行情。搜集交易实例应包括下列内容：车辆

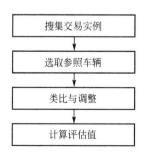

图7.1 运用类比调整法评估二手车价值的步骤

型号、制造厂家、使用性质、使用年限、行驶里程、实际技术状况、经济环境和市场环境、车辆所处的地理位置、成交数量、成交价格、成交日期、付款方式等。

2）选取参照车辆

根据了解到的被评估二手车资料，按照可比性原则，从二手车交易市场上寻找可类比的参照车辆，参照车辆的选择应在两辆以上。有下列情形之一的交易实例不宜选为参照车辆：

（1）有利害关系人之间的交易。

（2）急于出售或购买情况下的交易。

（3）受债权债务关系影响的交易。

（4）交易双方或一方对市场行情缺乏了解的交易。

（5）交易双方或一方有特权偏好的交易。

（6）特殊方式的交易。

（7）交易税费非正常负担的交易。

（8）其他非正常的交易。

车辆的可比因素主要包括以下方面。

（1）车辆型号和生产厂家。

（2）车辆用途，指的是私家车还是公务车，是乘用车还是商用车等。

（3）车辆使用年限和行驶里程。

（4）车辆实际技术性能和技术状况。

（5）车辆所处地区，由于地区经济发展的不平衡，收入水平存在差别，不同地区的二手车交易市场，同样车辆的价格会有较大的差别。

（6）市场状况，指的是二手车交易市场处于低迷期还是复苏、繁荣期，车源丰富还是匮乏，车型涵盖面如何，交易量如何，新车价格趋势如何等。

（7）交易动机和目的，指车辆出售是以清偿还是以淘汰转让为目的，买方是获利转手倒卖或是购买自用。不同情况下的交易作价往往有较大的差别。

（8）成交数量，单辆与成批车辆交易的价格会有一定差别。

（9）成交时间，应采用近期成交的车辆作类比对象。由于国家经济、金融和交通政策及市场供求关系会随时发生一些变化，市场行情也会随之变化，引起二手车价格的波动，通常成交日期与评估时点不宜超过3个月。

3）类比与调整

对被评估二手车和参照车辆之间的差异进行分析、比较，并进行适当的量化后调整为可比因素。主要差异及量化方法体现在以下方面。

（1）结构性能的差异及量化。汽车型号、结构上的差别都会集中反映到汽车的功能和性能的差别上，功能和性能的差异可通过功能、性能对汽车价格的影响进行估算（量化调整值＝结构性能差异值×成新率）。例如，同类型的汽油车，电喷发动机比化油器发动机贵3000～5000元；对营运汽车而言，主要表现为生产能力、生产效率和运营成本等方面的差异，可利用收益现值法对其进行量化调整。

（2）销售时间的差异与量化。在选择参照车辆时，应尽可能选择评估基准日的成交案例，以免去销售时间差异的量化；若参照车辆的交易时间在评估基准日之前，可采用价格指数法将销售时间差异量化并调整。

（3）新旧程度的差异及量化。被评估二手车与参照车辆在新旧程度上存在一定的差异，要求评估人员能够对二者做出基本判断，取得被评估二手车和参照车辆成新率后，以参照车辆的价格乘以被评估二手车与参照车辆成新率之差，即可得到两者新旧程度的差异量［新旧程度差异量＝参照车辆价格×（被评估二手车成新率－参照车辆成新率）］。

（4）销售数量的差异及量化。销售数量的大小、采用何种付款方式均会对二手车成交单价产生影响，对这两个因素在被评估二手车与参照车辆之间产生的差别，应首先了解清楚，然后根据具体情况做出必要的调整。一般来讲，卖主充分考虑货币的时间价值，会以较低的单价吸引购买者（常为经纪人）多买，尽管价格比零售价格低，但可提前收到货款。当被评估二手车是成批量交易时，以单辆汽车作为参照车辆是不合适的；而当被评估二手车只有一辆时，以成批汽车作为参照车辆也不合适。销售数量的不同会造成成交价格的差异，必须对此差异进行分析，适当地调整被评估二手车的价值。

（5）付款方式的差异及量化。在二手车交易中，绝大多数为现款交易，在一些经济较活跃的地区已出现二手车的银行按揭销售。银行按揭的与一次性付款的二手车价格差异由两部分组成：一是银行的贷款利息，贷款利息按贷款年限确定；二是汽车按揭保险费，各保险公司的汽车按揭保险费率不完全相同，会有一些差异。

4）计算评估值

将各可比因素差异的调整值以适当的方式加以汇总，并据此对参照车辆的成交市价进行调整，从而确定被评估二手车的评估价格。

7.2.3 成本比率估价法

1. 成本比率估价法的含义

成本比率估价法是用二手车的交易价格与重置成本之比来反映二手车的保值程度。这种方法是在评估实践中，通过分析大量二手车市场交易的统计数据，得到同类型的车辆的保值率（相反即为贬值率）与其使用年限之间存在基本相同的函数关系。也就是说，只要是属于同一类别的车辆，即使实体差异较大，但使用年限相同，那么它们的重置成本与二手车交易价格之比是很接近的。根据这个规律，通过统计分析的方法，建立使用年限与二手车售价/重置成本之间的函数关系，以此来确定在二手车市场上无法找到基本相同或者相似参照物的被评估车辆的评估值。

2. 成本比率估价法的计算方法

参照物市场的交易价格与其重置成本之比，称为成本比率，也可称为保值率，用 α 表示，则有

$$\alpha = \frac{P_0}{B_0} \times 100\%$$

式中，α——参照物的成本比率或保值率（％）；

P_0——参照物市场交易价格；

B_0——参照物的重置成本。

求出参照物的 α 值后，就可根据被评估对象的重置成本 B 来确定被评估对象的评估值。

$$P = \alpha \times B$$

式中，P——被评估对象的评估值；

α——参照物的成本比率；

B——被评估车辆的重置成本。

重置成本的确定与重置成本法中所述相同。

而成本比率 α 的确定要注意的是参照物应为同类型的车辆,但级别、型号可以不同。此外,参照物的使用年限应与被评估车辆相同,否则,评估结果的准确性就要差些。

因此,该方法的内涵是认为同类型的车辆,尽管车辆的型号、级别、生产规模、结构、配置等指标不同,但成本比率的变化规律应是相同的。如果找出了成本比率的变化规律,而且被评估对象的重置成本又能确定,则可通过计算得出被评估车辆的评估值。

例如,在评估某一品牌型号的微型轿车时,市场上找不到与之相同或相似的参照物。但能找到其他厂家生产的普通级或中级轿车作为参照物。且统计数据表明,与被评估车辆使用年限相同的普通级轿车售价都是其重置成本的 45%～50%,这就可认为被评估车辆的售价也是其重置成本的 45%～50%。

值得指出的是,这种方法是通过大量市场交易数据统计分析得到成本比率关系,评估人员必须确保这些数据是适合被评估对象的。目前,我国绝大多数地区的二手车市场还不完善,二手车交易量还不大,要准确获得某类车型的成本比率 α 的值还有一定困难。所以,评估人员在实际工作中,应注意积累这些资料,通过统计分析市场数据,找出成本比率 α 值与使用年限之间的关系,以便在评估中应用。

通过对二手车市场大量的交易数据统计发现,同类车其成本比率 α 与使用年限之间存在基本相同的函数关系。也就是说,使用年限相同的同一类车,它们的 α 值很接近,可用 $\alpha=f(Y)$ 来表示。这个表达式只考虑了使用年限 "Y" 的影响,忽略了其他因素,如实体性差异就未考虑,所以,此式只适用于正常使用的车辆,对长期闲置或过度使用的车辆都不适用。

根据使用年限不同,轿车类的成本比率 α 值见表 7-1。

表 7-1 轿车综合成本比率

已使用年限	1	2	3	4	5	6
成本比率 α	0.7327	0.6618	0.5484	0.4992	0.4554	0.3676
已使用年限	7	8	9	10	11	12
成本比率 α	0.3158	0.2733	0.2533	0.1913	0.1495	0.1510

根据这个规律,评估人员可通过大量的数据统计分析的方法,建立使用年限与成本比率之间的关系,据此来评估在二手车市场上无法找到相同或相似的参照物的被评估车辆。

利用市场上获得的 α 值,可以计算得到市场中的成本比率 α 与使用年限 Y 之间的函数关系。常用的数学方法有线性回归和指数方程,通过线性回归计算可以对统计数据的离散性进行定量的分析,以判断数据的精度。但需要涉及对数变换、最小二乘法和偏微分等数学知识。

如果要考虑多因素的影响,那就比较复杂了。若要对其进行定量的回归分析,就涉及多变量回归,当然就更复杂了。

用现行市价法进行评估已包含了该车辆的各种贬值因素,因此,现行市价法被推荐采用,而且国外的评估机构也通常优先采用现行市价法。在我国中等以上城市,特别是经济较为发达的地区和城市,一般情况下,每年成交的各种二手车少则几千辆,多则几万辆甚至十几万辆。这为现行市价法的应用奠定了良好的市场条件,通常总能够找到成交案例作为市场参照车辆。虽然,我国的汽车生产厂家较多,各种品牌林立,规格品种众多。但由于近几年来市场交易活跃,特别是各个城市有较多的经纪公司、置换公司并逐渐形成了主营各自的品牌,大部分车型都有交易案例。因此,评估机构和评估人员应不断收集各种品牌、车型的成交案例,作为各种评估对象市场参照车辆的资料存档,它是评估人员对市场价格行情的积累。

7.3 评估实例分析

7.3.1 现行市价法的评估步骤

采用现行市价法评估二手车价值时,一般可按如下步骤进行。

1. 收集资料

收集被评估对象的资料,包括车辆的类别、型号、性能、生产厂家,了解车辆的使用情况、已使用年限,鉴定车辆现时的技术状况等。

2. 选定二手车市场上相同或相似的参照物

所选的参照物必须具有可比性。与被评估对象完全相同的参照物很难找到,一般都存在一些差异,只要存在差异,就应进行调整。

3. 分析、比较

将参照物与被评估对象进行比较,分析它们之间存在的差异,确定其差异程度,并进行调整。调整是针对被评估对象进行的,而不能对参照物进行调整,因为参照物已有了市场交易价格。主要是针对其价格进行调整,确定需调整的比较因素及其调整系数。

4. 计算被评估对象的评估值

在分析比较的基础上,确定比较因素,并将各因素的调整系数确定后,代入有关计算公式进行评估值的计算,最终获得评估结论。

7.3.2 评估实例

【例 7-1】 现在要评估一辆轿车,二手车市场上获得市场参照物的品牌型号、购置年、月,行驶里程,整车的技术状况基本相同。区别在于:
(1) 参照物的左后组合灯损坏需更换,费用约 220 元;
(2) 被评估车辆改装了一套 DVD 音响,价值 5000 元。
参照物的市场交易价为 225000 元,试计算被评估的轿车价值。
解: 被评估轿车的价值为
$$P = P' = 225000 + 220 + 5000 = 230220(元)$$

【例 7-2】 某桑塔纳 3000 型出租车,初次登记日为 2010 年 8 月,已行驶 45 万 km,评估基准日是 2015 年 8 月,某市出租车使用年限为 8 年,试运用现行市价法中的直接比较法进行评估。

解: 在 2014 年 8 月至 2015 年年底之间,该车所在城市的出租车进行大规模更新,大批桑塔纳 3000 型汽车被淘汰出出租车市场,因此,在二手车市场可以找到同类型、入户时间相近、使用状况相近的桑塔纳 3000 型,故有可选择的参照物。

选择的参照物分别为 3 辆 2010 年初次登记上牌的桑塔纳 3000 型汽车,2015 年 8 月在二手车市场的挂牌价分别为 24100 元、24500 元和 249000 元,而且已使用年限相同均为 5 年,使用性质相同均为出租车,配置完全一样,评估基准日与参照物成交日期相近,故所评估的桑塔纳 3000 型汽车的价值取 3 个参照物的算术平均数,即

$$\frac{24100+24500+24900}{3}=24500(元)$$

采用现行市价法进行车辆评估,需要有公开、活跃的市场作为基础,如果市场发育不充分,缺少足够的可对比数据,则难以运用,有一定局限性。

【**例 7 - 3**】 某桑塔纳 2000 轿车及参照物的技术经济参数见表 7 - 2,试运用现行市价法——类比调整法对该车进行评估。

表 7 - 2 桑塔纳 2000 轿车及参照物的技术经济参数

序号	技术经济参数	参照物Ⅰ	参照物Ⅱ	参照物Ⅲ	参照物Ⅳ	被评估汽车
1	车辆型号	桑塔纳 2000 化油器 GLS	桑塔纳 2000 电喷 GLI	桑塔纳 2000 时代超人 GSI	桑塔纳 2000 时代超人 GSI	桑塔纳 2000 时代超人 GSI
2	销售条件	公开市场	公开市场	公开市场	公开市场	公开市场
3	交易时间	2003 年 8 月	2003 年 10 月	2003 年 9 月	2003 年 11 月	2003 年 10 月
4	使用年限	15	15	15	15	15
5	初次登记年月	1998 年 11 月	1999 年 4 月	1999 年 5 月	1999 年 7 月	1999 年 6 月
6	已使用时间	57 个月	54 个月	52 个月	52 个月	52 个月
7	成新率/(%)	61	70	72	73	73
8	交易数量	1	1	1	1	1
9	付款方式	现款	现款	现款	现款	现款
10	地点	南京	南京	南京	南京	南京
11	物价指数	1	0.97	0.98	0.96	0.97
12	价格/万元	7.8	9.2	10.7	10.8	求评估值

解:

1) 以参照物Ⅰ为参照对象进行各项差异量化和调整

(1) 结构性能差异量化与调整,参照物Ⅰ为老式车型。被评估物为新式车型,评估基准日该项结构差异为 0.3 万元,参照物Ⅰ发动机为 AFE 化油器式,进、排气管在气缸同

侧排列,属过渡产品,低速动力表现欠佳。被评估车辆为 AJR 发动机,电喷 L 型,没有分电盘,双火花点火线圈,进、排气管在气缸两侧排列,并在助力转向基础上加装 ABS 系统,该项结构差异额为 1.3 万元;该调整系数为(1.3+0.3)×73%=1.168(万元)。

(2) 销售时间差异量化与调整:$\dfrac{0.97}{1}=0.97$

(3) 新旧程度差异量化与调整,该项调整系数为 7.8×(73%−61%)=0.936(万元)。

销售数量和付款方式无差异。

评估值=(1.168+0.936)×0.97=2.04(万元)

由于上述数据可比实例成交价格调整超过了 10%,因此不可选作为参照物。

2) 以参照物Ⅱ为参照对象进行各项差异量化和调整

(1) 结构性能差异量化与调整,参照物Ⅱ为老式车型。被评估物为新式车型,评估基准日该项结构差异为 0.3 万元,参照物Ⅱ发动机为 AFE 电喷发动机,有分电盘,进、排气管在气缸同侧排列,与被评估车辆相比,还相差 ABS,该项结构调整为 0.8 万元,该项调整系数为(0.8+0.3)×73%=0.8 万元。

(2) 销售时间差异量化与调整:$\dfrac{0.97}{0.97}=1$

(3) 新旧程度差异量化与调整:9.2×(73%−70%)=0.28(万元)

销售数量和付款方式无差异。

评估值=(9.2+0.8+0.28)×1=10.28(万元)

3) 以参照物Ⅲ为参照对象进行各项差异量化和调整

(1) 结构性能差异量化与调整,参照物与被评估车辆结构完全一样,故不做调整。

(2) 销售时间量化差异与调整:$\dfrac{0.97}{0.98}\approx 0.99$

(3) 新旧程度量化调整:10.7×(73%−72%)=0.107(万元)

销售数量和付款方式无差异。

评估值=(10.7+0.107)×99%=10.70(万元)

4) 以参照物Ⅳ为参照对象进行各项量化和调整

(1) 结构性能差异量化与调整,参照物与被评估车辆结构完全一样,故不做调整。

(2) 销售时间量化差异与调整:$\dfrac{0.97}{0.96}\approx 1.01$

(3) 新旧程度差异量化与调整:成新率一样,故不做调整。

销售数量和付款方式无差异。

评估值=10.8×1.01=10.91(万元)

综合参照物Ⅱ、参照物Ⅲ和参照物Ⅳ,被评估车辆评估值=$\dfrac{10.27+10.70+10.91}{3}=$10.62(万元)。

【例 7-4】 2005 年 3 月,某评估公司对一辆伊兰特手动挡标准型轿车进行评估。该车为 2004 年 4 月购买并上牌,已行驶里程 2.7 万 km。由于该种车型 2004 年 3 月刚上市,目前市场暂无同品牌类型可比。因此,评估人员经市场调查,选择了凯越舒适版 LS 型、马自达福美来新锐级 GL 和宝来手动基本型 FV7161 作为参照物,以上几种车型近期在公开市场上都有交易且同为私家车。不同品牌各参照车型的技术经济参数见表 7-3,试运用现行市价法——类比调整法计算伊兰特轿车的评估值(已知伊兰特轿车的成新率为85%，物价指数为0.98)。

表7-3 不同品牌各参照车型的技术经济参数

品　　牌	凯越舒适版	宝来手动基本型FV7161	马自达福美来新锐级GL
上牌日期	2004年2月	2004年2月	2004年元月
基准日时的新车价/万元	10.98	12.48	10.66
交易日期	2005年3月	2005年元月	2005年2月
交易数量	2	1	1
成新率/(%)	83～84	85	82
付款方式	现款	现款	现款
公开市场成交价/万元	9.2～9.3	11	8.9
物价指数	0.97	0.98	1

根据市场调查掌握的资料情况，经分析，参照物凯越舒适版和马自达福美来新车价格与伊兰特相近，主要参数及配置也相近。而宝来手动基本型其新车价格为12.48万元，明显高于其他两种车型，也高于被评估标的伊兰特，而且其发动机为四缸、顶置20气门，可变配气相位，多点电喷汽油，虽然排量相同、评估标的相同，但已高一个档次，不作为参照物。几款同类型汽车技术经济参数比较见表7-4。

表7-4 同品牌各参照车型的技术经济参数

品牌车型	凯越舒适版SGM7161LX	伊兰特手动标准型BH7160M	福美来新锐级HMC7161GL
长×宽×高/mm×mm×mm	4515×1725×1445	4526×1725×1425	4365×1705×1410
轴距/mm	2600	2610	2610
整备质量/kg	1220	1275	1105
行李箱容积/L	405	415	416
发动机形式	四缸、顶置16气门、多点电喷汽油	四缸、顶置16气门、多点电喷汽油	四缸、顶置16气门、多点电喷汽油
最大功率/[kW/(r/min)]	78/6000	82/6000	71/5000
最大转矩/[N·m/(r/min)]	142/4000	143/4500	140.2/4000
等速百公里油耗/L	6.5	6.3	6.0
燃油标号	93号以上无铅汽油	93号以上无铅汽油	93号以上无铅汽油
油箱容积/L	60	55	55

（续）

品牌车型	凯越舒适版 SGM7161LX	伊兰特手动标准型 BH7160M	福美来新锐级 HMC7161GL
最高时速/(km/h)	180	184	185
0～100km/h 加速时间/s	12.7	11.6	12.7
排放标准	欧Ⅲ	欧Ⅱ	欧Ⅱ
变速器	五变矩器手动	五变矩器手动	五变矩器手动
制动装置（前/后）	盘式/盘式	盘式/盘式	盘式/盘式
ABS	有（加 EBD）	有（加 EBD）	有（带制动力分配）
转向助力	有	有	有
转向盘	不可调	倾角可调	倾角可调
轮胎规格	185/65R14	195/65R15	195/55R15
气囊	前排双	前排双	前排双
后座安全带	有	有	无
高位制动灯	无	有	有
防撞车身	无	有	有
防盗系统	有	无	无
中控门锁	有	有	有
倒车雷达	无	无	无
音响	立体声收音机/CD	立体声收音机/CD	立体声收音机/CD
玻璃升降	前后门电动	前后门电动	前后门电动
外后视镜	电动	电动	电动
真皮座椅	无	无	无
价格/万元	10.98	10.61	10.66

解：

1) 以参照物凯越舒适版进行各项差异调整

（1）结构性能差异量化与调整。

从表 7-4 可以看出，被评估车辆伊兰特与凯越结构性能基本相同，故该项调整系数为 1。

（2）销售时间差异量化与调整。

由于参照物与被评估物同为 2005 年 3 月成交与评估，故该项调整系数为 1。

（3）新旧程度差异量化与调整。

该调整数分别为 92000×(85%－83%)=1840(元)，

93000×(85%－84%)=930(元)

销售数量虽为两辆，但已分别作为参照物，故不做调整。

付款方式无差异。

评估值凯越 1＝92000＋1840＝93840(元)

评估值凯越2＝93000＋930＝93930(元)

2) 以参照物福美来进行各项差异调整

(1) 结构性能差异量化与调整。

以表7－4可以看出，评估车辆伊兰特与福美来性能基本相同，故调整系数为1。

(2) 销售时间差异量化与调整。

福美来成交时间为2005年2月，被评估车辆伊兰特评估基准日为2005年3月，故该项调整系数为$\frac{0.98}{1}=0.98$。

(3) 新旧程度差异量化与调整。

该项调整数为89000×(85%－82%)＝2670(元)。

评估值＝(89000＋2670)×0.98＝89837(元)

综合参照两辆凯越和一辆福美来，采用算术平均方法。

被评估伊兰特轿车的评估值＝$\frac{93840+93930+89837}{3}=92536$(元)

【例7－5】 有一轿车，已使用6年，一直正常使用，当前的重置成本为16.8万元，试用现行市价法中的成本比率估价法评估该车的价值。

解：该轿车已使用了6年，查表7－1，其综合成本比率$\alpha=36.76\%$。所以，该车的评估值为

$$P=\alpha \times B=0.3676 \times 16.8 \approx 6.176(万元)$$

习　题

1. 何谓现行市价法？简述其基本原理。
2. 简述现行市价法的应用条件。
3. 采用现行市价法进行二手车价值评估时，如何选择参照车辆？
4. 现行市价法的评估方法有哪3种？简述各自的特点。
5. 用类比调整法进行二手车价值评估时，通常考虑哪些调整项目？
6. 何谓成本比率？如何计算？
7. 简述市场价格比较法的基本程序。
8. 简述采用现行市价法评估二手车价值的工作程序。
9. 某评估人员在用现行市价法对某凯越轿车进行价值评估时，收集了两辆参照车辆的技术经济参数。试运用现行市价法——类比调整法对该车进行评估，该车及参照车辆的技术经济参数见表7－5。

表7－5　同品牌各参照车型的技术经济参数

序号	技术经济参数	参照车辆Ⅰ	参照车辆Ⅱ	被评估车辆
1	车辆型号	凯越1.6LX－MT	凯越1.6LX－AT	凯越1.6LE－AT
2	销售条件	公开市场	公开市场	公开市场
3	交易时间	2014年12月	2014年6月	2015年6月

(续)

序号	技术经济参数	参照车辆Ⅰ	参照车辆Ⅱ	被评估车辆
4	使用年限/年	15	15	15
5	初次登记年月	2009年6月	2009年6月	2009年12月
6	已使用时间	5年6个月	5年	5年6个月
7	成新率	53%	48%	50%
8	交易数量	1	1	1
9	付款方式	现款	现款	现款
10	地点	南京	南京	南京
11	物价指数	1	1.03	1.03
12	价格	50000元	55000元	待求评估值

10. 在对某辆二手车进行评估时，评估人员选择了3个近期成交的与被评估二手车类别、结构基本相同，技术经济参数相近的车辆作参照车辆。参照车辆与被评估二手车的一些具体技术经济参数见表7-6，试采用现行市价法对该车进行价值评估。

表7-6 各参照车型的基本经济参数

序号	技术经济参数	参照车辆A	参照车辆B	参照车辆C	被评估二手车
1	车辆交易价格/元	50000	65000	40000	—
2	销售条件	公开市场	公开市场	公开市场	公开市场
3	交易时间	6个月前	2个月前	10个月前	—
4	已使用年限/年	5	5	6	5
5	尚可使用年限/年	5	5	4	5
6	成新率/(%)	62	75	55	70
7	年平均维修费用/元	20000	18000	25000	20000
8	耗油量/(L/100 km)	25	22	28	24

第 8 章
清算价格法评估二手车价值

本章要求学生掌握清算价格法的基本原理、适用范围和影响因素;掌握清算价格法评估方法中的现行市价折扣法、意向询价法和拍卖法;能运用清算价格法对二手车进行价值评估。

清算价格法不是资产评估的基本方法,是现行市价法、重置成本法、收益现值法的具体运用。本章重点是讲述清算价格法的基本原理和应用前提,以及二手车评估清算价格的3种基本方法,即现行市价折扣法、意向询价法和拍卖法。本章难点是折扣率(或快速变现系数)的确定,影响折扣率(或快速变现系数)的因素有很多,故很难将折扣率精确。

知识要点	掌握程度	相关知识
清算价格法的基本原理	掌握清算价格法的定义;熟悉清算价格法的原理;了解清算价格法的适用范围;了解决定清算价格主要因素	清算价格法的定义;清算价格法的原理;清算价格法的3种适用范围;决定清算价格的4个主要因素
清算价格法的评估方法	掌握现行市价折扣法;熟悉意向询价法;了解拍卖法	现行市价折扣法的原理与方法;意向询价法的原理与方法;拍卖方式、拍卖规则、拍卖流程与拍卖公告
评估案例分析	熟悉清算价格法的评估步骤;掌握评估实例	清算价格法评估二手车价值的基本步骤;1个计算实例

清算价格法评估二手车价值 **第8章**

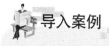
导入案例

二手车拍卖业务日渐火爆

随着我国二手车行业的发展，近年来二手车拍卖业务成为各大市场、厂家、网站等经营体的一个新生业务。打破传统的拍卖模式，我国汽车市场正在迈向电子商务交易方式。美国、日本等二手车交易模式都是B2B交易调配模式，因其异地之间交易相对便捷，效率高，手续简单，故总体成本较低。随着我国电子商务的兴起，二手车拍卖平台B2B模式将成为主流。

北京花乡二手车市场"即时拍"平台总成交率高，已经成为业内最为成功的二手车拍卖平台之一。目前，"即时拍"平台成为全国二手车市场拍卖范例，并开始向全国二手车交易市场推广。2010年8月18日，北京亚运村汽车交易市场电子商务平台"车易拍"，推出"新旧车竞价置换"服务，拉开了二手车电子商务模式的践行帷幕。

二手车拍卖日渐火爆，各二手车拍卖公司不断发布二手车拍卖信息，如上海国拍机动车拍卖有限公司(http：//www.gpautobid.com/)，在2015年5月发布的几个二手车拍卖公告信息如下。

(1) 2015/5/16周六固定拍卖会：经销商委托车辆/社会委托车辆/个人委托车等车型。**本场重点车型：1——经销商委托车辆**：领驭、锐欧、Polo、君威、途安、雅阁、标致307、景程、威霆、福克斯、比亚迪F0、致胜、奔奔mini、途安、蓝瑟、花冠、马自达6、桑塔纳、宝马525i、凯越、利亚纳、别克GL8、乐风、奥迪A6、轩逸、骏捷、天籁、奔驰B200、颐达等；**2——社会委托车辆**：奥迪A6L、柯斯达……

(2) 2015/5/9周六固定拍卖会：经销商委托车辆/社会委托车辆/个人委托车等车型。

(3) 2015/5/13周三固定拍卖会：厂方委托/租赁公司非营运车/经销商委托车辆/社会委托车辆等车型。

(4) 2015/5/6周三固定拍卖会：租赁车/租赁公司非营运车/经销商委托车辆/社会委托车辆等车型。

(5) 2015/4/29周三固定拍卖会：租赁公司委托车辆/经销商委托车辆/社会委托车辆/企业委托车辆等车型。

(6) 2015/4/25周六固定拍卖会：经销商委托车辆/社会委托车辆/企业委托车辆/个人委托车辆等车型。

(7) 2015/4/22周三固定拍卖会：租赁公司委托车辆/经销商委托车辆/社会委托车辆/企业委托车辆等车型。

(8) 2015/4/18周六固定拍卖会：公务车/租赁公司委托车辆/经销商委托车辆/社会委托车辆等车型。

(9) 2015/4/15周三固定拍卖会：公务车/租赁公司委托车辆/经销商委托车辆/社会委托车辆等车型。

(10) 2015/4/11周六固定拍卖会：社会委托车辆/经销商委托车辆/社会委托车辆等车型。

(11) 2015/4/8周三固定拍卖会：企业委托车辆/租赁公司委托车辆/经销商委托车辆/社会委托车辆等车型。

(12) 2015/4/1周三固定拍卖会：企业委托车辆/租赁公司委托车辆/经销商委托车辆/社会委托车辆等车型。

8.1 清算价格法的基本原理与运用

8.1.1 清算价格法的定义

清算价格法是以清算价格为标准,对二手车进行的价格评估。

所谓清算价格,是指企业由于破产或其他原因,要求在一定的期限内将车辆变现,在企业清算之日预期出卖车辆可收回的快速变现价格。

8.1.2 清算价格法的原理

清算价格法主要根据二手车技术状况,运用现行市价法估算其正常价值,再根据处置情况和变现要求,乘以一个折扣率,最后确定评估价格。

清算价格法在原理上与现行市价法基本相同,所不同的是迫于停业或破产,清算价格往往大大低于现行市场价格。这是由于企业被迫停业或破产,急于将车辆拍卖、出售。因此,从严格意义上讲,清算价格法不能算为一种基本的评估方法,只能算是现行市价法、重置成本法、收益现值法的具体运用。

8.1.3 清算价格法的适用范围

清算价格法适用于企业破产、抵押、停业清理时要售出的车辆。

1. 企业破产

企业破产是指当企业或个人因经营不善造成严重亏损、资不抵债时,企业应依法宣告破产,法院以其全部财产依法清偿其所欠的债务,不足部分不再清偿。

2. 资产抵押

资产抵押是指企业或个人为了进行融资,用自己特定的财产为担保向对方保证履行合同义务的担保形式。提供财产的一方为抵押人,接受抵押财产的一方为抵押权人。抵押人不履行合同时,抵押权人有权利将抵押财产在法律允许的范围内变卖,从变卖抵押物价款中优先获得赔偿。

3. 停业清理

停业清理是指企业由于经营不善导致严重亏损,已临近破产的边缘或因其他原因将无法继续经营下去,为弄清企业财物现状,对全部财产进行清点、整理和查核,为经营决策(破产清算或继续经营)提供依据,以及因资产损毁、报废而进行清理、拆除等的经济行为。

在上述3种经济行为中,若要对二手车进行评估,则可用清算价格作为标准,但在评估时要注意评估车辆必须具有法律效力的破产处理文件或抵押合同及其他有效文件;车辆在市场上可以快速出售变现,所卖收入足以补偿因出售车辆的附加支出总额。

8.1.4 决定清算价格的主要因素

由于采用清算价格进行评估的车辆,通常要在较短的期限内将车辆变现,因此其价格往往低于现行市场价格,这是快速变现原则决定的。清算价格的高低一般与以下几方面因素有关。

1. 企业破产形式

如果企业完全丧失车辆的处置权,无法进行讨价还价,占有主动权的买方必然会尽力压低价格,从中获益;如果企业尚有讨价还价的余地,则车辆的价格就有可能高些。

2. 车辆拍卖时限

车辆的拍卖时限越短,车辆的清算价格就可能越低;反之,车辆的价格就可能高些。

3. 车辆现行市价

与被拍卖车辆相同或类似的车辆的现行市场价格越高,被拍卖车辆的清算价格通常也会高些;反之,被拍卖车辆的价格就会低些。

4. 车辆拍卖方式

若车辆与破产企业的其他资产一起整体拍卖,其拍卖值可能会高于包括车辆在内的各单项资产变现价值之和。

8.2 清算价格法的评估方法

二手车评估清算价格的方法主要有现行市价折扣法、意向询价法、拍卖法3种。

8.2.1 现行市价折扣法

现行市价折扣法指清理车辆时,首先在二手车市场上寻找一个与之相适应的参照物,然后根据快速变现原则估定一个折扣率并以此来确定其清算价格。

例如,一辆旧桑塔纳轿车,经调查在二手车市场上成交价为4万元,根据销售情况调查,折价20%可以当即出售,则该车辆清算价格为$4 \times (1-20\%) = 3.2$(万元)。

8.2.2 意向询价法

意向询价法是根据向被评估车辆的潜在购买者询价的办法取得市场信息,最后经评估人员分析确定其清算价格的一种方法。用这种方法确定的清算价格受供需关系影响很大,所以要充分考虑其影响的程度。

例如,有一辆旧桑塔纳普通型轿车,拟评估其清算价格。评估人员经过对5个有购买意向的经纪人询价,其价格分别为4.5万元、4.6万元、4.7万元、4.8万元、4.6万元,价格差异不大,评估人员确定其清算价格为4.6万元。

又如,有一辆旧福特林肯轿车,拟评估其清算价格。评估人员经过对3个有购买意向的经纪人询价,其价格分别为15万元、11万元、17万元,价格差异较大,评估人员不能以此来确定其清算价格。

8.2.3 拍卖法

拍卖法是由法院按照法定程序(破产清算)或由卖方根据评估结果提出一个拍卖的底

价,在公开市场上由买方竞争出价,谁出的价格高就卖给谁。

1. 拍卖方式

二手车拍卖有两种拍卖方式,即现场拍卖和网上拍卖。

2. 二手车拍卖规则

各二手车拍卖公司均建立了各自的拍卖规则,但其规则内容基本相同。二手车拍卖规则如下。

第一条 本规则根据《中华人民共和国拍卖法》及拍卖公司章程,参照国际通行惯例制定。

第二条 竞买人(或竞买代理人)应凭身份证或护照、工商营业执照副本、法定代表人身份证、授权委托书等证明文件在拍卖公司公告规定的时间内到拍卖公司填写竞买登记表,并签署登记表,缴付履约保证金,领取竞买号牌,否则不被视为竞买人。境外竞买者、法人须持有境外公司的政府注册文件、银行资信证明;个人须持有效身份证明(如居民证、回乡证、护照等)。

第三条 竞买人一经签署竞买登记表,即表明了解本规则,同意履行本规则全部条款,并对自己在拍卖活动中的行为承担全部责任。

第四条 拍卖目(图)录是对拍卖车辆的车况方面的基本情况提供说明的文字或图片资料,仅供竞买人在拍卖前对欲竞投的拍卖车辆的实际状况进行了解。竞买人应在拍卖公司公告的时间、地点索取拍卖目(图)录,并到指定地点看车,仔细审视拍卖车辆现状。竞买人自行承担相应责任,拍卖公司和其他工作人员的介绍均为参考性意见,不作任何担保。

第五条 竞买人出价须以竞买号牌显示(相关竞价阶梯于拍卖会时公布)。竞买人请保管好自己的应价号牌,不得随意转让,拍卖师只认号牌不认人。否则由此引起的纠纷,由号牌领取人负责。竞买人一般应亲自出席拍卖会参加竞投。若不能出席,可预先办理相关登记手续、缴付保证金,以代理人形式委托拍卖公司或他人代为竞投。

第六条 标的竞价采用无声竞价和有声竞价相结合的方式,因此,竞买人举牌示意或口头叫价均可。有声竞价时竞买人可不受加价幅度的限制自由叫价,口头叫价时须同时举牌,无号牌时则叫价无效。

第七条 竞买人一旦举牌应价或口头叫价即发生法律效力,不得反悔、撤回。除非其他竞买人有更高的应价或叫价时,该应价或叫价才丧失约束力。

第八条 竞买时,拍卖师对竞买人的最高应价或叫价采用三声报价制。当竞买人的最高应价或叫价已达到或超过底价,并为拍卖师所接受且无人再加价时,拍卖师以击槌方式表示成交。击槌前竞买人举牌应价或报价有效,击槌后无效。

第九条 拍卖成交后,买受人应当场签署拍卖笔录,并随后与拍卖公司签订具有法律约束力的拍卖成交确认书。买受人不得拒签拍卖成交确认书。若应价后反悔,保证金将作为违约金不予返还。

第十条 拍卖车辆一经成交,买受人须当场付款或按拍卖成交确认书约定方式支付成交价款和佣金(保证金可抵减应付货款),并按市车管所对车辆过户的规定提交过户相关资料,待车辆过户手续完毕后方可提车。逾期不缴付上述款项的,拍卖人有权视为买受人违约,所缴付保证金不退还。拍卖人经委托人同意对该项成交的拍卖车辆再次拍卖的,买受人应当支付第一次拍卖中委托人应当支付的佣金。再次拍卖成交价款低于原成交价款的,原买受人应当补足差额。

第十一条 竞买人在拍卖会竞买成功,须同时支付拍卖公司佣金,佣金率以拍卖当期公布之比例计收。拍卖车辆价款以人民币计价,如买受人用外币支付,则以国家外汇管理局当日公布的汇率换算。买受人以汇票或支票形式付款的,须在全部款项进入拍卖公司账户,办理车辆过户手续完毕后方可提车。

第十二条 自付清价款当日起计,买受人须在拍卖人指定的时间内提车。否则,车辆的风险、责任概由买受人自己承担。确有特殊情况不能按时提车的,经拍卖公司同意可代为保管,但拍卖公司按车辆保管制度计收代保管费。

买受人须对成交车辆当场验收,提车后再提出异议时,拍卖公司不再受理。

第十三条 拍卖公司有权拒绝违反本规则的一切竞买行为,并在出现争议时,有权将拍卖车辆再次拍卖。拍卖公司有义务为交易双方保守秘密,维护委托人和竞买人的正当权益不受侵害。

第十四条 根据有关法规的规定,车辆成交后,必须办理过户(转籍)手续,委托方要求过户车辆,过户(转籍)手续由二手车交易市场代理办结。

第十五条 成交车辆若有以下情况时,由委托人或买受人承担相关费用。

(1) 拍卖会成交车辆过户(转籍)费用,委托人承诺承担费用的由委托人承担,反之,由买受人负责。

(2) 拍卖会成交车辆的欠费(年检费、车船使用费、过桥年票、保险及违章费用等),补证(行驶证、购置附加税证等),补牌(前后牌照)费用,委托人承诺承担费用的由委托人承担,反之,由买受人负责。

(3) 拍卖会成交车辆若遇有改型(发动机、车架号、车身颜色、货箱状况与档案不符)费用时,委托人承诺承担费用的由委托人负责,反之,由买受人负责。

(4) 拍卖会成交的进口车辆,套牌车辆必须到省交警总队办理转籍过户许可证,此项费用委托人承诺承担费用的由委托人负责,反之,由买受人负责。

第十六条 请遵守场内秩序,注意文明礼貌。竞买人之间不得恶意串通竞价,不得采取威胁恐吓的手段胁迫他人竞价,违者将承担相关法律责任。

第十七条 本规则若有更改和补充,以拍卖师现场宣布为准。

3. 二手车网上拍卖

网络以其高速的信息传递、丰富的信息共享和大量的浏览客户成为新世纪商家的宠儿。二手车销售也已进入了这一领域,美国有40%的人在购车前会上网调查相关信息。在二手车拍卖领域,卫星与网络的功能日益显著,如日本的 AUCNET 公司就成功地开发了二手车的卫星网上拍卖系统,并与丰田、日产等大型汽车生产企业进行了二手车销售领域的全面合作,成功开展了二手车的网上拍卖。

网上交易系统主要有全程交易和半程交易两种方式。

1) 全程交易

全程交易是指用户和公司在网上完成整个二手车交易活动,其步骤如下。

第一步:购买方选择欲购的候选二手车。

第二步:查看详细资料和评价结果。

第三步:定购二手车。

第四步：网站发出欲购指令。

第五步：网站接受购买方欲购指令并向购买方要求身份认证和主要资料。

第六步：进行购买方的主要资料和身份认证。

第七步：网站向经销商传达购买方欲购指令。

第八步：经销商接受指令并向网站发出线下交货预备日期选择表。

第九步：网站向购买方发出该列表。

第十步：购买方选择交割日期并传至网站。

第十一步：网站向购买方要求日期确认。

第十二步：网站接受确认后将交割日期传至经销商并要求确认。

第十三步：网站接受经销商日期确认，网上交易完成。

2）半程交易

开始基本与全程交易相同，不同之处在于在用户选定了欲购二手车之后，直接查询该二手车所属经销商的联系方式，然后与该经销商联系，直接线下交易。

4．二手车拍卖流程

1）二手车委托拍卖流程

二手车委托拍卖需要提供车辆行驶证、购置凭证、通行费缴费凭证、车船税证、保险凭证、车辆所有人证件（身份证、户口本或企事业单位代码证）等有效证件，才能进行委托拍卖，其委托拍卖流程如图8.1所示。

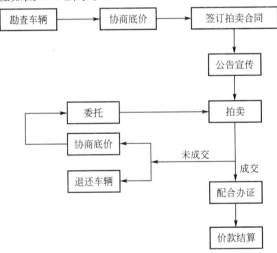

图8.1 二手车委托拍卖流程框图

2）二手车竞买流程

竞买人参加二手车竞买时，应提供竞买人身份证或企事业单位代码证和保证金，然后方可领取竞买号牌，参加竞买。

二手车竞买流程如图8.2所示。

5．拍卖公告

二手车拍卖公告是拍卖人在拍卖开始前的一段时间向社会公众发布的，告知二手车拍卖召开时间、地点与拍卖物品，召集竞买人前来竞拍的法律文件。大多数国家的拍卖法律

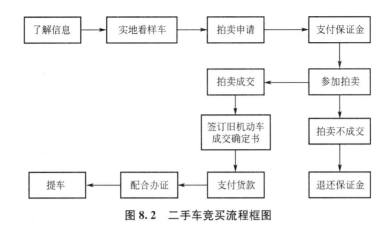

图 8.2　二手车竞买流程框图

都规定,拍卖行在拍卖物品时都要提前发布拍卖公告,以便人们能及时了解和选择所要拍卖的物品。

某拍卖公司拍卖二手车公告如下。

第一批中央和国家机关公车改革取消车辆专场拍卖会(首场)
拍卖公告

受国家机关事务管理局、中共中央直属机关事务管理局委托,北京中拓国际拍卖有限公司定于 2015 年 1 月 25 日举办"中央和国家机关公车改革取消车辆首批专场拍卖会"。拍卖标的有:奥迪、帕萨特、君威、红旗、荣威、朗逸、蒙迪欧、桑塔纳、中华、奇瑞、北京现代、长安、金杯、柯斯达、依维柯等。

凡符合国家法律、法规规定的法人、自然人均可参加竞买,如所购车辆北京市本市过户,购买人须持有北京市小客车配置(或更新)指标。有意竞买者请携带有效身份证明前往我公司办理竞买手续(保证金以拍卖会前到账为准)。

拍卖车辆清单如下。

序号	车牌号	厂牌型号	登记日期	年检日期	参考价/元
1	京 JV2029	帕萨特 SVW7183LJI	2006 年 9 月	2015 年 9 月	49000
2	京 QJ2018	荣威 CSA7180AC	2012 年 10 月	2016 年 10 月	55000
3	京 NL3838	帕萨特 SVW7183LJD	2009 年 4 月	2015 年 4 月	70000
4	京 FS0867	奥迪 A6L1.8T	2003 年 9 月	2015 年 9 月	30000
5	京 LG3878	红旗 CA7204AT	2007 年 12 月	2015 年 12 月	30000
6	京 J31705	蒙迪欧 CAF7200Al	2015 年 9 月	2015 年 9 月	19000
7	京 PL8337	荣威 CSA7180AC - DL	2009 年 12 月	2015 年 12 月	50000
8	京 A82457	帕萨特 SVW7183LJD	2008 年 1 月	2016 年 1 月	62000
9	京 PL8380	荣威 CSA7180AC - DL	2009 年 12 月	2015 年 12 月	50000
10	京 JX8037	帕萨特 SVW7183LJI	2006 年 10 月	2015 年 10 月	49000
11	京 LG3952	红旗 CA7204AT	2007 年 12 月	2015 年 12 月	30000

(续)

序号	车牌号	厂牌型号	登记日期	年检日期	参考价/元
12	京 AM3266	海格 KLQ6702E4	2013 年 12 月	2015 年 12 月	100000
13	京 N23N96	帕萨特 SVW7183SJD	2010 年 7 月	2016 年 7 月	80000
14	京 F78416	别克 SGM6510GL8	2002 年 9 月	2015 年 8 月	13000
15	京 F66133	帕萨特 SVW7183FJI	2002 年 9 月	2015 年 9 月	20000
16	京 JV2039	雅阁 HG7201A	2006 年 9 月	2015 年 9 月	31000
17	京 EP5354	上海帕萨特 SVW7183AGI	2000 年 11 月	2015 年 11 月	10000
18	京 HG8831	别克 SCM7200	2004 年 9 月	2015 年 9 月	15000
19	京 J31717	帕萨特 SVW7183GJI	2005 年 9 月	2015 年 9 月	35000
20	京 EJ2362	长春奥迪 200 1.8T	2000 年 2 月	2015 年 2 月	10000
21	京 EP5327	上海帕萨特 SVW7183AGI	2000 年 11 月	2015 年 11 月	10000
22	京 EQ2473	红旗 CA7200E3	2000 年 11 月	2015 年 11 月	10000
23	京 EU9199	上海帕萨特 SVW7183AGI	2001 年 9 月	2015 年 11 月	12000
24	京 EU9209	广州阿科德 HG7230	2001 年 9 月	2015 年 11 月	15000
25	京 EP6426	上海帕萨特 SVW7183AGI	2000 年 11 月	2015 年 11 月	10000
26	京 A73123	长春奥迪 A6L2.4AT	2001 年 12 月	2015 年 11 月	20000
27	京 FA9785	帕萨特 SVW7183FJI	2002 年 11 月	2015 年 11 月	13000
28	京 HH7570	别克 SGM7200	2004 年 9 月	2015 年 9 月	15000
29	京 HK4402	桑塔纳 SVW7182KFI	2004 年 10 月	2015 年 10 月	10000
30	京 EU9224	上海帕萨特 SVW7183AGI	2001 年 9 月	2015 年 11 月	12000
31	京 HK4525	桑塔纳 SVW7182KFI	2004 年 10 月	2015 年 10 月	10000
32	京 LE7672	红旗 CA7204AT	2007 年 12 月	2015 年 12 月	30000
33	京 AV3976	帕萨特 SVW7183LJD	2009 年 6 月	2015 年 6 月	76000
34	京 P32937	荣威 CSA7180AC—DL	2009 年 2 月	2015 年 2 月	50000
35	京 EH7089	阿科德 HG7200	2000 年 5 月	2015 年 5 月	10000
36	京 EW0526	帕萨特 SVW7183AGI	2001 年 7 月	2015 年 7 月	12000
37	京 F97282	别克 SGH6510GL8	2002 年 10 月	2015 年 10 月	18000
38	京 H01592	雅阁 HG7201	2003 年 11 月	2015 年 11 月	22000
39	京 A99085	柯斯达 SCT6700RZB53L	2003 年 11 月	2015 年 5 月	70000
40	京 JY6595	帕萨特 SVW7183LJI	2006 年 9 月	2015 年 3 月	50000
41	京 A99113	柯斯达 SCT6700RZB54L	2003 年 12 月	2015 年 6 月	70000

......

保证金：2万元整，不限车数，可现场POS机刷卡交款（银联储蓄卡），不收取现金。

竞买登记手续：（个人）身份证、银行卡；（企业）营业执照副本复印件、组织机构代码证复印件、法人身份证复印件、授权委托书和代理人身份证复印件。

拍卖时间：2015年1月25日下午1：30

预展咨询时间：2015年1月23、24日全天（9：30—16：00）
　　　　　　　2015年1月25日上午（9：30—11：30）

预展地点：北京市昌平区北七家镇亚运村汽车交易市场中拓拍卖停车场

拍卖地点：北京市昌平区北七家镇亚运村汽车交易市场二手车精品厅

公司网址：www.zonto.com.cn（车辆信息详情请登录网站查看）

咨询电话：010-81772600

联系人：罗先生，李先生

注意：

（1）外迁车辆需满足迁入地车辆管理部门准入条件，具体准入条件请竞买人自行咨询核实车管部门，本公司不负责相关信息的核实确认。

（2）车辆拍卖顺序以现场领取的拍卖目录为准。

（3）本公司协助办理过户和外迁手续，在亚运村汽车交易市场内提供一条龙过户服务。

6. 拍卖注意事项

（1）拍卖活动是在公开、公平、公正、诚实信用的基础上进行的。它的一切活动都具有法律效力。

（2）竞买人必须具备相关的竞买条件，否则不得参加竞买。

（3）竞买人必须事先按规定办理登记手续，提交有关合法文件。进入拍卖现场前，必须办理入场手续，方能参加竞买。

（4）竞买人若委托代理人竞买，代理人必须出示有效的委托文件及本人身份证件，否则即作为代理人以自己的身份竞买。

（5）竞买人在公告规定的咨询期限内有权了解拍卖标的物的情况，实地查看，有偿获得文件资料。一旦进入拍卖会现场，即表明已完全了解情况，并愿意承担一切责任。

（6）竞买过程中，竞买人一定要认真严肃地进行竞买，一经应价，不得反悔，否则应赔偿由此造成的经济损失。

（7）竞买人的最高应价经拍卖师落槌的方式确认后，拍卖成交。

（8）竞买成交后，买受人必须当场签署拍卖成交确认书和有关文件、合同等。

（9）买受人付清全部价款后，方能办理拍卖标的物的交付手续。

（10）竞买人必须遵守场内公共秩序，不得阻挠其他竞买人叫价竞投，不得阻碍拍卖师进行正常的拍卖工作，更不能有操纵、垄断等违法行为，一经发现，应取消其竞买资格，并追究法律责任。

（11）竞买人应先到现场查看所拍卖的二手车，了解其技术状况，并具备一定的法律和经济知识，以免遭受不必要的损失。

虽然《中华人民共和国拍卖法》对拍卖的规则、程序、拍卖标的物等都有严格的规定，但网上竞拍目前仍无法可依。

清算价格法的应用在我国是一个新课题,还缺少这方面的实践,关于清算价格的理论与实际操作,都有待进一步总结和完善。

8.3 评估实例分析

8.3.1 清算价格法的评估步骤

1. 用其他评估方法确定评估底价

采用清算价格法时,一般采用市场比较法,重置成本法和收益现值法或综合运用几种方法的组合来确定被评估车辆的评估底价。

采用重置成本法确定被评估车辆价格基数的方法是先确定重置成本,再计算成新率,最后确定评估值,即被评估车辆的评估底价。

2. 根据相关因素确定折扣率

影响折扣率(或快速变现系数)大小的因素有以下 3 方面。

(1) 被评估标的车辆市场接受类型是通用车型还是专用车型,如运钞车就比一般的小客车难以变现。

(2) 要综合考虑车辆的欠费情况,欠费较多的车辆只能用来拆零出售,价格相对较低。

(3) 拍卖时限。变现时间的长短影响快速变现系数:变现时间越短,折扣率(或快速变现系数)就较低。

清算价格法虽然在运用时受许多条件的制约,但在实际运用中常利用其快速变现的特点,在确定评估拍卖底价时经常运用其原理。只不过在评估报告中说明采用评估方法时应考虑规避风险,用重置成本法和市场比较法结合快速变现因素进行描述,不直接运用清算价格法。

例如,某市拍卖公司于 2014 年 8 月 15 日采用公开拍卖的形式,刊登拍卖公告,说明竞买规则,拍卖各种车辆 180 余辆,预展 3 天。某评估机构对其进行价值评估,确定拍卖底价,部分二手车的起拍情况见表 8-1。

表 8-1 某市拍卖公司拍卖二手车目录(拍卖日期 2014 年 8 月 15 日)

序号	车型	原车颜色	登记日期	起拍价/元	拍卖成交价/元
1	北京 BJ2025CBD7 2.2L 手排 汽油电喷	黑色	2008.04	32000	38000
2	北京 BJ2025CBD7 2.2L 手排 汽油电喷	黑色	2008.04	35000	41000
3	菲亚特 NJ7151 1.5L 手排 汽油电喷	白色	2005.05	12000	15000
4	吉利 JL6360E1 1.0L 手排 汽油电喷	灰色	2004.11	2000	6000
5	吉利美日 MR7161A 1.6L 手排 汽油电喷	白色	2005.09	9000	11000
6	嘉年华 CAF7160A 1.6L 手排 汽油电喷	白色	2004.06	20000	25000
7	捷达 FV7160CiX 1.6L 手排 汽油电喷	白色	2002.12	17000	19000

（续）

序号	车型	原车颜色	登记日期	起拍价/元	拍卖成交价/元
8	捷达 FV7160CiX 1.6L 手排 汽油电喷	灰色	2003.01	20000	30000
9	捷达 FV7160GiX 1.6L 手排 汽油电喷	白色	2003.02	17000	25000
10	奇瑞 SQR7080S11T6 0.8L 手排 汽油电喷	红色	2007.05	11000	15000
11	奇瑞 SQR7081S1 0.8L 手排 汽油电喷	黄色	2006.08	10000	10000
12	奇瑞 SQR7160EX 1.6L 手排 汽油电喷	黑色	2005.08	4000	8000
13	起亚 YQZ6490 3.5L 自排 汽油电喷	灰色	2004.10	40000	61000
14	起亚 YQZ7162 1.6L 手排 汽油电喷	蓝色	2006.01	32000	45000
15	秦川-福莱尔 QCJ7081BD 0.8L 手排 汽油电喷	蓝色	2002.10	1000	6000
16	荣威牌 CSA7181AC 1.8T 自排 汽油电喷	灰色	2010.03	75000	91000
17	夏利 TJ7101 1.0L 手排 汽油电喷	灰色	2004.10	2000	5000
18	夏利 TJ7101AU 1.0L 手排 汽油电喷	灰色	2004.02	2000	5100
19	夏利 TJ7131AU 1.3L 手排 汽油电喷	灰色	2004.11	27000	30000
20	长安 SC7130 1.3L 手排 汽油电喷	黑色	2003.04	6000	14000
21	长安-奥拓 SC7081 0.8L 手排 汽油电喷	蓝色	2003.08	2000	8000
22	长安牌 SC7133A4 1.3L 手排 汽油电喷	蓝色	2009.09	18000	22000
23	长城牌 CC6460KM70 2.0L 手排 汽油电喷	白色	2009.06	43000	46000

从表 8-1 中可以看出，评估底价与拍卖成交价均有一定差距，从几千元到几万元。价值评估是利用清算价格法的原理，在市场比较法或重置成本法的基础上确定评估价，然后根据快速变现的要求分别不同情况再乘以各自的折扣率（或快速变现系数）。评估价、评估底价及折扣率（或快速变现系数）如何确定还需要评估人员通过市场操作不断地积累经验。

3. 确定被评估车辆的清算价格

被评估车辆的清算价格＝评估底价×折扣率（或快速变现系数）

8.3.2 评估实例

某法院欲将其扣押的一辆轻型载货汽车拍卖出售。至评估基准日止，该汽车已使用了 1 年 6 个月，车况与其新旧程度相符。试评估该车的清算价格。

解：

（1）确定车辆的重置成本全价。

据市场调查，全新的此型车目前售价为 5.5 万元。根据相关规定，购置此型车时，要缴纳 10% 的车辆购置税、3% 的货运附加费，故被评估车辆的重置成本全价为

$$重置成本全价 = 55000 + \frac{55000}{1.17} \times 10\% + 55000 \times 3\% = 61350(元)$$

(2) 确定车辆的成新率。

被评估车辆的价值不高,且车辆的技术状况与其新旧程度相符,故决定采用使用年限法中的等速折旧法来确定其成新率。

根据国家规定,被评估车辆的使用年限为 10 年,折合为 120 个月。该车已使用年限为 1 年 6 个月,折合为 18 个月。故被评估车辆的成新率为

$$成新率 = \left(1 - \frac{18}{120}\right) \times 100\% = 85\%$$

(3) 确定被评估车辆在公平市场条件下的评估值。

根据调查了解,被评估车辆的功能损耗及经济性损耗均很小,可忽略不计。故在公平市场条件下,该车的评估值为

$61350 \times 85\% \approx 52148(元)$

(4) 确定折扣率。

根据市场调查,折扣率取 75% 时,可在清算日内出售车辆,故确定折扣率为 75%。

(5) 确定被评估车辆的清算价格。

车辆的清算价格 $= 52148 \times 75\% = 39111(元)$

习 题

1. 何谓清算价格法?简述清算价格法的基本原理。
2. 简述清算价格法的适用范围。
3. 分析决定清算价格的主要因素。
4. 清算价格法的评估方法有哪些?分别简述其原理。
5. 在网上进行二手车拍卖应注意哪些事项?
6. 简述二手车委托拍卖的流程。
7. 简述清算价格法的评估步骤。

第 9 章
二手车评估报告

本章要求学生掌握二手车评估报告的作用、类型、基本要求和书写格式；掌握二手车评估报告的基本内容和撰写技术要点；了解二手车评估档案管理程序；通过案例分析，能熟练运用二手车评估方法，正确撰写二手车评估报告。

二手车评估报告是记述对二手车进行鉴定评估的文件，根据《二手车流通管理办法》第 28 条规定"二手车评估机构应当遵循客观、真实、公正和公开原则，依据国家法律法规开展二手车评估业务，出具车辆鉴定评估报告；并对鉴定评估报告中车辆技术状况，包括是否属事故车辆等评估内容负法律责任"，可以看出二手车评估报告具有极其重要的作用。本章重点讲述二手车评估报告的格式和基本内容，尤其是评估报告中的计算过程。应当遵循客观、真实、公正和公开原则进行撰写二手车评估报告。

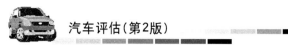

本章教学要点

知识要点	掌握程度	相关知识
二手车评估报告的作用与格式	掌握二手车评估报告的概念与作用；熟悉撰写二手车评估报告的类型；了解二手车评估报告的基本要求；了解二手车评估报告的格式	二手车评估报告的概念与作用；定型式、自由式与混合式3种类型的二手车评估报告；二手车评估报告的基本内容；两种样本的示范文本
二手车评估报告的编写	熟悉二手车评估报告的基本内容；了解二手车评估报告撰写技术要点	各内容的编写方法；二手车评估报告中的主要技能要求
二手车评估档案管理	了解编写和签发二手车评估报告；了解确认二手车评估报告；了解复议二手车评估报告；了解归档二手车评估报告	评估报告的审核要点；二手车评估报告的几种确认情况；异议的复议；二手车评估的3种业务文书
二手车评估报告的案例分析	掌握二手车评估报告的编写方法	3个案例分析

> **导入案例**
>
> 为加强二手车流通管理,规范二手车经营行为,保障二手车交易双方的合法权益,促进二手车流通健康发展,依据国家有关法律、行政法规,商务部、公安部、工商总局、税务总局联合发布了《二手车流通管理办法》(2005年第2号)。《二手车流通管理办法》于2005年10月1日正式实施。
>
> 《二手车流通管理办法》第28条规定:"二手车鉴定评估机构应当遵循客观、真实、公正和公开原则,依据国家法律法规开展二手车鉴定评估业务,出具车辆鉴定评估报告;并对鉴定评估报告中车辆技术状况,包括是否属事故车辆等评估内容负法律责任。"
>
> 可以看出:车辆鉴定评估报告具有极其重要的作用。

9.1 二手车评估报告的作用与格式

9.1.1 二手车评估报告的概念与作用

1. 二手车评估报告的概念

二手车评估机构和二手车鉴定人员决定出被评估对象的评估额后,应将评估结论成果写成评估报告。

二手车评估报告是记述评估成果的文件,也可以看作评估人员提供给委托评估者的"产品"。

二手车评估报告的质量高低,除取决于评估结论的准确性、评估方法的准确性、参数确定的合理性等之外,还取决于报告的格式、文字表述水平及印刷质量等。前者则是评估报告的内在质量,后者则是评估报告的外在质量,两者不可偏废。

2. 二手车评估报告的作用

二手车评估报告对管理部门及各类交易的市场主体都是十分重要的。一份二手车评估报告,特别是涉及国有资产的评估报告资料,不仅是一份评估工作的总结,也是其价格的公证性文件和资产交易双方认定资产价格的依据。由于目的不同,其作用可从两个方面进行分析。

1) 委托方对二手车评估报告作用的理解

(1) 作为产权变动交易作价的基础材料,二手车评估报告的结论可以作为车辆买卖交易的谈判底价的参考依据,或作为投资比例出资价格的证明材料,特别是对涉及国有资产的二手车的客观公正的作价。可以有效地防止国有资产的流失,确保国有资产价格的客观、公正和真实。

(2) 作为各类企业进行会计记录的依据,按评估值对会计账目的调整必须有有权机关的批准。

(3) 作为法庭辩论和裁决时确认财产价格的举证材料。一般是指发生纠纷案时的资产评估,其评估结果可作为法庭做出裁决的证明材料。

(4) 作为支付评估费用的依据。当委托方（客户）收到评估资料及报告后没有提出异议，也就是说评估的资料及结果符合委托书的条款时，应以此为前提和依据向受托方的评估机构付费。

(5) 二手车评估报告是反映和体现评估工作情况，明确委托方、受托方及有关方面责任的根据；采用文字的形式，对受托方进行机动车评估的目的、背景、产权、依据、程序、方法等过程和评定的结果进行说明和总结；体现了评估机构的工作成果。同时，二手车评估报告也反映和体现了受托的机动车评估结果与鉴定评估师的权利和义务，并依此来明确委托方和受托方的法律责任。撰写评估结果报告行使了机动车评估师在评估报告上签字的权利。

2) 评估机构对二手车评估报告作用的理解

(1) 二手车评估报告是评估机构成果的体现，是一种动态管理的信息资料，体现了评估机构的工作情况和工作质量。

(2) 二手车评估报告是建立评估档案，归集评估档案资料的重要信息来源。

9.1.2 撰写二手车评估报告的类型

二手车评估报告分为定型式、自由式与混合式3种。

1. 定型式

定型式二手车评估报告又称封闭式二手车评估报告，采用固定格式、固定内容，评估人员必须按要求填写，不得随意增减。其优点是通用性好，写作省时省力，缺点是不能根据评估对象的具体情况深入分析某些特殊事项。如果能针对不同的评估目的和不同类型的机动车作相应的定型式二手车评估报告，则可以在一定程度上弥补这一缺点。

2. 自由式

自由式二手车评估报告又称开放式二手车评估报告，是由评估人员根据评估对象的情况自由创作，没有一定格式。其优点是可深入分析某些特殊事项，缺点是易遗漏一般事项。

3. 混合式

混合式二手车评估报告是兼取前两种二手车评估报告的格式，兼顾了定型式和自由式两种报告的优点。

一般来说，专案案件以采用自由式二手车评估报告为优，而例行案件以采用定型式二手车评估报告为佳。

不论二手车评估报告的形式如何，均应客观、公正、翔实地记载评估结果和过程。如果仅以结论告知，必然会使委托评估者或二手车评估报告的其他使用者心理上的信任度降低。二手车评估报告的用语要力求准确、肯定，避免模棱两可或易生误解的文字，对于难以确定的事项应在报告中说明，并描述其可能影响二手车的价格。

9.1.3 二手车评估报告的基本要求

二手车鉴定报告不管是采取自由式，还是定型式或混合式，其鉴定评估报告内容必须至少记载以下事项。

(1) 委托评估方名称：应写明委托方、委托联系人的名称、联络电话及住址；指出车主的名称。

(2) 受理评估方名称：主要是写明评估机构的资质，评估人员的资质。

(3) 评估对象概括：须简要写明纳入评估范围内的车辆的厂牌型号、号牌号码、发动机号、车辆识别代码/车架号、注册登记日期、年审检验合格有效日期、公路规定费交至日期、购置税（附加费）证号、车辆使用税缴纳有效期。特别是对车辆的使用性质及法定使用年限应有定量的结论年限。

(4) 评估目的：应写明二手车是为了满足委托方的何种需要，及其所对应的经济行为类型。

(5) 评估基准日（时点）：按委托要求的基准日，式样为鉴定评估基准日是××××年××月××日。

(6) 评估依据：一般可划分为法律法规依据、行为依据和取价依据。法律法规依据应包括车辆鉴定评估的有关条法、文件及涉及车辆评估的有关法律、法规等。行为依据主要是指二手车评估委托书及载明的委托事项。取价依据为鉴定评估机构收集的国家有关部门发布的技术资料和统计资料，以及评估机构经市场调查询价资料和相关技术参数资料。

(7) 评估采用的方法，技术路线和测算过程：应简要说明评估人员在评估过程中选择并使用的评估方法，并阐述选择该方法的依据或原因。若选用两种或两种以上的方法，应当说明原因，并详细说明评估计算方法的主要步骤。

(8) 评估结论，即最终评估额：应同时有大小写，并且大小写数额一致。

(9) 决定评估额的理由。

(10) 评估前提及评估价额应用的说明事项（包括应用时应注意的问题）：评估报告中陈述的特别事项是指在已确定的前提下，评估人揭示在评估过程中已发现可能影响评估结论，但非评估人员执业水平和能力评定估算的有关事项；提示评估报告使用者应特别注意的事项对评估结论的影响；揭示鉴定评估人员认为需要说明的其他问题。

(11) 参与评估的人员与评估对象有无利害关系的说明。

(12) 评估作业日期，即进行评估的期间，是指从何时开始评估作业至何时完成评估作业，具体进行评估的起止年月日。

(13) 若干附属资料，如评估对象的评估鉴定委托书、产权证明机动车登记证书、车辆行驶证，购置税（附加费）、评估人员和评估机构的资格证明等。

9.1.4 二手车评估报告的格式

GB/T 30323—2013《二手车鉴定评估技术规范》推荐使用定型式二手车鉴定评估报告的规范格式，其示范文本如下。

二手车鉴定评估报告

（示范文本）

××××鉴定评估机构评报字(20　年)第××号

一、绪言

_____（鉴定评估机构）接受_____的委托，根据国家有关评估及《二手车流通管理办法》和《二手车鉴定评估技术规范》的规定，本着客观、独立、公正、科学的原则，按照公认的评估方法，对牌号为_____的车辆进行了鉴定。本机构鉴定评估人员按照必要的程序，对委托鉴定评估的车辆进行了实地查勘与市场调查，并对其在_____年____月____日所表现的市场价值作出了公允反映。现将该车辆鉴定评估结果报告如下。

二、委托方信息

委托方：_____ 委托方联系人：_____
联系电话：_____ 车主姓名/名称：（填写机动车登记证书所示的名称）

三、鉴定评估基准日_____ 年_____ 月_____ 日

四、鉴定评估车辆信息

厂牌型号：_____ 牌照号码：_____
发动机号：_____ 车辆VIN码：_____
车身颜色：_____ 表征里程：_____ 初次登记日期：____
年审检验合格至：____年____月 交强险截至日期：____年____月
车船税截至日期：____年____月
是否查封、抵押车辆：□是 □否 车辆购置税（费）证：□有 □无
机动车登记证书：□有 □无 机动车行驶证：□有 □无
未接受处理的交通违法记录：□有 □无
使用性质：□公务用车 □家庭用车 □营运用车 □出租车 □其他：_____

五、技术鉴定结果

技术状况缺陷描述：_____
_____

重要配置及参数信息：_____
技术状况鉴定等级：_____ 等级描述：_____

六、价值评估

价值估算方法：□现行市价法 □重置成本法 □其他_____
价值估算结果：车辆鉴定评估价值为人民币_____元，金额大写：_____

七、特别事项说明[1]

八、鉴定评估报告法律效力

本鉴定评估结果可以作为作价参考依据。本项鉴定评估结论有效期为90天，自鉴定评估基准日至____年____月____日止。

九、声明

(1) 本鉴定评估机构对该鉴定评估报告承担法律责任。

(2) 本报告所提供的车辆评估价值为评估基准日的价值。

(3) 该鉴定评估报告的使用权归委托方所有，其鉴定评估结论仅供委托方为本项目鉴定评估目的使用和送交二手车鉴定评估主管机关审查使用，不适用于其他目的，否则本鉴定评估机构不承担相应法律责任；因使用本报告不当而产生的任何后果与签署本报告书的鉴定评估人员无关。

(4) 本鉴定评估机构承诺，未经委托方许可，不将本报告的内容向他人提供或公开，否则本鉴定评估机构将承担相应法律责任。

附件：
一、二手车鉴定评估委托书
二、二手车技术状况鉴定作业表
三、车辆行驶证、机动车登记证书复印件
四、被鉴定评估二手车照片（要求外观清晰，车辆牌照能够辨认）

二手车鉴定评估师（签字、盖章）　　　　　　复核人[2]（签字、盖章）
年　　月　　日　　　　　　　　　　　　　　（二手车鉴定评估机构盖章）
　　　　　　　　　　　　　　　　　　　　　　　　年　　月　　日

[1] 特别事项是指在已确定鉴定评估结果的前提下，鉴定评估人员认为需要说明在鉴定过程中已发现可能影响鉴定评估结论，但非鉴定评估人员执业水平和能力所能鉴定评定估算的有关事项及其他问题。

[2] 复核人是指具有高级二手车鉴定评估师资格的人员。

备注：1. 本报告书和作业表一式三份，委托方二份，受托方一份。
　　　2. 鉴定评估基准日即为二手车鉴定评估委托书签订的日期。

9.2　二手车评估报告的编写

9.2.1　二手车评估报告的基本内容

二手车评估报告不管是采用定型式、还是自由式或混合式，其基本内容是相同的，主要包括以下内容。

1. 封面

二手车评估报告的封面须载明下列内容：二手车评估报告名称、鉴定评估机构出具鉴定评估报告的编号、二手车评估机构全称和鉴定评估报告提交日期等。有服务商标的，评估机构可以在报告封面载明其图形标志。

2. 首部

二手车评估报告正文的首部应包括标题和报告书序号。

1) 标题

标题应简练清晰，含有"×××(评估项目名称)鉴定评估报告"字样，位置居中偏上。

2) 序号

序号应符合公文的要求，包括评估机构特征字、公文种类特征字(如评报、评咨、评函，评估报告正式报告应用"评报"，评估报告预报告应用"评预报")、年份、文件序号[如×××评报字(2008)第18号]，位置本行居中。

3. 绪言

绪言应写明该评估报告委托方全称、受委托评估事项及评估工作整体情况，一般应采用包含下列内容的表达格式。

"×××(鉴定评估机构)接受×××的委托,根据国家有关资产评估的规定,本着客观、独立、公正、科学的原则,按照公认的资产评估方法,对×××(车辆)进行了鉴定评估。本机构鉴定评估人员按照必要的程序,对委托鉴定评估车辆进行了实地查勘与市场调查,对其在××××年××月××日所表现的市场价值做出了公允反映。现将车辆评估情况及鉴定评估结果报告如下。"

4. 委托方与车辆所有方简介

此部分应写明委托方、委托方联系人的名称、联系电话及住址。

5. 评估目的

此部分应写明本次资产评估是为了满足委托方的何种需要,及其所对应的经济行为类型。

6. 评估对象

须简要写明纳入评估范围内的车辆的厂牌型号、号牌号码、发动机号、车辆识别代号、车架号、注册登记日期、年审检验合格有效日期、购置附加税(费)证号、车船使用税缴纳有效期。

7. 鉴定评估基准日

写明车辆鉴定评估基准日的具体日期,式样为:鉴定评估基准日是××××年××月××日。

8. 评估原则

写明评估工作过程中遵循的各类原则及本次鉴定评估遵循的国家及行业规定的公认原则。对于所遵循的特殊原则,应做适当阐述。

9. 评估依据

评估依据一般可划分为行为依据、法律法规依据、产权依据和取价依据等。行为依据主要是指二手车评估委托书、法院的委托书等经济行为文件。法律、法规依据应包括车辆鉴定评估涉及的有关法律、法规等。产权依据是指被评估车辆的机动车登记证书或其他能够证明车辆产权的文件等。评定及取价依据应为鉴定评估机构收集的国家有关部门发布的统计资料和技术标准资料,以及评估机构收集的有关询价资料和参数资料等。对评估中所采用的特殊依据应在本节内容中披露。

10. 评估方法及计算过程

简要说明评估人员在评估过程中所选择并使用的评估方法,评估方法的依据或原因;如果对某车辆评估采用一种以上的评估方法,应适当说明原因并说明该资产评估价值确定方法。对于所选择的特殊评估方法,应适当介绍其原理与适用范围。写出各种评估方法计算的主要步骤等。

11. 评估过程

评估过程应反映二手车评估机构自接受评估委托起至提交评估报告的工作过程,包括接受委托、验证、现场勘查、市场调查与询问、评定估价、提交报告等过程。

12. 评估结论

评估结论是指最终的评估价格，通常应大写。

13. 特别事项说明

评估报告中陈述的特别事项是指在已确定评估结果的前提下，评估人员揭示在评估过程中已发现可能影响评估结论，但非评估人员执业水平和能力所能评定估算的有关事项；提示评估报告使用者应注意特别事项对评估结论的影响；揭示鉴定评估人员认为需要说明的其他问题。

14. 评估报告法律效力

揭示评估报告的有效日期；特别提示评估基准日期的后事项对评估结论的影响及评估报告的使用范围等。

15. 鉴定评估报告提出日期

写明评估报告提交委托方的具体时间，评估报告原则上应在确定的评估基准日后一周内提出。

16. 附件

附件应包括二手车评估委托书、二手车评估作业表、车辆行驶证、购置附加税（费）证、车辆登记证书复印件、二手车评估人员资格证书复印件、鉴定评估机构营业执照复印件、鉴定评估机构资质复印件、二手车照片等。

17. 尾部

写明出具评估报告的评估机构名称，并盖章，写明评估机构法定代表人姓名并签名；二手车评估人员盖章并签名；高级二手车鉴定评估师审核签章，以及报告日期。

9.2.2 二手车评估报告撰写的技术要点

二手车评估报告的技术要点是指在二手车评估报告中的主要技能要求，它具体包括了文字表达方面、格式和内容方面、复核与反馈方面等的技能要求。

1. 文字表达方面的技能要求

二手车评估报告既是一份对被评估的车辆价值有咨询性和公证性作用的支持性文件，又是一份用来明确鉴定评估机构和评估人员工作职责的文字依据，所以它的文字表达技能要求既要清楚、准确，又要提供充分的依据说明，还要全面地叙述整个鉴定评估的过程。其文字的表达必须清楚，不得使用模棱两可的措辞。其陈述既要简明扼要，又要把有关问题说明清楚，不得带有任何诱导、恭维和推荐性的陈述。

2. 格式和内容方面的技能要求

对二手车评估报告格式和内容方面的技能要求，必须严格遵循原国家经济贸易委员会颁发的《关于规范二手车评估工作的通知》。

3. 二手车评估报告书的复核与反馈方面的技能要求

二手车评估报告书的复核与反馈也是评估报告制作的具体技能要求。通过对工作底稿、作业表、技术鉴定资料和评估报告正文的文字、格式及内容的复核和反馈，可以将有关错误、遗漏等问题在出具正式报告书之前进行修正。对鉴定评估人员来说，由于知识、能力、经验、阅历及理论方法的限制而产生工作盲点和工作疏忽，所以，对评估报告初稿进行复核就成为必要。对鉴定评估的车辆的情况熟悉程度来说，大多数车辆评估委托方和占有方对委托鉴定评估车辆的成新、使用强度、保养、车辆性能、维修、事故等情况可能比评估机构和评估人员更熟悉，所以，在出具正式报告之前征求委托方意见、收集反馈意见也很有必要。

对评估报告进行复核，必须明确复核人的职责，防止流于形式的复核。收集反馈意见主要是通过委托方或所有方熟悉车辆具体情况的人员。对委托方或车辆所有方意见的反馈信息，应慎重对待，应本着独立、客观、公正的态度去接受其反馈意见。

4. 撰写鉴定评估报告应注意的事项

二手车评估报告的制作技能除了需要掌握上述3个方面的技术要点外，还应注意以下几个事项。

（1）实事求是，切忌出具虚假的报告。报告书必须建立在真实、客观的基础上，不能脱离实际情况，更不能无中生有。报告拟定人应是参与鉴定评估并全面了解被评估车辆的主要鉴定评估人员。

（2）坚持一致性做法。切忌出现表里不一的情况。报告书文字、内容要前后一致，正文、评估说明、作业表、鉴定工作底稿、格式甚至数据要相互一致，不能出现相互矛盾、各谈各调的不一致情况。

（3）提交报告书要及时、齐全和保密。在正式完成二手车评估报告工作后，应按业务约定书的约定时间及时将报告书送交委托方。送交报告书时，报告书及有关文件要送交齐全。

9.3　二手车评估档案管理

二手车评估报告制度是规定二手车评估机构在完成机动车鉴定评估工作后应向委托方出具鉴定评估报告的一系列有关规定的制度，包括二手车评估报告的编制、二手车评估报告的确认和复议、二手车评估报告的档案管理等相关内容。

9.3.1　编写和签发二手车评估报告

编制评估报告是完成评估工作的最后一道工序，也是评估工作中的一个很重要的环节。评估人员通过评估报告不仅要真实、准确地反映评估工作情况，而且表明评估者在今后一段时期里对评估的结果和有关的全部附件资料承担相应的法律责任。二手车评估报告是记述鉴定评估成果的文件，是鉴定评估机构向委托鉴定评估者和二手车评估管理部门提交的主要成果。评估报告的质量高低，不仅反映鉴定评估人员的水平，而且直接关系到有关各方的利益。这就要求评估人员编制的报告要思路清晰、文字简练准确、格式规范、有关的取证与调查材料和数据真实可靠。为了达到这些要求，评估人员应按下列步骤进行评估报告的编制。

1. 评估资料的分类整理

大量的真实的评估工作记录,包括被评估二手车的有关背景资料、技术鉴定情况资料及其他可供参考的数据记录等,是编制评估报告的基础。一个较复杂的评估项目由两个或两个以上评估人员合作完成。将评估资料进行分类整理,包括评估鉴定作业表的审核,评估依据的说明,以及最后形成评估的文字材料。

2. 鉴定评估资料的分析讨论

在整理资料的工作完成后,应召集参与评估工作过程的有关人员,对评估的情况和初步结论进行分析讨论。如果发现其中有提法不妥、计算错误、作价不合理等方面的问题,特别是机动车的配置,维护保养情况、技术状况,以及品牌在市场中的影响力等,要求进行必要的调整。如果采用两种不同方法评估并得出两个结论的,需要在充分讨论的基础上得出一个正确的结论。

3. 评估报告的编写

评估报告的负责人应根据评估资料讨论后的修正意见,进行资料的汇总编排和评估结果报告的编写工作;然后将机动车鉴定评估的基本情况和评估报告初稿的初步结论与委托方交换意见。听取委托方的反馈意见后,在坚持独立、客观、公正的前提下,认真分析委托方提出的问题和意见,考虑是否应该修改评估报告,对报告中存在的疏忽、遗漏和错误之处进行修正,待修正完毕即可撰写正式的二手车评估报告。

4. 评估报告的审核与签发

评估报告先由项目负责人审核,再报评估机构经理审核签发,同时要二手车估价人员盖章并加盖评估机构公章。送达客户签收,必须要求客户在收到评估书后,按送达回证上的要求认真填写并要求收件人签字确认。

9.3.2 确认二手车评估报告

二手车评估报告一般情况下由委托方确认,涉及国有资产的除资产占有方确认外还必须由上级主管部门认可。

二手车评估报告的确认根据委托方的不同和委托目的的不同,大致可以分成以下几种情况。

(1) 交易类的二手车评估由买卖双方和二手车交易机构确认。

(2) 抵押类的二手车评估由抵押人和银行共同确认。

(3) 司法鉴定的二手车评估经法庭质证后写入判决书或调解书即为确认,其中刑事案件中的二手车评估须经公安机关、检察机关的确认后再经审判程序法庭质证即为确认,同时有些二手车评估报告还要经过二审程序的考验。有时评估鉴定人员按国家法律规定要求作为鉴定人,详细叙述鉴定过程和鉴定结论并回答法官、律师、原被告的提问。因此,司法鉴定的二手车评估是最复杂的一种,要求极高。

(4) 置换类的二手车评估由车主和汽车经销商共同确认。

(5) 拍卖类二手车评估要求确定委托拍卖底价,因此其由拍卖企业和委托拍卖人共同确认。

（6）企业合并、分设等资产重组类的二手车评估由董事会或管理层确认。

9.3.3 复议二手车评估报告

旧机动车鉴定评估机构出具二手车评估报告后，由于各种原因委托方对评估结论即评估报告有异议时，通常是在复议的有效期内可以委托原评估机构对原出具的二手车评估报告进行复议。也可以委托另一家资质较高的评估机构进行复议或重新评估。

9.3.4 归档二手车评估报告

二手车评估报告的档案管理包括二手车评估报告的归档制度、保管制度、保密制度、借阅利用档案制度。

二手车评估报告是记录、描述或反映整个二手车评估过程和结果的各类文件的统称。它属于专门业务文书，主要有以下3种。

1. 二手车评估委托书

委托书是一种合同契约文件，由委托方与受托方共同签字。委托书应如实提供标的的详细资料，如机动车登记证书、机动车行驶证、附加税完税凭证、道路运输证等，并将其作为委托书的附件。

2. 二手车评估的调查资料

二手车评估的调查资料主要指以下内容。

（1）以国家有关法律、法规中与该项业务直接或间接相关的条款作为二手车评估的法律依据。

（2）委托标的的详细资料及有关证明材料，重要的标的应附有照片、图像资料（特别是机动车受损较为严重的部位），必要时要有汽车修理厂或保险公司的修理清单。

（3）与二手车评估有关的其他资料，如相关机动车的价格行情、价格指数、汇率、利率、参照物等。

二手车评估报告一般是根据委托方的要求和二手车评估业务的具体情况来确定基本内容的，包括结论书正文和附件两部分。其主要内容是阐述鉴定评估的基本结论，二手车评估报告成立是前提条件，得出结论是主要过程、方法和依据，并附录必要的文件资料。

3. 二手车评估报告文书的归档范围

二手车评估报告文书的归档范围包括以下内容。

（1）二手车评估委托书。

（2）二手车评估的法律依据（国家有关法规的相关条款）。

（3）委托人所从事的主要经济活动或者委托事项的背景材料。

（4）委托标的的证明材料，照片、图像资料，必要的技术鉴定材料。

9.3.5 保管二手车评估报告

二手车鉴定评估机构应由专人负责管理二手车评估报告，形成完整的评估档案。评估档案应保留到评估车辆达到法定报废年限为止。还要建立、健全二手车评估报告档案的保密、安全等事项的工作制度，并严格贯彻执行。同时还要及时、准确、真实地进行统计，并按规定向有关机关报送统计报表。

GB/T 30323—2013《二手车鉴定评估技术规范》规定：二手车鉴定评估报告及其附件与工作底稿应独立汇编成册，存档备查。档案保存一般不低于 5 年；鉴定评估目的涉及财产纠纷的，其档案至少应当保存 10 年；法律法规另有规定的，从其规定。

9.4 二手车评估报告的实例分析

实例一：关于凯越 1.6LE－AT 轿车评估报告

××××鉴定评估机构评报字（2015年）第 020 号

一、绪言

　　××××（鉴定评估机构）接受李×× 的委托，根据国家有关评估及《二手车流通管理办法》和《二手车鉴定评估技术规范》的规定，本着客观、独立、公正、科学的原则，按照公认的评估方法，对牌号为 苏A12345 的车辆进行了鉴定。本机构鉴定评估人员按照必要的程序，对委托鉴定评估的车辆进行了实地查勘与市场调查，并对其在 2015 年 5 月 31 日所表现的市场价值作出了公允反映。现将该车辆鉴定评估结果报告如下。

二、委托方信息

委托方：李××　　委托方联系人：李××　　联系电话：××××××

车主姓名/名称：李××

三、鉴定评估基准日　2015 年 5 月 31 日

四、鉴定评估车辆信息

厂牌型号：凯越1.6LE AT　　牌照号码：苏A12345

发动机号：000012　　车辆 VIN 码：LSGJA52U19S141602

车身颜色：银灰　　表征里程：7.5 万 km　　初次登记日期：2013 年 11 月 20 日

年审检验合格至：2015 年 12 月　　交强险截至日期：2015 年 12 月

车船税截至日期：2015 年 12 月

是否查封、抵押车辆：□是　☑否　　车辆购置税（费）证：☑有　□无

机动车登记证书：☑有　□无　　机动车行驶证：☑有　□无

未接受处理的交通违法记录：□有　☑无

使用性质：□公务用车　☑家庭用车　□营运用车　□出租车　□其他：

五、技术鉴定结果

技术状况缺陷描述：鉴定评估人员接受委托后，对评估标的凯越 1.6LE－AT 轿车进行了现场勘察，并进行了试驾。该车累计行驶 7.5 万 km，维护保养较好，车况良好。车身有轻微刮擦，但不影响该车工作性能。

重要配置及参数信息：4速自动挡变速器，带天窗，真皮座椅

技术状况鉴定等级：二级　　等级描述：技术等级分值85分

六、价值评估

价值估算方法：□现行市价法　☑重置成本法　□其他＿＿＿＿＿＿＿

价值估算结果：车辆鉴定评估价值为人民币 76849 元，金额大写：柒万陆仟捌佰肆拾玖元整

评估计算过程如下：

本次评估采用重置成本法，2015年5月凯越1.6LE-AT市场售价为109000元。

(1) 确定重置成本。

$$B = 109000 + \frac{109000}{1.17} \times 10\% = 118316 (元)$$

(2) 确定成新率。私家乘用车无报废年限限制，可按乘用车的设计寿命确定其规定使用年限，通常取15年，即 $G=15$ 年，已使用1年6个月，采用年份数求和法计算成新率。由于有不足一年的月份，成新率应分两步计算。

已使用1年($Y=1$)的成新率为

$$C_3 = \left[1 - \frac{2}{15 \times (15+1)} \sum_{n=1}^{1}(15+1-n)\right] \times 100\% = 87.5\%$$

已使用2年($Y=2$)的成新率为

$$C_4 = \left[1 - \frac{2}{15 \times (15+1)} \sum_{n=1}^{2}(15+1-n)\right] \times 100\% = 75.8\%$$

则已使用1年6个月的成新率为

$$C = \frac{C_1 + C_2}{2} = \frac{87.5\% + 75.8\%}{2} = 81.65\%$$

(3) 计算成新率调整系数。

车况良好，技术状况调整系数取 $K_1 = 0.9$；

维护保养较好，取车辆使用与维修状态系数 $K_2 = 0.9$；

凯越1.6LE-AT轿车为国产名牌车，品牌调整系数取 $K_3 = 0.9$；

工作性质为私用费，取车辆工作性质系数 $K_4 = 1.0$；

该车主要在市内使用，取车辆工作条件系数 $K_5 = 1.0$。

则成新率调整系数为

$$K = K_1 \times 30\% + K_2 \times 25\% + K_3 \times 20\% + K_4 \times 15\% + K_5 \times 10\%$$
$$= 0.9 \times 30\% + 0.9 \times 25\% + 0.9 \times 20\% + 1.0 \times 15\% + 1.0 \times 10\%$$
$$= 0.925$$

(4) 确定二手车的变现系数。该车已使用了18个月，根据变现系数表，取变现系数 Φ 为 0.86。

(5) 确定评估值。

评估值 = 重置成本 × 成新率 × 成新率调整系数 × 变现系数
= 118316 × 81.65% × 0.925 × 0.86
= 76849 (元)

七、特别事项说明[1]

八、鉴定评估报告法律效力

本鉴定评估结果可以作为作价参考依据。本项鉴定评估结论有效期为90天，自鉴

定评估基准日至 2015 年 8 月 30 日止。

九、声明

（1）本鉴定评估机构对该鉴定评估报告承担法律责任。

（2）本报告所提供的车辆评估价值为评估基准日的价值。

（3）该鉴定评估报告的使用权归委托方所有，其鉴定评估结论仅供委托方为本项目鉴定评估目的使用和送交二手车鉴定评估主管机关审查使用，不适用于其他目的，否则本鉴定评估机构不承担相应法律责任；因使用本报告不当而产生的任何后果与签署本报告书的鉴定评估人员无关。

（4）本鉴定评估机构承诺，未经委托方许可，不将本报告的内容向他人提供或公开，否则本鉴定评估机构将承担相应法律责任。

附件：

一、二手车鉴定评估委托书（略）

二、二手车技术状况鉴定作业表（略）

三、车辆行驶证、机动车登记证书复印件（略）

四、被鉴定评估二手车照片（要求外观清晰，车辆牌照能够辨认）（略）

二手车鉴定评估师（签字、盖章）　　李四　　复核人[2]（签字、盖章）王五

2015 年 5 月 31 日　　　　　　　　　　　　　（二手车鉴定评估机构盖章）

　　　　　　　　　　　　　　　　　　　　　　2015 年 5 月 31 日

[1] 特别事项是指在已确定鉴定评估结果的前提下，鉴定评估人员认为需要说明在鉴定过程中已发现可能影响鉴定评估结论，但非鉴定评估人员执业水平和能力所能鉴定评定估算的有关事项及其他问题。

[2] 复核人是指具有高级二手车鉴定评估师资格的人员。

备注：1. 本报告书和作业表一式三份，委托方二份，受托方一份。

2. 鉴定评估基准日即为二手车鉴定评估委托书签订的日期。

案例二：关于奥迪 A6 2.8 轿车评估报告

案例提示：二手车评估中经常会遇到发生重大交通事故的车辆，要求评估人员能够鉴别事故的大小及对车辆的技术状况和价值的影响，经常采用的方法是说明事故的大小，在正常重置成本法和市场比较法的基础上，确定折损率加以评估。本例采用重置成本法（成新率调整系数）及确定折损率评估。

××××鉴定评估机构评报字（2015 年）第 040 号

一、绪言

××××（鉴定评估机构）接受南京××××公司的委托，根据国家有关评估及《二手车流通管理办法》和《二手车鉴定评估技术规范》的规定，本着客观、独立、公正、科学的原则，按照公认的评估方法，对牌号为苏A×××××的车辆进行了鉴定。本机构鉴定评估人员按照必要的程序，对委托鉴定评估的车辆进行了实地查勘与市场调查，并对其在 2015 年 6 月 30 日所表现的市场价值作出了公允反映。现将该车辆鉴定评估结果报告如下。

二、委托方信息

委托方：南京××××公司　　委托方联系人：×××

联系电话：××××××××
车主姓名/名称：南京××××公司
三、鉴定评估基准日　2015年6月30日
四、鉴定评估车辆信息
厂牌型号：　奥迪A6 2.8　　牌照号码：　苏A×××××
发动机号：　××××××　车辆VIN码：　××××××××××××××××
车身颜色：　黑色　　表征里程：8.5万km　初次登记日期：2013年5月30日
年审检验合格至：2015年12月　　　　交强险截至日期：2015年12月
车船税截至日期：2015年12月
是否查封、抵押车辆：□是　☑否　　车辆购置税（费）证：☑有　□无
机动车登记证书：　　☑有　□无　　机动车行驶证：　　　☑有　□无
未接受处理的交通违法记录：□有　☑无
使用性质：☑公务用车　□家庭用车　□营运用车　□出租车　□其他：_____

五、技术鉴定结果

技术状况缺陷描述：鉴定评估人员接受委托后，对评估标的奥迪A6 2.8进行了现场勘察，并进行了试驾，经鉴定发现了以下问题：前减振器支架左右相差3cm，严重超出国家标准。在举升架上勘察车辆底部，发现车身有明显的碰撞后的焊痕，打开行李箱也发现有焊痕，关门时也声音异常，判断有重大事故发生。路试过程中，车速达100km/h，车身感觉晃动，与其他奥迪车相比，明显缺少安全舒适感。

为客观、公正地评估该车，鉴定评估人员经市场调查，调阅了该车的各项维修记录，发现该车曾有两次重大事故。一次追尾，造成的损失约11万元；另一次被追尾造成的损失约8万元；修理部门和保险公司提供了相关的清单。清单显示：两次碰撞，造成的修理换件项目大致有：散热器1923元、冷凝器3144元、稳定杆1104元、前保险杆3300元、前照灯壳体3578元、左前翼子板7500元、车门骨架焊接总成2504元、安全气囊传感器7400元、防盗器传感器726元、……，修理项目达200多项，总计损失约19万元（修理定损清单，略）。

重要配置及参数信息：2.8L V型6缸/双顶置凸轮轴/多点电子燃油喷射/前纵置发动机、无级/手动一体式变速器、带记忆电动外后视镜、带记忆前电动座椅、APS前后驻车报警装置、定速巡航装置、自动防眩晕内后视镜、动力转向随助力调节系统

技术状况鉴定等级：　二级　　　　等级描述：　技术等级分值75分

六、价值评估

价值估算方法：□现行市价法　☑重置成本法　□其他_____
价值估算结果：车辆鉴定评估价值为人民币257128元，金额大写：贰拾伍万柒仟壹佰贰拾捌元整

评估计算过程如下：

本次评估采用重置成本、等速折旧、成新率调整系数、变现系数法，并考虑交通事故所造成的车辆损失对车辆市场价格的影响。在2015年6月评估基准日，奥迪A6 2.8的售价为486000元。

(1) 确定重置成本。

$$B = 486000 + \frac{486000}{1.17} \times 10\% = 527538 \text{（元）}$$

(2) 确定成新率。规定使用年限按 15 年计算，即 $Y=15$ 年，已使用年限 $G=2$ 年 1 个月，采用年份数求和法计算成新率

$$C = \left(1 - \frac{25}{180}\right) \times 100\% = 86.1\%$$

(3) 计算成新率调整系数。

车况一般，技术状况调整系数取 $K_1 = 0.8$；

维护保养一般，取车辆使用与维修状态系数 $K_2 = 0.9$；

奥迪车 A6 为合资名牌车，考虑地域因素，品牌调整系数取 $K_3 = 0.9$；

工作性质为公务生活消费，取车辆工作性质系数 $K_4 = 0.7$；

该车主要在市内使用，取车辆工作条件系数 $K_5 = 0.9$。

则成新率调整系数为

$$\begin{aligned} K &= K_1 \times 30\% + K_2 \times 25\% + K_3 \times 20\% + K_4 \times 15\% + K_5 \times 10\% \\ &= 0.8 \times 30\% + 0.9 \times 25\% + 0.9 \times 20\% + 0.7 \times 15\% + 1.0 \times 10\% \\ &= 0.85 \end{aligned}$$

(4) 确定二手车的变现系数。该车已使用了 25 个月，根据变现系数表，取变现系数 Φ 为 0.90。

(5) 确定事故折损率。由于事故车修复后，对车辆的技术状况有影响，因此需确定事故折损率。根据评估人员的经验确定，该车事故折损率为 26%。

(6) 确定评估值。

$$\begin{aligned} \text{评估值} &= \text{重置成本} \times \text{成新率} \times \text{成新率调整系数} \times \text{变现系数} \times (1-\text{折损率}) \\ &= 527538 \times 86.1\% \times 0.85 \times 0.90 \times (1 - 26\%) \\ &= 257128 \text{（元）} \end{aligned}$$

七、特别事项说明[1]

八、鉴定评估报告法律效力

本鉴定评估结果可以作为作价参考依据。本项鉴定评估结论有效期为 90 天，自鉴定评估基准日至 2015 年 9 月 28 日止。

九、声明

(1) 本鉴定评估机构对该鉴定评估报告承担法律责任。

(2) 本报告所提供的车辆评估价值为评估基准日的价值。

(3) 该鉴定评估报告的使用权归委托方所有，其鉴定评估结论仅供委托方为本项目鉴定评估目的使用和送交二手车鉴定评估主管机关审查使用，不适用于其他目的，否则本鉴定评估机构不承担相应法律责任；因使用本报告不当而产生的任何后果与签署本报告书的鉴定评估人员无关。

(4) 本鉴定评估机构承诺，未经委托方许可，不将本报告的内容向他人提供或公开，否则本鉴定评估机构将承担相应法律责任。

附件：

一、二手车鉴定评估委托书（略）

二、二手车技术状况鉴定作业表（略）

三、车辆行驶证、机动车登记证书复印件（略）

四、被鉴定评估二手车照片（要求外观清晰，车辆牌照能够辨认）（略）

二手车鉴定评估师（签字、盖章） 李四　　　复核人[2]（签字、盖章）王五

2015年6月30日　　　　　　　　　　　　（二手车鉴定评估机构盖章）

　　　　　　　　　　　　　　　　　　　　　　2015年6月30日

[1] 特别事项是指在已确定鉴定评估结果的前提下，鉴定评估人员认为需要说明在鉴定过程中已发现可能影响鉴定评估结论，但非鉴定评估人员执业水平和能力所能鉴定评定估算的有关事项及其他问题。

[2] 复核人是指具有高级二手车鉴定评估师资格的人员。

备注：1. 本报告书和作业表一式三份，委托方二份，受托方一份。

　　　2. 鉴定评估基准日即为二手车鉴定评估委托书签订的日期。

案例三：关于2009款君威2.4轿车评估报告

××××鉴定评估机构评报字（2014年）第088号

一、绪言

　　×××× （鉴定评估机构）接受 南京××××公司 的委托，根据国家有关评估及《二手车流通管理办法》和《二手车鉴定评估技术规范》的规定，本着客观、独立、公正、科学的原则，按照公认的评估方法，对牌号为 苏A××××× 的车辆进行了鉴定。本机构鉴定评估人员按照必要的程序，对委托鉴定评估的车辆进行了实地查勘与市场调查，并对其在 2014 年 12 月 31 日所表现的市场价值作出了公允反映。现将该车辆鉴定评估结果报告如下。

二、委托方信息

委托方：南京××××公司　　委托方联系人：杨××

联系电话：×××××××　　车主姓名/名称：南京××××公司

三、鉴定评估基准日　2014 年 12 月 31 日

四、鉴定评估车辆信息

厂牌型号：2009款君威2.4　　牌照号码：苏A×××××

发动机号：×××××　　车辆VIN码：××××××××××××

车身颜色：黑色　　表征里程：20.5万km　　初次登记日期：2009年12月30日

年审检验合格至：2014年12月　　交强险截至日期：2014年12月

车船税截至日期：2014年12月

是否查封、抵押车辆：□是　☑否　　车辆购置税（费）证：☑有　□无

机动车登记证书：☑有　□无　　机动车行驶证：☑有　□无

未接受处理的交通违法记录：□有　☑无

使用性质：☑公务用车　□家庭用车　□营运用车　□出租车　□其他：_____

五、技术鉴定结果

技术状况缺陷描述：鉴定评估人员接受委托后，对评估标的 2009 款君威 2.4 进行了现场勘察，并进行了试驾，经鉴定得出：车况 72C 级，骨架部件无损伤，发动机起动正常，有轻微冒蓝烟。在举升架上勘察车辆底部，未发现事故痕迹。路试过程中，该车加速性能良好，升降挡正常。

技术状况鉴定等级：___二级___ 等级描述：___技术等级分值70分___

六、价值评估

价值估算方法：□现行市价法 ☑重置成本法 □其他_____

价值估算结果：车辆鉴定评估价值为人民币 107894 元，金额大写：壹拾万柒仟捌佰玖拾肆元整

本次评估采用重置成本、加速折旧、成新率调整系数、变现系数法和市场比较法加权平均确定市场价格。鉴定评估鉴定和计算过程如下。

（1）确定重置成本。对该进行现场技术鉴定，发现该车况较好，维护保养好，无重大事故。

经市场调查，2014 年 12 月 2009 款上海别克君威 2.4 精英版已不再生产，取而代之是 2014 款上海别克君威 2.4 精英版，其市场价为 230900 元。两者配置差异见表 9-1。

表 9-1　2009 款与 2014 款上海别克君威 2.4 的配置差异

车型	车型配置
2009 款上海别克君威 2.4 精英版	发动机：2.4L ECOTEC 变速器：手自一体 车身配置：全铝发动机普通前照灯，转向盘不可调节，无人机交互系统，有 GPS 导航系统，无车身稳定控制，后排头部气囊
2014 款上海别克君威 2.4 精英版	发动机：LAF 缸内直喷发动机 变速器：手自一体 车身配置：随动前照灯，转向盘可调节，带人机交互系统，无 GPS 导航系统，有车身稳定控制，后排头部气囊（气帘）

从表 9-1 可以看出，2009 款上海别克君威 2.4 与 2014 款的配置基本相同，主要区别是发动机不同，2009 款采用缸外喷射，2014 款采用缸内喷射，较为先进。两款车一次性功能贬值相差约 5000 元；因此，2009 款上海别克君威 2.4 的市场价应为：230900－5000＝225900（元），则重置成本为

$$225900+\frac{225900}{1.17}\times 10\% = 245208（元）$$

（2）确定成新率。该车为 2009 年 12 月上牌，至基准日已使用 5 年，即 $Y=5$，规定使用年限按 15 年计算，即 $G=15$，采用加速折旧中的双倍余额递减法计算其成新率

$$C=\left(1-\frac{2}{G}\right)^{Y}\times 100\% = \left(1-\frac{2}{15}\right)^{5}=48.89\%$$

（3）计算成新率调整系数。

车况较好，技术状况调整系数取 $K_1=0.9$；

维护保养好，取车辆使用与维修状态系数 $K_2=1.0$；

别克君威轿车为合资名牌车,考虑地域因素,品牌调整系数取$K_3=0.9$;

工作性质为公务生活消费,取车辆工作性质系数$K_4=0.7$;

该车主要在市内使用,取车辆工作条件系数$K_5=1.0$。

则成新率调整系数为

$$K = K_1 \times 30\% + K_2 \times 25\% + K_3 \times 20\% + K_4 \times 15\% + K_5 \times 10\%$$
$$= 0.9 \times 30\% + 1.0 \times 25\% + 0.9 \times 20\% + 0.7 \times 15\% + 1.0 \times 10\%$$
$$= 0.9$$

(4) 确定二手车的变现系数。该车已使用了5年,不考虑其变现系数。

(5) 确定评估值。

$$评估值 = 重置成本 \times 成新率 \times 成新率调整系数 \times 变现系数$$
$$= 245208 \times 48.89\% \times 0.9$$
$$= 107894(元)$$

七、特别事项说明[1]

八、鉴定评估报告法律效力

本鉴定评估结果可以作为作价参考依据。本项鉴定评估结论有效期为90天,自鉴定评估基准日至2015年3月31日止。

九、声明

(1) 本鉴定评估机构对该鉴定评估报告承担法律责任。

(2) 本报告所提供的车辆评估价值为评估基准日的价值。

(3) 该鉴定评估报告的使用权归委托方所有,其鉴定评估结论仅供委托方为本项目鉴定评估目的使用和送交二手车鉴定评估主管机关审查使用,不适用于其他目的,否则本鉴定评估机构不承担相应法律责任;因使用本报告不当而产生的任何后果与签署本报告书的鉴定评估人员无关。

(4) 本鉴定评估机构承诺,未经委托方许可,不将本报告的内容向他人提供或公开,否则本鉴定评估机构将承担相应法律责任。

附件:

一、二手车鉴定评估委托书(略)

二、二手车技术状况鉴定作业表(略)

三、车辆行驶证、机动车登记证书复印件(略)

四、被鉴定评估二手车照片(要求外观清晰,车辆牌照能够辨认)(略)

二手车鉴定评估师(签字、盖章) 李四　　　复核人[2](签字、盖章) 王五

2014年12月30日　　　　　　　　　(二手车鉴定评估机构盖章)

2014年12月30日

[1] 特别事项是指在已确定鉴定评估结果的前提下,鉴定评估人员认为需要说明在鉴定过程中已发现可能影响鉴定评估结论,但非鉴定评估人员执业水平和能力所能鉴定评定估算的有关事项及其他问题。

[2] 复核人是指具有高级二手车鉴定评估师资格的人员。

备注:1. 本报告书和作业表一式三份,委托方二份,受托方一份。

　　　2. 鉴定评估基准日即为二手车鉴定评估委托书签订的日期。

习 题

1. 何谓二手车评估报告？二手车评估报告有何作用？
2. 二手车评估报告有哪些类型？各有何特点？
3. 二手车评估报告包括哪些文书资料？
4. 撰写二手车评估报告应注意哪些事项？
5. 为什么要对二手车评估报告进行复议？
6. 为什么要对二手车评估报告文书进行归档管理？
7. 试选择一辆车，通过技术状况鉴定，进行价值评估，并撰写一份二手车评估报告。

第 10 章 二手车交易实务

本章要求学生掌握二手车交易基本流程和工作程序；掌握二手车交易所需提供的材料；掌握二手车标示的目的和主要内容；掌握订立二手车交易合同的基本准则、主要内容和纠纷处理方式；掌握二手车质量担保的意义、方法和适用范围。

二手车交易是一种产权交易，实现二手车所有权从卖方到买方的转移过程。二手车必须完成所有权转移登记（即过户）才算是合法、完整的交易。本章的重点是讲述二手车交易流程、二手车交易所需提供的材料、签订二手车交易合同和二手车质量担保。

二手车交易实务 第10章

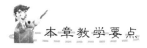
本章教学要点

知识要点	掌握程度	相关知识
二手车交易流程	掌握二手车交易基本流程；熟悉二手车交易的工作程序	二手车交易基本流程与内容；直接交易、中介交易类的工作程序
二手车交易所需提供的材料	熟悉过户类交易提供的材料；熟悉转出（转籍）类交易需提供的材料；了解机动车退牌需提供的材料；熟悉机动车上牌（二手车）需提供的材料	过户类交易需提交的证件和材料；转出（转籍）类交易需提交的证件和材料；机动车退牌需提交的证件和材料；机动车上牌（二手车）需提供的证件和材料
出售二手车的标示	熟悉二手车标示的目的；掌握二手车标示的主要内容	二手车标示的目的；二手车技术状况表的示范文本
签订二手车交易合同	熟悉订立二手车交易合同的基本准则；熟悉交易合同的主体；熟悉交易合同的内容；了解交易合同的变更和解除；了解违约责任；了解合同纠纷处理方式；熟悉二手车交易合同的种类	合法原则和平等互利原则；3种合同当事人；交易合同的主要条款和其他条款；交易合同变更和解除的条件；承担违约责任的条件与方式；解决合同纠纷的4种方式；二手车买卖合同和二手车居间合同
二手车的质量担保	了解二手车质量担保的意义；了解待售二手车基本技术条件；了解二手车质量担保的基础工作；熟悉二手车质量担保的适用范围；熟悉二手车质量担保条例	二手车质量担保的意义；待售二手车的基本技术条件；售前车辆检测、维修、展示、公示、报送统计资料等基础工作；二手车质量担保的主要内容；大众品牌认证二手车质量担保条例

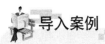

诚新二手车携手三大租车公司开创业务新模式

2012年6月19日,继2011年首开国内品牌二手车大卖场模式后,诚新二手车品牌再创全新的业务模式,在南京与国内三大租车公司——神州租车、一嗨租车和安飞士租车正式签订二手车战略合作协议,将为这三家集团大客户提供包括二手车的收购、认证、拍卖、置换等在内的一站式服务,打造全国唯一的网络化的再营销体系。签约当天还在江苏天泓诚新二手车大卖场举行了集团客户二手车的首次现场竞拍,显示此项新业务模式已经顺利启航,踏入实际运作阶段。

神州租车、一嗨租车和安飞士租车为目前国内租车行业的三大巨头,旗下各门店每年有近10000辆旧车需要进行淘汰处置,其中包括上海通用汽车旗下三大品牌的车型约4000辆。以往租车公司处理这些大批量的旧车一直耗费巨大的人力、物力,在成交价格与交易流程上也存在诸多难题。上海通用汽车诚新二手车根据集团大客户的需求,依托品牌旗下的业务网络和运营能力,通过为集团客户提供覆盖二手车价值链的一站式服务,将业务模式从传统的新车采购、金融及售后服务环节延伸到二手车交易和服务的新层面,为集团客户率先提供了全业务链的完整汽车消费增值体验。签约当天,诚新二手车还在江苏天泓诚新二手车大卖场举行集团客户车辆的竞价拍卖,由体系内二手车运营能力强的经销商参与现场及网络竞拍,实现二手车源在内部的优化分配。

上海通用汽车诚新二手车业务管理总监张庆表示:"此次与三大租车公司在二手车业务上的战略合作,将充分发挥诚新二手车认证和质保体系、网点覆盖及品牌口碑这三大竞争优势,为集团用户提供品牌化、专业化、标准化、规范化、增值化的二手车交易服务平台。同时此举也会进一步丰富诚新二手车经销商的收车渠道,有利于积累更多优质认证车资源,在促进诚新二手车健康发展的同时,还能够有效推动新车交易,拉动上下游价值链的利润增长。"

神州租车控股有限公司副总裁刘辉指出:"神州租车从2007年成立伊始就跟上海通用汽车建立了紧密的战略合作伙伴关系。目前公司内上海通用汽车品牌车型的保有量超过万台,占车辆总数的30%以上。此次和诚新二手车的深度合作,看中的是其作为国内最大品牌二手车体系所具备的品牌化、标准化、规范化运营的独特优势和庞大的经销服务网络,能为我们处置旧车提供更为周全的解决方案并带来更好效益。"

作为上海通用汽车服务价值链的延伸,诚新二手车经过十年的发展已成功建立遍布全国的350家二手车经销网点,拥有业内领先的认证和售后质保体系,以诚信、专业、高品质的服务,成为国内二手车行业标杆,赢得了消费者的卓著口碑。近年来诚新二手车还在不断寻求业务结构和营销产品的新突破,2011年在南京开业的"诚新二手车大卖场"开创了国内首个品牌二手车卖场的先例,此次和集团客户的战略合作也走在业内前沿,同时2012年还会基于二手车IT系统推出更多业务模块,进一步完善经销商的梯度建设,继续尝试像竞价拍卖、保值购车、无条件退车等新营销模式。从专业度到诚信度,从可靠度再到服务完善度,诚新二手车再一次通过创新巩固了自身作为行业领军品牌的地位。

资料来源:http://chengxin.shanghaigm.com/NewsForCompany.aspx?nid=178,2012

2. 经销类的工作程序

经销类的工作程序如图 10.3 所示。

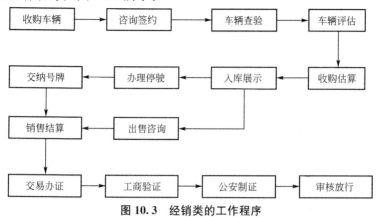

图 10.3　经销类的工作程序

3. 退牌、上牌类的工作程序

退牌、上牌类的工作程序如图 10.4 所示。

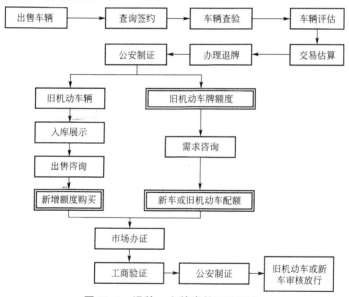

图 10.4　退牌、上牌类的工作程序

4. 寄售或拍卖类的工作程序

寄售或拍卖类的工作程序如图 10.5 所示。

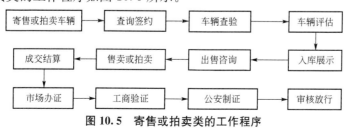

图 10.5　寄售或拍卖类的工作程序

10.2 二手车交易需提供的材料

《中华人民共和国机动车登记规定》(公安部72号令)规范了二手车交易过户、转籍登记行为,全国车辆管理机关在执行这一法定程序时,由于各地区情况不一,在执行时根据实际情况略有变化。对二手车评估人员来说,除了掌握二手车交易过户、转籍的办理程序以外,也有必要熟悉新机动车牌号、行驶证的核发程序。

10.2.1 过户类交易需提供的材料

1. 提交的证件和材料

所提交的证件和材料需有很强的针对性,不同产权归属,要求也不尽一致,因此,它要求二手车所有人或委托代理人,应递交下列证件和材料。

(1) 机动车行驶证。
(2) 机动车登记证书。
(3) 机动车注册/转入登记表(副表)。
(4) 机动车过户、转入、转出登记申请表。
(5) 现机动车所有人身份证明原件和复印件(企事业单位需提供组织机构代码证和IC卡,个人需提供户口簿和身份证);外省(市)居民凭住满一年以上的暂住证,外籍人士凭居留证,香港、澳门特别行政区的居民凭暂住证,台湾居民凭台湾居民来往大陆通行证等的原件和复印件;军人凭中国人民解放军或中国人民武装警察部队核发的军人身份证件及团以上单位出具的本人所住地址证明的原件和复印件。
(6) 机动车照片。
(7) 机动车来历凭证:①二手车销售发票或二手车中介/服务业发票;②人民法院调解、裁定或裁决所有权转移的车辆,应出具已经生效的调解书、裁定书或裁决书及相应的协助执行通知书原件和复印件;③仲裁机构裁决的所有权转移的车辆,应出具已经生效的仲裁裁决书和人民法院出具的协助执行通知书原件和复印件;④继承、赠予、协议抵债的车辆,应提供相应文件和公证机关的公证书原件和复印件;⑤国家机关已注册登记并调拨到下属单位的车辆,应出具该部门的调拨证明;⑥资产重组或者资产整体买卖中包含的机动车,其来历凭证是资产主管部门的批准文件;⑦过入方为机关、事业单位还须提供车辆编制证。
(8) 已封袋的机动车登记业务流程记录单。
(9) 出让方填写的机动车基本情况"承诺书"。
(10) 二手车评估报告。

2. 材料受理时的注意事项

(1) 香港、澳门特别行政区居民的"Z"字号牌和外国人的外籍号牌及领事馆号牌转入,需提供中华人民共和国海关监管车辆解除监管证明书或车辆管理所出具的联系单。
(2) 使用性质为工程抢险车、救护车、消防车、警备车、施工车、邮电车、环卫车须改变使用性质方可过户。
(3) 公务车自初次登记之日起满3年方可办理过户;未满3年办理过户的,计算日期按机动车行驶证初次登记日期计算。

（4）留学回国人员和特批的自备车、摩托车，自初次登记之日起满5年方可办理过户，未满5年办理过户手续的，须由过入方提供上牌额度，计算日期按机动车行驶证初次登记日期计算。

（5）企事业单位的车辆自初次登记之日起满两年方可过户给个人，未满两年的，须由过入方提供上牌额度，计算日期按机动车行驶证初次登记日期计算。

（6）公安系统"警"字号牌车辆过户，须经市公安局后保部装备处批准。

10.2.2 转出（转籍）类交易需提供的材料

1. 提交的证件和材料

所递交的证件、牌证和材料，应严格按照《中华人民共和国机动车登记规定》进行办理。因为全国有统一的车辆和车辆档案的接收标准，否则，有可能退档。按要求，机动车所有人或委托代理人，应递交下列材料。

（1）机动车行驶证。
（2）机动车登记证书。
（3）机动车注册/转入登记表（副表）。
（4）机动车过户、转入、转出登记申请表。
（5）机动车转籍更新申请表、机动车退牌更新申请表、机动车置换（过户、转籍）联系单。
（6）机动车号牌（退牌、置换车辆除外）。
（7）机动车照片。
（8）海关监管车辆，应出具中华人民共和国海关车辆解除监管证明书或车管所出具的联系单。
（9）现机动车所有人身份证明原件和复印件[个人凭外省（市）居民身份证、企事业单位凭外省（市）组织机构代码证和介绍信]。
（10）机动车来历凭证：
① 二手车销售发票或二手车中介/服务业发票。
② 人民法院调解、裁定或裁决所有权转移的车辆，应出具已经生效的调解书、裁定书或裁决书及相应的协助执行通知书原件和复印件。
③ 仲裁机构裁决的所有权转移的车辆，应出具已经生效的仲裁裁决书和人民法院出具的协助执行通知书原件和复印件。
④ 继承、赠予、协议抵偿债务的机动车，应出具继承、赠予、协议抵偿债务的相关文件和公证机关的公证书原件和复印件。
⑤ 资产重组或者资产整体买卖中包含的机动车，应出具资产主管部门的批准文件。
⑥ 国家机关已注册登记并调拨到下属单位的车辆，应出具该部门的调拨证明。
（11）处级以上机关、事业单位，还需提供车辆编制证。
（12）已封袋的机动车登记业务流程记录单。
（13）出让方填写的机动车基本情况"承诺书"。

2. 注意事项

（1）非标准改装的机动车且没有机动车登记证书的，不得受理。

(2) 对转入地的车辆管理部门有特殊要求的,如欧Ⅱ排放标准、禁止退役营运车或使用年限超过5年的不准上牌的外省(市),不得受理。

(3) 超过使用年限的,或者有其他约定的,不得受理。

(4) 定期检验期失效的(人民法院调解、裁定或裁决,仲裁机构裁决的除外,但须检验合格后办理),不得受理。

(5) 品牌、型号、规格、结构不符合国家颁布的公告、目录的,不得受理。

(6) 抵押、查封或司法保全的车辆,在计算机系统和纸质档案中注明"不准过户"的,不得受理。

(7) 海关监管,且未解除监管的车辆,不得受理。

10.2.3　机动车退牌需提供的材料

机动车退牌业务应递交下列材料:

(1) 机动车登记证书。

(2) 机动车行驶证

(3) 机动车注册/转入登记表(副表)。

(4) 机动车退牌更新申请表。

(5) 机动车号牌。

(6) 机动车照片。

(7) 原机动车所有人身份证明原件和复印件。

(8) 经驻场民警查验确认的车辆识别代码、发动机号码无凿改嫌疑并在拓印骑缝处签章的机动车登记业务流程记录单(装入专用纸袋并密封)。

(9) 海关监管车辆,应出具中华人民共和国海关车辆解除监管证明书或车管所出具的联系单。

(10) 代理人身份证明。

10.2.4　机动车(新车)上牌需提供的材料

机动车上牌(新车)是指在二手车交易市场内通过收旧供新的车辆,或经车辆管理所授权的汽车销售公司出售的新车,范围是那些厂牌型号经认定获免检资质的新车,其递交材料如下。

(1) 机动车来历凭证:经市公安局车辆管理所档案科备案,可在二手车交易市场上牌的全国统一机动车销售发票。

(2) 整车出厂合格证。

(3) 机动车注册/登记申请表。

(4) 机动车所有人的身份证明(企事业单位凭组织机构代码证和IC卡,个人凭户口簿、身份证等)。

(5) 车辆购置税纳税证明。

(6) 由代理申请注册登记的,须提供代理人的身份证明原件和复印件。

(7) 经驻场警官查验确认的车辆识别代码(发动机号、车架号)与其拓印相一致,并已在机动车登记业务流程记录单拓印骑缝处盖章生效。

(8) 第三者责任险凭证。

10.2.5 机动车(二手车)上牌需提供的材料

机动车上牌(二手车)是指在二手车交易市场内,被经营公司退牌停搁的二手车,落实客户后需上牌的车辆。需递交材料如下:

(1) 二手车经营公司开具的销售发票。
(2) 机动车注册/登记申请表。
(3) 现机动车所有人的身份证明(企事业单位凭组织机构代码证和IC卡,个人凭户口簿、身份证等)。
(4) 经驻场警官查验确认的车辆识别代码(发动机号、车架号)无凿改嫌疑,并与其拓印相一致,在机动车登记业务流程记录单的拓印骑缝处盖章生效(并装袋密封)。
(5) 经驻场警官签章的机动车退牌更新申请表。
(6) 旧车车辆附加购置税确认单。

10.3 出售二手车的标示

10.3.1 二手车标示的目的

二手车标示的目的是为顾客提供待出售二手车的基本信息,供顾客了解二手车的来源及技术状况等内容。二手车标示应规范、正确、内容要真实,不得弄虚作假,否则会引起交易双方之间的矛盾。二手车标示信息应粘贴在车辆前风窗玻璃左上方,并填写完整、正确。

10.3.2 二手车标示的主要内容

二手车标示信息是指二手车技术状况表,每辆车均应有此表,并在二手车车辆展卖期间,放置在驾驶室前风窗玻璃左下方,供消费者参阅。二手车技术状况表的示范文本见表10-1。

表10-1 二手车技术状况表
(示范文本)

车辆基本信息	厂牌型号		牌照号码		
	发动机号		VIN码		
	初次登记日期	年 月 日	表征里程	万km	
	品牌名称	□国产 □进口	车身颜色		
	年检证明	□有(至__年__月) □无	购置税证书	□有 □无	
	车船税证明	□有(至__年__月) □无	交强险	□有(至__年__月) □无	
	使用性质	□营运用车 □出租车 □公务用车 □家庭用车 □其他			
	其他法定凭证、证明	□机动车号牌 □机动车行驶证 □机动车登记证书 □第三者强制保险单 □其他			
	车主名称/姓名		企业法人证书代码/身份证号码		

(续)

重要配置	燃料标号		排量		缸数	
	发动机功率		排放标准		变速器形式	
	气囊		驱动方式		ABS	□有 □无
	其他重要配置					
是否为事故车	□是 □否	损伤位置及损伤状况				
鉴定结果	分值			技术状况等级		
车辆技术状况鉴定缺陷描述	鉴定科目	鉴定结果（得分）		缺陷描述		
	车身检查					
	发动机检查					
	车内检查					
	起动检查					
	路试检查					
	底盘检查					

二手车鉴定评估师：_____　　　　　　　　　　鉴定单位：（盖章）

鉴定日期：____年____月____日

声明：本二手车技术状况表所体现的鉴定结果仅为鉴定日期当日被鉴定车辆的技术状况表现与描述，若当日内被鉴定车辆的市场价值或因交通事故等原因导致车辆的价值发生变化，对车辆鉴定结果产生明显影响时，本技术状况鉴定说明书不作为参考依据。

说明：本二手车技术状况表由二手车经销企业、拍卖企业、经纪企业使用，作为二手车交易合同的附件。车辆展卖期间，放置在驾驶室前风窗玻璃左下方，供消费者参阅。

1. 出售车辆展示单位及联系方式

（1）收购后出售的车辆标示该经营单位名称、委托寄售的车辆标示接受代理单位名称。

（2）联系方式：该单位固定电话、手机号码。

2. 车辆型号、车号及装备

（1）车辆型号按车管部门核发的车辆行驶证上的标准标示。

（2）车辆的牌号按车管部门核发的车辆行驶证上的号码标示(退牌车辆按原号码标示)。

（3）车辆装备按如下所示：①供油方式标示为缸外喷射或缸内直喷；②变速方式标示为手动或自动；③电控门锁标示为有(效)或无(效)；④ABS标示为有(效)或无(效)；⑤安全气囊标示为有(效)或无(效)；⑥定速巡航系统标示为有(效)或无(效)；⑦转向助力系统标示为有或无；⑧空调系统标示为有(效)或无(效)。

3. 车辆的初次注册登记日期及使用年限

（1）车辆初次注册登记日期按车辆行驶证上的登记日期标示。

(2) 车辆使用年限按公安部规定的该车型使用年限标示。

4. 车辆的使用性质及检验有效日期

(1) 车辆的使用性质按营运或非营运标示。
(2) 车辆的验检有效日期按车辆行驶证上的有效日期标示。

5. 车辆出售总价及包含费用项目

(1) 车辆出售价格应标示其交付顾客使用时的现金价格(人民币)。
(2) 应标明出售总价中是否包含牌照价格、交易手续费、购置附加税、保险金等项目。

6. 车辆行驶里程

车辆行驶里程标示行驶里程表上所显示的千米数，需注意下列事项：①里程标示精确到千千米，不满一千千米时应四舍五入；②若对行驶里程数有疑问，有根据能进行推定时，应标示"?"号及"推测千米数"，无根据不能推定时，应标示"?"及"不明"；③若有明显更改里程表的情况，应标示"已更改里程表"或"已更换里程表"；④如果里程表不能正常工作，应标示"里程表已损坏"。

7. 车辆质量保用条件

(1) 若该车符合保用条件，则标示保用行驶里程数或保用时间月数。
(2) 若该车符合回收条件，则标示"承诺回购"，若不符合回购条件，则标示"不回购"。

8. 车辆事故、瑕疵

(1) 若该车曾发生事故并有维修履历的情况，应将维修过的部位，如车架[车架纵梁、车架横梁、(车身)前内外板、车身支柱内板(前上、中部、后下)、发动机挡板、顶板、底板、行李箱底、散热器芯固定等处]，标示清楚，并标示"已修复"或"已更换"。
(2) 若该车还存在尚未修复的瑕疵，应将瑕疵标示清楚。
(3) 对该车是否发生过事故或是否存在瑕疵不了解时，应标示"?"号及"不明"。
(4) 如果里程表不能正常工作，应标示"里程表已损坏"。

9. 随车备件

(1) 千斤顶标示为有或无。
(2) 备用轮胎标示为有或无。
(3) 轮胎扳手标示为有或无。
(4) 车辆使用说明书标示为有或无。

10.4 签订二手车交易合同

10.4.1 订立二手车交易合同的基本准则

二手车交易合同是指二手车经营公司、经纪公司与法人、其他组织和自然人相互之间为实现二手车交易的目的，明确相互权利义务关系所订立的协议。

订立交易合同的基本原则如下。

1）合法原则

订立二手车交易合同，必须遵守法律和行政法规。法律法规集中体现了人民的利益和要求，合同的内容及订立合同的程序、形式只有与法律法规相符合，才能得到国家的认可，才具有法律效力，当事人的合法权益才可得到保护。任何单位和个人都不得利用经济合同进行违法活动，扰乱市场秩序，损害国家利益和社会利益，牟取非法收入。

2）平等互利、协商一致

订立合同的当事人法律地位一律平等，任何一方不得以大欺小、以强凌弱，把自己的意志强加给对方，双方都必须在完全平等的地位上签订二手车交易合同。二手车交易合同应当在当事人之间充分协商、意思表示一致的基础上订立，采取胁迫、乘人之危、违背当事人真实意志而订立的合同都是无效的，也不允许任何单位和个人进行非法干预。

10.4.2 交易合同的主体

二手车交易合同主体是指为了实现二手车交易目的，以自己的名义签订交易合同，享有合同权利、承担合同义务的组织和个人。根据《中华人民共和国合同法》的规定，我国合同当事人从其法律地位来划分，可分为以下几种。

1. 法人

法人指具有民事权利能力和民事行为能力，依法独立享有民事权利和承担民事义务的组织。它必须具备以下条件：

(1) 依法成立。

(2) 有必要的财产或经费。

(3) 有自己的名称、场所和组织机构。

(4) 能够独立承担民事责任，它包括企业法人、机关法人、事业单位法人和社会团体法人。

2. 其他组织

其他组织指合法成立、有一定的组织机构和财产，但又不具备法人资格的组织，如私营独资企业、合伙组织、个体工商户。

3. 自然人

自然人是指具有完全民事行为能力，可以独立进行民事活动的人。

10.4.3 交易合同的内容

1. 主要条款

(1) 标的。标的指合同当事人双方权利义务共同指向的对象。标的可以是物也可以是行为。

(2) 数量。

(3) 质量。质量是标的内在因素和外观形态优劣的标志，是标的满足人们一定需要的具体特征。

(4) 履行期限、地点和方式。

(5) 违约责任。

(6) 根据法律规定的或按合同性质必须具备的条款及当事人一方要求必须规定的条款。

2. 其他条款

其他条款包括合同的包装要求、某种特定的行业规则、当事人之间交易的惯有规则。

10.4.4　交易合同的变更和解除

1. 交易合同的变更

交易合同的变更通常指依法成立的交易合同尚未履行或未完全履行之前，当事人就其内容进行修改和补充而达成的协议。

交易合同的变更必须以有效成立的合同为对象，凡未成立或无效的合同，不存在变更问题。交易合同的变更是在原合同的基础上，达成一个或几个新的合同作为修正，以新协议代替原协议。因此，变更作为一种法律行为，使原合同的权利义务关系消灭，新权利义务关系产生。

2. 交易合同的解除

交易合同的解除指交易合同订立后，没有履行或没有完全履行以前，当事人依法提前终止合同。

3. 交易合同变更和解除的条件

《中华人民共和国合同法》规定，凡发生下列情况之一，允许变更或解除合同。
(1) 当事人双方经协商同意，并且不因此损害国家利益和社会公共利益。
(2) 由于不可抗力致使合同的全部义务不能履行。
(3) 由于另一方在合同约定的期限内没有履行合同。

10.4.5　违约责任

违约责任指交易合同一方或双方当事人由于自己的过错造成合同不能履行或不能完全履行，依照法律或合同约定必须承受的法律制裁。

1. 违约责任的性质

1) 等价补偿

凡是已给对方当事人造成财产损失的，就应当承担补偿责任。

2) 违约惩罚

合同当事人违反合同的，无论这种违约是否已经给对方当事人造成财产损失，都要依据法律规定或合同约定，承担相应的违约责任。

2. 承担违约责任的条件

1) 要有违约行为

要追究违约责任，必须有合同当事人不履行或不完全履行的违约行为。它可分为作为违约和不作为违约两种情况。

2) 行为人要有过错

过错是指当事人违约行为主观上表现出的故意或过失。故意是指当事人应当预见自己的行为会产生一定的不良后果，但仍用积极的不作为或者消极的不作为希望或放任这种后果的发生。过失是指当事人对自己行为的不良后果应当预见或能够预见到，而由于疏忽大意没有预见到或虽已预见到但轻信可以避免，以致产生的不良后果。

3. 承担违约责任的方式

1）违约金

违约金指合同当事人因过错不履行或不适当履行合同，依据法律规定或合同约定，支付给对方一定数额的货币。

根据《中华人民共和国合同法》及有关条例或实施细则的规定，违约金分为法定违约金和约定违约金两种。

2）赔偿金

赔偿金指合同当事人一方过错违约给另一方当事人造成损失超过违约金数额时，由违约方当事人支付给对方当事人的一定数额的补偿货币。

3）继续履行

继续履行指合同违约方支付违约金、赔偿金后，应对方的要求，在对方指定或双方约定的期限内，继续完成没有履行的那部分合同义务。

违约方在支付了违约金、赔偿金后，合同关系尚未终止，违约方有义务继续按约履行，最终实现合同目的。

10.4.6　合同纠纷处理方式

合同纠纷指合同当事人之间因对合同的履行状况及不履行的后果所发生的争议。根据《中华人民共和国合同法》及有关条例的规定，我国合同纠纷的解决方式一般有协商解决、调解解决、仲裁和诉讼4种方式。

1. 协商解决

协商解决指合同当事人之间直接磋商，自行解决彼此间发生的合同纠纷。这是合同当事人在自愿、互谅互让基础上，按照法律、法规的规定和合同的约定，解决合同纠纷的一种方式。

2. 调解解决

调解解决指由合同当事人以外的第三人（交易市场管理部门或二手车交易管理协会）出面调解，使争议双方在互谅互让基础上自愿达成解决纠纷的协议。

3. 仲裁

仲裁指合同当事人将合同纠纷提交国家规定的仲裁机关，由仲裁机关对合同纠纷做出裁决的一种活动。

4. 诉讼

诉讼指合同当事人之间发生争议而合同中未规定仲裁条款或发生争议后也未达成仲裁协议的情况下，由当事人一方将争议提交有管辖权的法院按诉讼程序审理作出判决的活动。

10.4.7　二手车交易合同的种类

二手车交易合同按当事人在合同中处于出让、受让或居间中介的不同情况，可分为二手车买卖合同和二手车居间合同两种。

1. 二手车买卖合同

(1) 出让人(出售方)：有意向出让二手车合法产权的法人或其他组织、自然人。

(2) 受让人(收购方)：有意向受让二手车合法产权的法人或其他组织、自然人。

典型的二手车买卖合同见附件一。

附件一 二手车买卖合同

二手车买卖合同

合同编号：_____

签订时间：____年____月____日

甲方：(出售方)_____

乙方：(购车方)_____

第一条 目的

依据国家有关法律、法规和本市有关规定，甲、乙双方在自愿、平等和协商一致的基础上，就订立二手车买卖合同，并完成其他委托的服务事项达成一致，订立本合同。

第二条 当事人及车辆情况

1. 甲方(出售方)基本情况：

(1) 单位代码证号□□□□□□□□□□□□□□□—□，经办人_____，

身份证号码□□□□□□□□□□□□□□□□□□，

单位地址_____。联系电话_____。

(2) 自然人身份证号码□□□□□□□□□□□□□□□□□□，

现常住地址_____，联系电话_____。

2. 乙方(购车方)基本情况：

(1) 单位代码证号□□□□□□□□□□□□□□□—□，经办人_____，

身份证号码□□□□□□□□□□□□□□□□□□，

单位地址_____。联系电话_____。

(2) 自然人身份证号码□□□□□□□□□□□□□□□□□□，

现常住地址_____，联系电话_____。

3. 出售车辆基本情况：

车辆牌号_____，车辆类别_____，

厂牌型号_____，颜色_____，

初次登记时间_____，登记证号_____，

发动机号码_____，车架号码_____，

行驶里程_____km，允许使用年限至____年____月____日，

车辆年检签证有效期至_____年_____月，

车辆购置费完税缴纳证号_____/免税缴纳(有证/无证)，

车辆保险险种：1_____ 2_____ 3_____ 4_____，

保险有效截止日期：____年____月____日；

配置：_____
_____
其他情况_____
_____

第三条 车辆价款

经协商一致，本车价款定为人民币_____元（大写：_____），上述价款包括车辆、备胎及_____等附件。

过户手续费为人民币_____元（大写：_____），由_____方负责。

第四条 付款及交付、过户

1. 乙方于合同签订后（当日/_____日）内支付价款_____%，（人民币：_____元，大写_____）作为定金支付给甲方，支付方式：（现金/指定账户）。

2. 甲方于合同签订（当日/_____日）内，将本车（过户/转籍）所需的有关证件原件及复印件交付给_____方，由_____方负责办理（过户/转籍）手续。

3. 于（过户/转籍）事项完成后（当日/_____日）内，购车方向销售方支付剩余价款_____（人民币：_____元，大写：_____），支付方式：（现金/指定账户）。

第五条 双方的权利和义务

1. 出售方承诺车辆出让时不存在任何权属上的法律问题和各类尚未处理完毕的交通违章记录，所提供的证件、证明均真实、有效，无伪造情况。否则，致使出让车辆不能过户、转籍的，购车方有权单方解除本合同或终止本合同的履行，出售方应接受退回的车辆，并向购车方双倍返还定金和支付实际发生的费用。

_____方如在收取有关文件、证明后_____日内未办理（过户/转籍）手续或由于_____方的过失导致（过户/转籍）手续不能办理或不能在合理期限内完成（双方约定该合理期限为收取文件、证明后的_____日内），除非有正当理由或不可抗力，否则_____方可单方终止本合同，并要求_____方双倍返还定金和支付实际发生的费用。

2. 购车方承诺已对受让车辆的配置、技术状况和原使用性质了解清楚，该车能根据居住管辖地车辆落籍规定办理落籍手续。如由于购车方的过失导致（过户/转籍）手续不能办理，则出售方可单方终止本合同，并不返还定金，已经发生的费用应由购车方承担。

本合同签订后，购车方如未按本合同规定的时间支付定金，出售方有权单方解除本合同，并要求购车方赔偿相应的经济损失。

第六条 合同在履行中的变更及处理

本合同在履行期间，任何一方要求变更合同条款的，应及时书面通知对方，并征得对方的同意后，在约定的时限_____天内，签订补充条款，注明变更事项。未书面告知对方，并征得对方同意，擅自变更造成的经济损失，由责任方承担。

本合同履行期间，双方因履行本合同而签署的补充协议及其他书面文件，均为本合同不可分割的一部分，具有同等效力。

第七条 违约责任

甲、乙双方如发生违约行为，违约方给守约方造成的经济损失，由守约方按照法律、法规的有关规定和本合同有关条款追偿。

第八条 风险承担

本车在过户、转籍手续完成前由出售方作为所有人承担一切风险责任；本车在过户、转籍手续完成后由购车方作为所有人承担一切风险责任。

第九条 其他规定

本合同未约定的事项，按照《中华人民共和国合同法》及有关法律、法规的规定执行。

第十条 发生争议的解决办法

甲、乙双方在履行本合同过程中发生争议，由双方协商解决，协商不成的，提请二手车交易市场或二手车交易管理协会调解，调解成功的，双方应当履行调解协议；调解不成的，按本合同约定的下列第（　　）项进行解决：

1. 向仲裁委员会申请仲裁（　　）；
2. 向法院提起诉讼（　　）。

第十一条 合同效力和订立数量

本合同内，空格部分填写的文字，其效力优于印刷文字的效力。本合同所称"日"，均指工作日。

本合同经双方当事人签字、盖章后生效；本合同一式三份，由甲方、乙方、二手车交易市场各执一份，均具有同等的法律效力。

甲方：出售方(名称)：＿＿＿＿＿＿＿＿＿＿＿＿＿＿＿＿＿＿＿＿＿＿＿＿＿

法定代表人/自然人：(签章)＿＿＿＿＿＿＿＿＿＿＿＿＿＿＿＿＿＿＿＿＿

经办人：(签章)＿＿＿＿＿＿＿＿＿＿＿＿＿＿＿＿＿＿＿＿＿＿＿＿＿＿＿

开户银行：＿＿＿＿＿＿＿＿＿＿＿＿＿＿＿＿＿＿＿＿＿＿＿＿＿＿＿＿＿

账号：＿＿＿＿＿＿＿＿＿＿＿＿＿＿＿＿＿＿＿＿＿＿＿＿＿＿＿＿＿＿＿

乙方：购车方(名称)：＿＿＿＿＿＿＿＿＿＿＿＿＿＿＿＿＿＿＿＿＿＿＿＿＿

法定代表人/自然人：(签章)＿＿＿＿＿＿＿＿＿＿＿＿＿＿＿＿＿＿＿＿＿

经办人：(签章)＿＿＿＿＿＿＿＿＿＿＿＿＿＿＿＿＿＿＿＿＿＿＿＿＿＿＿

开户银行：＿＿＿＿＿＿＿＿＿＿＿＿＿＿＿＿＿＿＿＿＿＿＿＿＿＿＿＿＿

账号：＿＿＿＿＿＿＿＿＿＿＿＿＿＿＿＿＿＿＿＿＿＿＿＿＿＿＿＿＿＿＿

2. 二手车居间合同

（1）出让人(出售方)：有意向出让二手车合法产权的法人或其他组织、自然人。

（2）受让人(购车方)：有意向受让二手车合法产权的法人或其他组织、自然人。

（3）中介人(居间方)：合法拥有二手车中介交易资质的二手车经纪公司。

典型的二手车居间合同见附件二。

附件二　二手车居间合同

二手车居间合同

合同编号：_____
签订时间：____年____月____日

委托出让方（简称甲方）：_____
居间方：_____
委托买入方（简称乙方）：_____

第一条　目的

依据国家有关法律、法规和本市有关规定，三方在自愿、平等和协商一致的基础上，就居间方接受甲、乙双方的委托，促成甲、乙双方二手车交易，并完成其他委托的服务事项达成一致，订立本合同。

第二条　当事人及车辆情况

1. 甲方基本情况：
(1) 单位代码证号□□□□□□□□□□—□，经办人_____，
身份证号码□□□□□□□□□□□□□□□□□□，
单位地址_____。联系电话_____。
(2) 自然人身份证号码□□□□□□□□□□□□□□□□□□，
现常住地址_____。联系电话_____。

2. 乙方基本情况：
(1) 单位代码证号□□□□□□□□□□—□，经办人_____，
身份证号码□□□□□□□□□□□□□□□□□□，
单位地址_____。联系电话_____。
(2) 自然人身份证号码□□□□□□□□□□□□□□□□□□，
现常住地址_____。联系电话_____。

3. 出让车辆基本情况：
车辆牌号：_____，车辆类别：_____，
厂牌型号：_____，颜色：_____，
初次登记时间_____，登记证号_____，
发动机号码_____，车架号码_____，
行驶里程_____km，允许使用年限至____年____月____日，
车辆年检签证有效期至____年____月____日，
车辆购置费完税缴纳证号_____/免税缴纳（有证/无证），
车辆保险险种：1_____ 2_____ 3_____ 4_____
保险有效期截止日期：____年____月____日；
配置：_____
_____

其他情况：_____
_____

第三条　车辆价款

经协商一致，本车价款定为人民币_____元（大写：_____），上述价款包括车辆、备胎及_____。

过户手续费为人民币_____元（大写：_____），由_____方负责。

第四条　付款及交付、过户

1. 乙方于合同签订后（当日/_____日）内支付车价款_____%，（人民币：_____元，大写_____）作为定金支付给甲方，支付方式：（现金/指定账户）。

2. 甲方于合同签订（当日/_____日）内，将本车辆存放于居间方指定地点，由居间方和乙方查验认可，出具查验单后，由居间方代为保管或三方约定由甲方继续使用本车。甲方于合同签订后_____日内将本车辆有关证件原件及复印件交付给乙方，并协助乙方办理过户手续。

3. 乙方于（过户/转籍）事项完成后（当日/_____）内向甲方支付剩余价款（人民币：_____元，大写：_____），支付方式：（现金/指定账户）。

第五条　佣金标准、数额、收取方式、退赔

（一）居间方已完成本合同约定的委托人甲方委托的事项，委托人甲方按照下列第（　）种方式计算支付佣金（任选一种）：

1. 按照该二手车成交价_____的_____%，具体数额为人民币_____元作为佣金支付给居间方。

2. 按双方约定，佣金为人民币_____元，支付给居间方。

（二）居间方已完成本合同约定的委托人乙方委托的事项，委托人乙方按照下列第（　）种方式计算支付佣金（任选一种）：

1. 按照该二手车成交价_____的_____%，具体数额为人民币_____元作为佣金支付给居间方。

2. 按双方约定，佣金为人民币_____元，支付给居间方。

（三）居间方未完成本合同委托事项的，按照下列约定退还佣金：

1. 居间方未完成委托人甲方委托的事项，将本合同约定收取佣金的_____%，具体数额为人民币_____元退还给委托人甲方，已发生费用由居间方承担。

2. 居间方未完成委托人乙方委托的事项，将本合同约定收取佣金的_____%，具体数额为人民币_____元退还给委托人乙方，已发生费用由居间方承担。

第六条　甲方的权利和义务

甲方承诺车辆出让时不存在任何权属上的法律问题和各类尚未处理完毕的交通违章记录，所提供的证件、证明均真实、有效，无伪造情况。否则，致使出让车辆不能过户、转籍的，乙方有权单方解除本合同或终止本合同的履行，甲方应接受退回的车辆，全额退回车款，向居间方支付佣金和实际发生的费用，并承担赔偿责任。

本合同有效期内,甲方委托出让的车辆根据本合同约定将本车存放在指定的地点,并按规定支付停车费,因保管不善造成车辆毁损、灭失的,由责任方承担赔偿责任。

甲方不提供相关文件、证明,或未按本合同第四条第二款的约定将本车存放于指定地点,除非有正当理由或不可抗力,否则乙方有权终止本合同并要求双倍返还定金。

第七条 乙方的权利和义务

本合同签订后,乙方应向居间方预付定金(人民币_____元,大写_____)。

乙方履行合同后,定金抵作乙方应当支付给居间方的佣金。如乙方违约,乙方无权要求返还定金并支付实际发生的费用;如居间方违约,应当双倍返还定金。

乙方如未按本合同规定的时间支付定金,甲方有权单方解除本合同,并要求乙方赔偿相应的经济损失。

乙方如拒绝接受甲方提供的文件、证明,除非有正当理由或不可抗力,否则甲方可单方终止本合同,并不返还定金。

乙方如在收取有关文件、证明后_____日内未办理(过户/转籍)手续或由于乙方的过失导致(过户/转籍)手续不能办理或不能在合理期限内完成(双方约定该合理期限为收取文件、证明后的_____日内),除非有正当理由或不可抗力,否则甲方可单方终止本合同,并不返还定金,已经发生的费用应由乙方承担。

第八条 居间方的权利和义务

居间方应向甲、乙双方出示营业执照等有效证件。

居间方的执业经纪人应向甲乙双方出示经纪执业证书,并应亲自处理委托事务,未经甲乙双方同意,不得转委托。

居间方应按照甲、乙双方的要求处理委托事务,报告委托事务处理情况,为甲、乙双方保守商业秘密。

居间方应按约定或依规定收取甲、乙双方支付的款项并开具收款凭证。

居间方不得采取胁迫、欺诈、贿赂和恶意串通等手段,促成交易。

居间方不得伪造、涂改、买卖交易文件、证明和凭证。

第九条 合同在履行中的变更及处理

本合同在履行期间,任何一方要求变更合同条款的,应及时书面通知相对方,并征得相对方的同意后,在约定的时限_____天内,签订补充条款,注明变更事项。未书面告知相对方或并未征得相对方同意,擅自变更造成的经济损失,由责任方承担。

本合同履行期间,三方因履行本合同而签署的补充协议及其他书面文件,均为本合同不可分割的一部分,具有同等效力。

第十条 违约责任

1. 三方商定后,居间方有下列情况之一的,应承担违约责任:

(1)无正当理由解除合同的。

(2)与他人私下串通,损害委托人甲、乙双方利益的。

(3)其他过失影响委托人甲、乙双方交易的。

2. 三方商定后,委托人甲、乙双方有下列情况之一的,应承担违约责任。

(1)无正当理由解除合同的。

(2) 未能按照合同提供必要的文件、证明和配合，造成居间方无法履行合同的。

(3) 相互或与他人私下串通，损害居间方利益的。

(4) 其他造成居间方无法完成委托事项的行为。

3. 三方商定后，发生上述违约行为的，按照合同约定佣金总数的_____%，计人民币_____元作为违约金支付给各守约方。违约方给各守约方造成的其他经济损失，由守约方按照法律、法规的有关规定追偿。

第十一条　风险承担

本车在过户、转籍手续完成前由甲方作为所有人承担一切风险责任；本车在过户、转籍手续完成后乙方作为所有人承担一切风险责任。

第十二条　其他规定

本合同未约定的事项，按照《中华人民共和国合同法》及有关法律、法规的规定执行。

第十三条　发生争议的解决办法

三方在履行本合同过程中发生争议，由三方协商解决，协商不成的，提请二手车交易市场和二手车交易管理协会调解，调解成功的，三方应当履行调解协议；调解不成的，按本合同约定的下列第(_____)项进行解决：

1. 向仲裁委员会申请仲裁(_____)；

2. 向法院提起诉讼(_____)。

第十四条　合同效力和订立数量

本合同内，空格部分填写的文字，其效力优于印刷文字的效力。本合同所称"日"，均指工作日。

本合同经三方当事人签字、盖章后生效；本合同一式四份，由甲方、乙方、居间方、二手车交易市场各执一份，均具有同等的法律效力。

委托出售方(甲方)：_____

法定代表人/自然人：(签章)_____

经办人：(签章)_____

开户银行：_____

账号：_____

居间方(名称)：_____

营业执照注册号：_____

法定代表人：(签章)_____

执业经纪人：(签章)_____

执业经纪证书：(编号)_____

开户银行：_____

账号：_____

委托买入方(乙方)：_____

法定代表人/自然人：(签章)_____

经办人：(签章)_____
开户银行：_____
账号：_____

10.5 二手车的质量担保

二手车的质量担保就是在二手车销售的同时，销售商承诺对车辆进行有条件、有范围、有限期的质量担保，并切实履行承诺的责任和义务。

二手车的质量担保是二手车销售环节中的一个不可或缺的重要一环。没有质量担保的二手车销售是不完整的销售。

10.5.1 二手车质量担保的意义

1. 保护消费者权益

从二手车消费者(包括现实的和潜在的)的心理调查反映，最难以把握的，即最担心的就是车辆的技术状况。尤其是车辆买到手，各种故障便在短时间内连连发生，使消费者对二手车的质量可靠性心存疑虑。因此，普遍希望二手车销售商能提供质量担保。

为二手车消费者提供质量担保，是销售商保护消费者权益的具体体现，同时也是一种社会责任。

2. 促进二手车行业的规范发展

以前，二手车买卖成交后，销售商的责任即告结束，对此后车辆出现的各种故障全不负责。这一方面使得消费者的权益得不到充分保障；另一方面，一些不法销售商又有恃无恐地干着坑蒙拐骗的勾当。事实上，二手车交易中大多数纠纷都是由于售后发现质量问题而引起的。

随着社会的发展和人们生活水平的提高，为了扩大生活半径和追求时间效率而购买二手车的人越来越多，二手车交易也日益兴旺。但二手车青睐者的购车热情往往被对车况难以把握的畏惧心理中和。实行二手车质量担保可以从根本上消除这种畏惧心理，从而激发这些潜在的购车能量。这样既规范了行业的交易行为，又促进了市场的发展，是个一举多得的措施。

二手车的质量担保是二手车行业规范发展的一个重要内涵，量的发展要与质的规范同步提升。行业的发展对二手车经营企业提出了更高的要求，在鼓励、扶持那些诚实守信、规范运作的经营企业的同时，行业管理部门还将规范、监督和约束那些不讲信誉、不讲服务的销售行为，逐步净化二手车的消费环境，提升行业的社会形象。

3. 有利于经营品牌的创立

二手车交易是一个与服务密切相关的经营行为。就二手车的质量范畴而言，如实展示并介绍车辆的客观现状、存在的缺陷，让购车者买明白车，这是其一。其二，销售商向购车者做出质量担保承诺，让购车者买放心车。前者是销售商诚信的体现，当然对购车者也有能看得懂车辆情况的专业知识要求。而后者则是销售商信誉的保证，对销售商的要求更高。相对而言，后者更重要。为保护购车者的利益，二手车经营企业对自己出售的二手车的质量隐蔽故障的突发而造成购车者的利益损害，销售商给予经济赔偿是十分必要的。这也可以作为鉴别二手车经营企业之间诚信差异、品牌优劣的重要标志。

二手车经营企业实行二手车质量担保，将服务延伸到售后，切实履行保护消费者利益的责任，有利于经营品牌的创立。这方面的工作谁做得好，谁就将赢得市场。

4. 有利于开辟新的交易方式

目前，在二手车交易中，通常采用到有形市场现场看车的方式来确定车辆状况。这种方式对买卖双方均耗时、费力、效率低，是一种较原始的方式，随着社会车辆的逐渐增多，二手车交易的日趋活跃，这种低效率的交易方式对提高交易量的制约影响将日益凸显。

因此，致力于交易方式的拓展将是一个现实的课题。如开展网上交易形式等，将有形市场与无形市场相结合，以利于日后集中交易模式的形成。这其中一个重要的前提是经营企业诚信体系的建立、二手车质量担保的承诺及社会和消费者对此承诺的高度认同。达到这种程度，二手车交易将会又一次由质变引起量变，必将会对活跃交易方式、提高交易能力、促进行业发展起到相当大的推动作用。

5. 有利于二手车消费信贷

尽管近两年有些银行开发了二手车的消费贷款，但从总体来看，此项业务开展得并不顺利。原因之一是银行对车辆质量状况把握不了。于是，纷纷抬高贷款门槛或干脆暂停此项业务。而在购买二手车的消费者中，暂时不想花大钱即可拥有一辆汽车的人不在少数，他们更希望能得到银行贷款，以解决手头一时之拮据。因此，实行二手车质量担保既解除了银行的后顾之忧，又可帮助消费者实现购车愿望，可起到一石多鸟之效果。尤其是《汽车金融公司管理办法》的出台，对二手车的消费信贷也将起到推动作用。

10.5.2 待售二手车基本技术条件

尽管二手车存在故障的突发性、零件寿命的差异性等因素，给二手车的质量担保工作带来一定的困难。但从方便购车者挑选查验、现场试车及道路行驶的安全性、环保性和车辆配置的完整性等方面考虑必须制定出待售二手车的基本技术条件。这是二手车销售和质量担保的前置条件。

1. 车辆清洁

（1）车辆外表无油渍，无泥土。

（2）发动机室内无污垢，散热器、冷凝器外表无积土。发动机各部件应达到"铁见黑，铜见黄，铝见白"。车架号和发动机号应清晰可辨。

（3）驾驶室、行李箱内清洁无杂物。

2. 车身

（1）车身饰条饰板应齐全，门窗防水防尘橡胶条应齐全有效。

（2）前后保险杠、前后车牌、轮盖、消声器等应安装牢固，不松旷。

（3）车门启闭自如无碰剐，门锁、行李箱锁、油箱盖锁、门销应齐全有效。

(4) 车身玻璃、后视镜应完整清晰不耀眼,门窗玻璃升降平顺无卡滞。

(5) 车身外表应无大于 $100\sim200cm^2$ 的凹陷变形,烂穿面积总和不大于 $50\sim100cm^2$(客车取上限,卡车取下限)。

(6) 轿车车身面漆应无明显色差,露底划痕总长不大于 $50cm$,面漆脱落或起泡面积总和不大于 $100cm^2$。

(7) 车体周正,对称高度差小于 $4cm$。前纵梁应无明显的弯曲、折皱变形。

3. 发动机

(1) 发动机各种罩、盖、皮带、管件等附件应齐全有效,机脚安装牢固。

(2) 发动机应无点滴状漏油、漏水、漏电、漏气(俗称四漏)。

(3) 发动机应能在 3 次内依靠起动机顺利起动。各缸均能正常工作,不得缺缸。

(4) 各缸气缸压力不小于原厂标准的 75%。

(5) 发动机在各种状况下,应无明显异响。

(6) 发动机怠速时应无放炮或回火现象,怠速运转应平稳,转速差不应高于原厂标准的 15%。

(7) 润滑油、冷却液(冬天应为防冻液)液面应达规定限度。

(8) 废气排放符合要求。汽油车 $CO\leqslant 0.8\%$(怠速),$CO\leqslant 0.3$(高怠速);$HC\leqslant 150\times 10^{-6}$(怠速),$HC\leqslant 100\times 10^{-6}$(高怠速)。柴油车排气吸收系数 $\leqslant 2.5m^{-1}$(自由吸气式),排气吸收系数 $\leqslant 3.0m^{-1}$(涡轮增压式)。

4. 转向系统

(1) 转向盘的自由转动量 $\leqslant 15°$,转动时无卡阻现象。

(2) 横、直拉杆球销无裂纹、无明显松旷,连接牢固,锁止有效。

(3) 方向助力泵运转正常无异响,助力泵油无滴漏,液面正常。

(4) 路试中,各速度段应无方向摆振及明显跑偏。

5. 制动系统

(1) 制动总泵、分泵及管接头连接处应无明显漏油,制动液面正常。严禁采用不同牌号的制动液添加补充。

(2) 真空助力泵能正常工作,真空管连接良好不漏气。

(3) 制动蹄片间隙应符合原厂要求。回位应迅速,无明显涨鼓夹盘现象。

(4) 路试方法检验制动减速度和制动稳定性时,应符合要求,见表 10-2。

表 10-2 汽车制动减速度和制动稳定性的检验标准

车辆类型	制动初速度/(km/h)	空载制动距离/m	满载制动距离/m	制动稳定性要求,汽车任何部位不得超出试车道宽度/m
乘用车(车座位数≤9 的载客汽车)	50	≤19	≤20	2.5
三轮汽车	20	≤5	≤5	2.5
总质量不大于 3500kg 的低速汽车	30	≤8	≤9	2.5

(续)

车辆类型	制动初速度/(km/h)	空载制动距离/m	满载制动距离/m	制动稳定性要求，汽车任何部位不得超出试车道宽度/m
其他总质量不大于3500kg的汽车	50	≤21	≤22	2.5
铰接客车、铰接式无轨电车、汽车列车	30	≤9.5	≤10.5	3.0
其他汽车	30	≤9	≤10	3.0

(5) 驻车制动的最大效能应产生在全行程的3/4以内。车辆空载时，在20%的坡道上采用驻车制动时，5min内车辆不应发生溜坡，或在发生最大驻车制动效能时，车辆挂二挡应不能起步。

6. 传动系统

(1) 离合器应结合平稳，分离彻底，起步时无异响、抖动和打滑现象。离合器踏板的自由行程和工作高度应符合要求。

(2) 离合器总泵、分泵及管路连接处应无点滴状漏油，液面高度符合要求。

(3) 手动变速器应挡位清晰，路试时应无异响，不跳挡，不乱挡。

(4) 自动变速器应挡位显示准确，无明显漏油现象，油液高度符合要求。车辆挂挡后应有起步蠕动感。路试时换挡平顺，无明显冲击。

(5) 传动轴应连接牢固，十字节无明显松旷。路试中，左右打足方向，球笼应无异响。

7. 行驶系统

(1) 轮胎螺钉紧固，轮胎气压符合要求。

(2) 轮胎花纹深度：轿车≥1.6mm，其他车前轮≥3.2mm。轮胎上不得有25mm以上的割伤，帘布层不外露。

(3) 两前轮应配置同品牌、同型号、同花纹且花纹深度相近的轮胎。

(4) 轮胎应无异常偏磨，前束符合原厂要求。

8. 悬挂系统

(1) 减振器应无明显松旷、漏油，减振弹簧或钢板完好。

(2) 托架及球销等连接牢固，不松旷。

(3) 两边前后轴距离差≤5mm。

9. 电系、仪表

(1) 各种灯光应完好，能正常工作，并安装牢固。

(2) 刮水器、喇叭工作正常。

(3) 车速表、里程表、发动机转速表、冷却液温度表、汽油表等仪表工作正常。机油灯、充电灯、冷却液温度灯等状态指示灯应工作正常。ABS(制动防抱死系统)、SBS(安全气囊系统)、发动机故障指示灯等在打开点火开关时应显亮，经数秒(或发动机起动)自检后自动熄灭。

(4) 电线不裸露,电路静态漏电量小于 15mA。

10. 备件

(1) 备有完好备胎、千斤顶和轮胎螺钉扳手。

(2) 备有有效灭火器。

对于汽车品牌 4S 店的二手车质量认证,另有各自的标准,例如,上海通用二手车需进行 7 大类、106 项测试,才能得到上海通用汽车的认证,成为可以销售的二手车。

10.5.3 二手车质量担保的基础工作

1. 售前车辆检测

二手车售前车辆检测是二手车质量担保的一项重要的基础工作。二手车质量担保的潜在风险可以通过周密的售前检测加以规避。因此,经营企业应按待售二手车基本技术条件全面、认真、细致地检测待售二手车,做到知根知底,充分把握车辆现状,并做好详细记录,建立单车档案。

2. 先行维修

对制动系统、转向系统、起动系统、传动系统、灯光系统等系统中检测出的严重的缺陷和故障,经营企业应先行修复,以使车辆具备基本的试车条件。

3. 客观展示,如实介绍

待售二手车应客观展示,既不应油迹斑斑、灰头垢面,也不提倡采用外表翻新的手段掩人耳目,使人辨不清其新旧成色。展示证上应标明车辆的详细情况,除了厂牌车型、初证日期、使用年限、行驶里程、销售价格等基本信息外,还应标明该车辆存在的明显的或已知的但内在的缺陷,贯彻《中华人民共和国消费者权益保护法》第三章第二十二条的规定:"经营者应当保证在正常使用商品或者接受服务的情况下其提供的商品或者服务应当具有的质量、性能、用途和有效期限;但消费者在购买该商品或者接受该服务前已经知道其存在瑕疵的除外。经营者的广告、产品说明、实物样品或者其他方式表明商品或者服务的质量状况的,应当保证其提供的商品或者服务的实际质量与表明的质量状况相符。"因此,经营企业应在销售过程中,客观介绍车辆情况,将大大降低二手车的质量纠纷。对于一些非严重的缺陷和故障,可采用售后提供维修服务的方法给予修复。

4. 公示、告知制度

经营企业应在广告等形式上向社会公开二手车质量担保承诺,一来有利于提升企业自身的品牌形象,二来有利于净化二手车市场的消费环境,展示证上应标明该车辆企业是否承诺质量担保及质量担保的范围、期限等具体内容。在企业的经营场所,应将企业的质量担保条例公示上墙,告知用户。

5. 报送统计资料,配合行业管理

行业兴则企业兴,中国的二手车行业是一个新兴行业,同时也是一个朝阳行业。企业应服从并服务于行业发展与规范大计,主动、如实统计并上报有关二手车质量担保工作的各项数据,为行业管理积累经验。同时行业也将据此作为评定和授予企业信用等级的参考条件之一。

10.5.4 二手车质量担保的适用范围

二手车的质量担保既可参照新车质量担保,但又绝对不同于新车质量担保。就行业的发展情况而言,目前不可能制定一套适合所有车型的比较全面的整车质量担保标准。但作为基本要求,提出有条件、有范围地进行有限的质量担保是切实可行的。各企业可根据自身特点、品牌集中度系数等,在基本要求的基础上,再进行有选择的扩充担保,形成企业的经营特色。下面以上海二手车交易管理协会制定的二手车质量担保条例为例,介绍二手车质量担保的主要内容。

1. 适用对象

以5年以内或已行驶里程在8万km以内(两项应同时满足)的非营运性车辆为对象,出租车、租赁车、专业货运车辆、特种机械车辆等暂不列入担保范围。

2. 品牌选择

可对交易量大、交易频次高、维修方便、维修成本较低的品牌车型进行担保,如上海大众生产的桑塔纳品牌汽车等。

3. 担保期限

担保期限一般为30天和3000km(两项应同时满足),任一项超出,担保期限即结束。

对于汽车品牌4S店出售的二手车,其质量担保期限一般较长,如经过上海通用汽车认证的别克诚新二手车,其质量保证期限为6个月或10000km。

4. 应列入质量担保的零部件

从消除购车者对隐蔽性故障的担忧这一角度出发,下列零部件或总成应给予质量担保。
(1) 发动机冷却系统中的水泵、冷却液温度表及散热器等。
(2) 发动机润滑系统中的机油泵、机油压力表(灯)等。
(3) 发动机供油系统中的汽油泵、汽油表等。
(4) 发动机点火系统中的点火线圈、分电器等。
(5) 发动机起动系统中的点火开关、起动机等。
(6) 传动系统中的离合器压板、传动轴十字节、球笼等。
(7) 制动系统中的真空助力泵、制动鼓(盘)、制动总泵、制动分泵的工作效能等。
(8) 转向系统中的方向助力泵、横直拉杆球销等。
(9) 空调系统中的冷媒、风机等。

系统中各零部件工作状况的好坏以使该系统能正常工作为原则。如果由于某一零部件损坏而致使该系统无法正常工作(如水泵漏水致使发动机冷却液减少而导致冷却液温度过高),则该零部件必须及时修复或更换。

5. 不列入质量担保的零部件

与新车质量担保中的非保件相同,有些零部件因在使用中存在突变性,不能列入质保范围。

(1) 易磨损件，如制动片、离合器片等。
(2) 易爆件，如轮胎、灯泡、玻璃等。
(3) 电化学件，如蓄电池等。

6. 合约补充

以上仅作为二手车质量担保的基本形式和条件，企业可在此基础上，根据企业和车辆的具体情况，有选择地进行扩充，并以合约形式表明。

7. 免责情形

(1) 由于使用不当、保养不当或不规范操作引起的零部件损坏。
(2) 隐匿了实际使用里程的车辆。
(3) 缺油少水(润滑油、制动液、冷却液)引起的零部件损坏或故障。
(4) 质量担保期内用于营运、教练等用途的车辆。
(5) 肇事、冰冻、浸水车辆所涉及的零部件损坏。
(6) 在质量担保期内经其他修理厂或自行修理过的零部件及该系统。

有以上情形之一的车辆，销售企业可免除质量担保责任。但以上免责情形应事先告知购车者。

10.5.5 二手车质量担保条例

目前，国内没有统一的二手车质量担保条例，但一些汽车品牌公司的二手车部门相继出台了各自公司的认证二手车质量担保条例，其中大众品牌认证二手车质量担保条例的主要内容如下。

大众品牌认证二手车质量担保条例

总则

第一条 为规范一汽-大众品牌认证二手车的质量担保责任，明确大众品牌认证二手车经销商向大众品牌二手车的购买者承担的质量担保责任和条件，特制订本条例。

第二条 一汽-大众有权随时根据情况决定修改本条例，或者宣布本条例不再有效，或者另以其他版本的质量担保条例取代本条例。已售认证二手车适用销售当时有效的质量担保条例。

第三条 大众品牌认证二手车的购买者（以下称"被担保人"）在符合本条例规定索赔条件的情况下，可以就其购买的大众品牌认证二手车直接向一汽-大众认证的大众品牌认证二手车经销商（以下称"经销商"）索赔，索赔的范围按照本质量担保条例的规定执行。经销商在向被担保人索赔后再另行依照合同规定向一汽-大众索赔。

第四条 大众品牌二手车质量认证书、139项检测表及其他有效文件，均为本担保条例的组成部分。

担保责任

第五条 对于通过质量认证的车辆，在担保期限内发生的责任免除部分以外的机械和电子部分故障，只有通过修理或更换零配件方能达到正常的使用功能所发生的直接费用，经销商按照本担保条例的规定向被担保人负责赔偿。

第六条 前条所指通过质量认证的车辆，是指按照一汽-大众规定的检查、维修、评价标准，根据对二手车做139项检测并记录在册后，按照一汽-大众规定的标准对该车辆进行整备、维护、维修，由二手车购买者自愿支付一汽-大众公布的认证费后可以按照本条例享受质量担保的大众品牌二手车（以下称"认证二手车"）。

第七条 经销商按条例的规定向被担保人赔偿后，经销商根据合同规定向一汽-大众索赔。

第八条 被担保人可以向全国范围内任何经一汽-大众授权从事大众品牌认证二手车业务的认证经销商提出质量担保要求。非经一汽-大众授权从事大众品牌认证二手车业务的经销商无权向被担保人提供质量担保。

担保期限

第九条 认证二手车担保期开始日期为二手车售出日期，限期为1年或1.5万km，以先到者为准。

第十条 以二手车置换新车的，新车的质量担保期限和条件依新车本身的质量担保期限和条件。

责任免除

第十一条 被担保人所购认证二手车遭受下列损失不在经销商和/或一汽-大众的赔偿之列：

1. 车辆保养和正常磨损。
2. 装配了未经一汽-大众许可的零部件。
3. 下述部件和总成的损坏：
（1）框架零件和车身、外观覆盖件、内饰、油漆、车顶、饰板、座椅饰物、玻璃、前照灯。
（2）离合器、制动盘、轮胎、轮辋、制动片和保险杠。
（3）蓄电池、熔丝、灯泡、刮水器和安全带。
（4）减振器、衬套和排气系统。
（5）滤清器、润滑油、防冻液、燃料、火花塞、预热塞、橡胶材料、供油管路、过滤器和汽油泵。
（6）漏气和漏水、门窗及箱盖闭合不严、漆面损坏和腐蚀损坏。
（7）废气排放系统及三元催化转化器、供油系统脏污。
（8）CD收音机/磁带式收放机、天线和音响系统零件。

第十二条 因下列原因导致的任何被担保人的损失，也不在经销商和/或一汽-大众的赔偿之列：

1. 交通事故所导致的损坏，即直接从外向里的突然机械外力作用造成的结果。
2. 故意或恶意行为、盗窃、使用不当、抢劫或非法行为；暴风、冰雹、雷击、地震或淹没及燃烧或爆炸的直接作用。
3. 非一汽-大众指定的经销商为认证二手车所进行的修理或加装、改装。
4. 任何用于比赛、竞赛、协助竞赛及其他在非公路行驶。
5. 汽车出现高于车辆使用说明书所规定的载荷。
6. 使用不合乎要求的润滑材料或燃料。

7. 改变汽车的原始结构（例如调整）或者使用未经一汽-大众同意的外购附件零件，或者采用非一汽-大众提供的零配件。

8. 担保范围之内的零配件对担保范围之外的零配件造成的损坏，或担保范围之外的零配件对担保范围之内的零配件造成的损坏，或者未对已发生的损坏采取合理的修理措施或应急修理措施而导致进一步扩大的损失。

9. 全部或部分用于营运用途的车辆。

10. 驾校车辆、救护及消防车辆或警车以及用于商业运营的车辆。

11. 粗暴地驾驶车辆。

12. 在修理担保责任的损坏之前未及时通知二手车经销商，并且尚未对汽车损坏结果予以确定，或没有提供本公司车辆损坏的必要信息或者没有按照经销商的指令要求来降低损失。

13. 未按照一汽-大众在使用说明书中的规定来使用汽车。

赔偿限额

第十三条 一汽-大众负责承担必需更换零配件费用和实际发生的必要的工时费。工时费以一汽-大众的工时费为准。所更换的零配件价格以损坏当日一汽-大众的相关建议价格为准。零件价格上涨所导致的损失一汽-大众不予补偿。

第十四条 如果修理费用超出更换零部件单元的金额，比如，这些单元通常装配为总成，则赔偿金额以更换总成为限。

第十五条 一汽-大众负责赔偿的修理费用以发生担保责任范围内的损坏时车辆的实际价值为准。

第十六条 被担保人需自行承担免赔范围内的所有损失。

第十七条 一汽-大众不负责赔偿任何间接损失，如拖车费用、停车场收费、租车费、耽误使用赔偿费及经营损失等。

赔偿处理

第十八条 认证二手车发生担保责任范围内的损失，该车必须由一汽-大众指定的经销商修理。

第十九条 在修理之前，被担保人应向经销商出示认证二手车的质量担保卡，如发生索赔，经销商应通知一汽-大众需赔付的情况。

被担保人义务

第二十条 被担保人的认证二手车应在一汽-大众认可的二手车经销商处按照一汽-大众的规定进行修理、检查和养护作业。

第二十一条 在质量担保期限内，认证二手车转卖、转让、赠送他人，被担保人应当事先书面通知经销商并申请办理批改。

第二十二条 经销商有权于任何合理时间对被担保人车辆损失情况进行检查，并且要求被担保人提供所确定损失的必要信息。

第二十三条 在发生损失情况下，被担保人应将一汽-大众预先规定的修理、检查和养护作业的服务手册交付经销商。

第二十四条 被担保人应尽可能地降低损失，并遵循经销商和/或一汽-大众的要求行事。

第二十五条　如果被担保人违背上述第二十条至二十四条所规定的义务,经销商和/或一汽-大众将不负责承担赔偿义务。

10.5.6　二手车质量认证书

经过质量认证的二手车,应有质量认证书,各个二手车公司的质量认证书可能不一致,但其基本内容相同。别克诚新二手车质量认证书如图 10.6 所示。

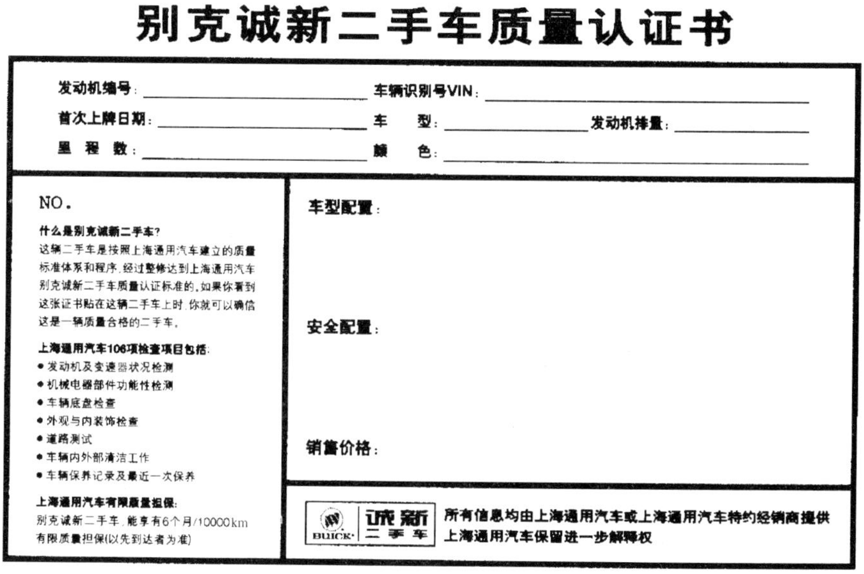

图 10.6　别克诚新二手车质量认证书

习　　题

1. 简述二手车交易的基本流程。
2. 用方框图画出二手车直接交易或中介交易类的工作程序。
3. 用方框图画出二手车经销类的工作程序。
4. 用方框图画出二手车退牌或上牌类的工作程序。
5. 二手车过户类交易需提供哪些材料?
6. 二手车转出(转籍)类交易需提供哪些材料?
7. 机动车退牌需提供哪些材料?
8. 机动车上牌(新车)需提供哪些材料?
9. 机动车上牌(二手车)需提供哪些材料?
10. 出售的二手车为何要进行标示?二手车标示的主要内容有哪些?
11. 签订二手车交易合同有何作用?如何订立二手车交易合同?
12. 二手车居间合同与二手车交易合同有何不同?
13. 二手车质量担保对二手车市场的规范有何促进作用?
14. 简述我国二手车质量担保的现状。

附录
二手车鉴定评估师
国家职业标准

(2007 年修订)

1 职业概况

1.1 职业名称

二手车评估师。

1.2 职业定义

从事二手车技术状况鉴定和价值评估的人员。

1.3 职业等级

本职业共设两个等级,分别为:二手车鉴定评估师(国家职业资格四级)、高级二手车鉴定评估师(国家职业资格三级)。

1.4 职业环境

室内、外,常温。

1.5 职业能力特征

身体健康,具有较强的观察判断、动作协调、表达沟通、信息处理、计算分析能力。

1.6 基本文化程度

高中毕业(或同等学力)。

1.7 培训要求

1.7.1 培训期限

全日制职业学校教育,可根据其培养目标和教学计划确定。晋级培训期限:二手车鉴定评估师不少于 100 标准学时;高级二手车鉴定评估师不少于 80 标准学时。

1.7.2 培训教师

二手车鉴定评估师培训教师应具有高级二手车鉴定评估师职业资格证书或相关专业(评估类、汽车类相关专业)中级及以上专业技术职称任职资格;高级二手车鉴定评估师培训教师应具有高级二手车鉴定评估师职业资格证书 3 年以上或相关专业(评估类、汽车类相关专业)高级专业技术职称任职资格。

1.7.3 培训场地设备

理论培训场地应具有可容纳 30 名以上学员的标准教室,并配备多媒体教学设备。实际操作培训场地应具有 $1000m^2$ 以上、能满足培训要求的场地,并配备相应的二手车教学设备、仪器、仪表和必要的工具,量具,光线充足,通风条件良好,安全设施完善。

1.8 鉴定要求

1.8.1 适用对象

从事或准备从事本职业的人员。

1.8.2 申报鉴定条件

——二手车鉴定评估师应持有中华人民共和国机动车驾驶证(C1 照以上)并具备下列条件之一:

(1)连续从事本职业工作 5 年以上。

(2)具有中等专科学校非机动车专业和非评估类专业毕业证书,连续从事本职业工作 4 年以上。

(3)具有中等专科学校机动车专业或评估类专业毕业证书,连续从事本职业工作 3 年以上。

(4)具有大专以上非机动车专业毕业证书,连续从事本职业工作 2 年以上。

(5)具有大专以上机动车专业毕业证书,连续从事本职业工作 1 年以上。

——高级二手车鉴定评估师应具备下列条件之一:

(1)连续从事本职业工作 8 年以上。

(2)取得二手车鉴定评估师职业资格证书后,连续从事本职业工作 4 年以上。

(3)具有大专以上学历证书,取得二手车鉴定评估师职业资格证书后,连续从事本职业工作 2 年以上。

1.8.3 鉴定方式

分为理论知识考试和技能操作考核。理论知识考试采用闭卷笔试或机考方式,技能操作考核采用实际操作、现场答辩等方式。理论知识考试和技能操作考核均实行百分制,成绩皆达 60 分以上者为合格。

1.8.4 考评人员与考生配比

理论知识考试考评人员与考生配比 1∶20,每个教室不少于 2 名考评人员;技能操作考核与口试答辩考评员与考生按 3∶1 配备,且不少于 3 名考评员。

1.8.5 鉴定时间

理论知识考试时间为 120 分钟,技能操作考核时间为 90 分钟。

1.8.6 鉴定场所设备

理论知识考试在标准教室进行。技能操作考核在具有不同类型的二手车和有关设备及光线充足、通风条件良好和安全措施完善的场所进行。

2 基本要求

2.1 职业道德

2.1.1 职业道德基本知识

2.1.2 职业守则

(1)遵纪守法、廉洁自律。

(2)客观独立、公正科学。

(3)诚实守信、规范服务。

(4)客户至上、保守秘密。

(5)团队合作、锐意进取。

(6) 操作规范、保证安全。

2.2 基础知识

2.2.1 汽车构造与理论

(1) 机动车分类、编号和识别代号(VIN)。
(2) 汽车总体构造、原理、技术参数和性能指标。
(3) 汽车发动机。
(4) 汽车底盘。
(5) 汽车车身。
(6) 汽车电器与电子。

2.2.2 汽车使用与维修

(1) 汽车技术状况与使用寿命。
(2) 汽车的使用性能。
(3) 汽车定期检验要求。
(4) 汽车检测与维修。

2.2.3 二手车评估基础

(1) 二手车评估要素。
(2) 二手车评估方法。
(3) 二手车评估流程。

2.2.4 事故车的鉴定评估

(1) 车辆碰撞损伤鉴定评估。
(2) 车辆泡水损伤鉴定评估。
(3) 车辆火烧损伤鉴定评估。
(4) 车辆其他损伤鉴定评估。

2.2.5 鉴定评估委托合同

(1) 合同效力。
(2) 合同履行。
(3) 合同责任。

2.2.6 机动车市场信息

(1) 市场调查。
(2) 数据处理。

2.2.7 相关法律法规

(1)《二手车流通管理办法》的相关知识。
(2)《机动车登记规定》的相关知识。
(3)《机动车强制报废标准规定》的相关知识。
(4) 汽车安全、排放、节能等相关标准。
(5) 其他相关法律法规。

3 工作要求

本标准对二手车鉴定评估师、高级二手车鉴定评估师的技能要求依次递增,高级别涵盖低级别的要求。

3.1 二手车鉴定评估师

职业功能	工作内容	技 能 要 求	相 关 知 识
一、评估准备	（一）接受委托	1. 能介绍二手车评估程序 2. 能介绍二手车评估方法 3. 能签订二手车评估委托合同	1. 社交礼仪 2. 二手车评估委托合同使用方法
	（二）核查证件、税费和对车辆拍照	1. 能确认被评估车辆及评估委托人的机动车来历凭证、机动车行驶证、机动车登记证书等证件是否合法有效 2. 能核实被评估车辆税、费缴纳情况 3. 能按要求对被评估车辆进行拍照	1. 机动车证件类型 2. 机动车证件识别方法 3. 车辆税费种类 4. 车辆税费凭证识别方法 5. 拍照取景技巧
二、技术状况鉴定	（一）静态检查	1. 能根据资料核对车辆基本情况 2. 能检查发动机技术状况 3. 能检查底盘技术状况 4. 能检查车身技术状况 5. 能检查电器电子技术状况 6. 能识别事故车辆	1. 机动车识伪检查 2. 发动机静态检查方法 3. 底盘静态检查方法 4. 车身静态检查方法 5. 电器电子静态检查方法 6. 事故车静态检查方法
	（二）动态路试检查	1. 能进行路试前的准备工作 2. 能检查发动机工作性能 3. 能动态检查机动车性能 4. 能进行路试后的检查工作	1. 机动车制动性能检查方法 2. 机动车动力性能检查方法 3. 机动车操纵性能检查方法 4. 机动车滑行性能检查方法 5. 机动车噪声和废气检查方法
	（三）技术状况综合评定	1. 能分析二手车的技术状况 2. 能提出检测建议 3. 能识读机动车综合性能检测报告	1. 机动车技术等级标准 2. 机动车技术状况分析方法 3. 机动车技术状况检测项目和内容
三、价值评估	（一）选择评估方法	1. 能区分评估类型 2. 能根据评估目的选定评估方法	1. 评估类型划分 2. 评估方法
	（二）评估计算	1. 能用重置成本法评估二手车价值 2. 能用现行市价法评估二手车价值 3. 能用收益现值法评估二手车价值 4. 能用清算价格法评估二手车价值	1. 重置成本法的计算模型和估算方法 2. 二手车贬值及其估算 3. 成新率确定方法 4. 现行市价法的评估流程和计算方法 5. 收益现值法的评估流程和计算方法 6. 清算价格法的基本方法
	（三）撰写二手车评估报告	1. 能与委托方交流、确认鉴定评估结论 2. 能编写二手车评估报告 3. 能归档二手车评估报告	1. 二手车评估报告要素 2. 撰写二手车评估报告要求 3. 二手车评估报告内容

3.2 高级二手车鉴定评估师

职业功能	工作内容	技 能 要 求	相 关 知 识
一、故障判断	（一）判断发动机常见故障	能判断发动机起动困难、怠速不良、动力不足、排烟异常、机油消耗异常、异响等故障原因	1. 发动机故障表现形式 2. 发动机故障诊断方法 3. 发动机传感器、执行器、电子控制器(ECU)检测方法
	（二）判断底盘常见故障	能判断传动系统、转向系统、行驶系统、制动系统等故障原因	1. 传动系统、转向系统、行驶系统、制动系统等故障表现形式 2. 传动系统、转向系统、行驶系统、制动系统等故障诊断方法
	（三）判断电器电子常见故障	1. 能判断蓄电池、发电机、起动机、空调、电子元件等故障原因 2. 能判断汽车起火自燃原因	1. 汽车电路常见故障 2. 汽车常见电器电子元件 3. 汽车电器电子故障诊断程序 4. 汽车电器电子检修常用仪表
	（四）对车价影响较大故障	1. 能分析汽车故障与车价的关系 2. 能判断对车价影响较大的故障	1. 汽车维修配件价格相关标准 2. 汽车修理成本核算方法
二、高配置装置识别与技术状况鉴定	（一）发动机技术状况鉴定	1. 能识别和鉴定涡轮增压发动机 2. 能识别和鉴定多气门发动机	1. 电控燃油喷射结构原理 2. 涡轮增压装置结构原理 3. 多气门发动机结构原理
	（二）底盘高配置装置识别与技术状况鉴定	1. 能识别和鉴定动力转向装置 2. 能识别和鉴定制动防抱死制动系统ABS 3. 能识别和鉴定巡航控制装置	1. 自动变速器(AT)、无极变速器(CVT)结构原理 2. 动力转向装置结构原理 3. 制动防抱死制动系统(ABS)结构原理 4. 巡航控制装置结构原理
	（三）车身高配置装置识别与技术状况鉴定	1. 能识别和鉴定倒车雷达装置 2. 能识别和鉴定防盗装置 3. 能识别和鉴定汽车音响	1. 安全气囊结构原理 2. 倒车雷达装置结构原理 3. 防盗装置结构原理 4. 汽车音响结构原理 5. 电动天窗结构原理

(续)

职业功能	工作内容	技能要求	相关知识
三、专项作业车和大型客车鉴定评估	（一）专项作业车鉴定评估	1. 能判别专项作业车伪劣 2. 能静、动态检查专项作业车 3. 能评估专项作业车价值	1. 专项作业车分类、型号和技术指标 2. 专项作业车基本结构和技术参数
	（二）大型客车鉴定评估	1. 能判别大型客车伪劣 2. 能静、动态检查大型客车 3. 能评估大型客车价值	1. 大型客车分类、型号和技术指标 2. 大型客车基本结构和技术参数
四、二手车营销	（一）二手车收购、销售、置换	1. 能确定二手车收购价格 2. 能确定二手车销售定价方法 3. 能制订二手车销售定价目标 4. 能确定二手车销售最终价格 5. 能制订二手车置换流程	1. 二手车收购估价方法 2. 二手车收购估价与鉴定估价的区别 3. 二手车销售定价应考虑的因素 4. 二手车营销实务 5. 二手车置换方式
	（二）二手车质量认证	能制订二手车质量认证流程	二手车质量认证内容
	（三）二手车拍卖	能确定二手车拍卖底价	1. 二手车拍卖方式 2. 二手车拍卖相关法规 3. 二手车拍卖的运作过程
五、事故车辆鉴定评估	（一）事故车辆的鉴定	1. 能检查事故车技术状况 2. 能鉴定事故车辆的损伤程度	车辆损伤类型
	（二）事故车辆的评估	1. 能对碰撞车辆进行评估 2. 能对泡水车辆进行评估 3. 能对火烧车辆进行评估	1. 损失项目的确定 2. 损失费用的确定
六、培训指导	（一）指导操作	能指导二手车鉴定评估师及鉴定评估从业人员进行实际操作	二手车鉴定评估实际操作流程
	（二）理论培训	能指导二手车鉴定评估师及鉴定评估从业人员进行理论培训	二手车鉴定评估师讲义编写方法

4 比重表

4.1 二手车鉴定评估师

4.1.1 理论知识

	项　　目	比重/(%)
基本要求	职业道德	5
	基础知识	20
相关知识	评估准备	5
	技术状况鉴定	35
	价值评估	35
	合　　计	100

4.1.2 技能操作

	项　　目	比重/(%)
技能要求	评估准备	10
	技术状况鉴定	50
	价值评估	40
	合　　计	100

4.2 高级二手车鉴定评估师

4.2.1 理论知识

	项　　目	比重/(%)
基本要求	职业道德	5
	基础知识	10
相关知识	故障判断	30
	高配置装置识别与技术状况鉴定	20
	专项作业车和大型客车鉴定评估	10
	二手车营销	10
	事故车辆鉴定评估	10
	培训指导	5
	合　　计	100

4.2.2 技能操作

	项　　目	比重/(%)
技能要求	故障判断	20
	高配置装置识别与技术状况鉴定	20
	专项作业车辆和大型客车鉴定评估	10
	二手车营销	5
	事故车辆鉴定评估	15
	培训指导	30
	合　　计	100

参 考 文 献

[1] 鲁植雄. 二手车鉴定评估师(基础知识)[M]. 北京：中国劳动社会保障出版社，2008.
[2] 鲁植雄. 二手车鉴定评估师(国家职业资格四级)[M]. 北京：中国劳动社会保障出版社，2008.
[3] 鲁植雄. 高级二手车鉴定评估师(国家职业资格三级)[M]. 北京：中国劳动社会保障出版社，2008.
[4] 鲁植雄. 二手车评估实用手册[M]. 南京：江苏科学技术出版社，2007.
[5] 鲁植雄. 旧机动车鉴定与评估[M]. 2版. 北京：人民交通出版社，2013.
[6] 鲁植雄. 汽车运用工程[M]. 北京：机械工业出版社，2015.
[7] 姜正根. 二手车评估实用技术[M]. 北京：中国劳动社会保障出版社，2007.
[8] 李耀平. 汽车评估[M]. 北京：人民交通出版社，2014.
[9] 明光星. 二手车鉴定评估实用教程[M]. 2版. 北京：机械工业出版社，2014.
[10] 庞昌乐. 二手车评估与交易实务[M]. 北京：北京理工大学出版社，2007.
[11] 王若平，葛如海. 汽车评估师[M]. 北京：北京理工大学出版社，2005.
[12] 王永盛，金涛. 汽车评估[M]. 2版. 北京：机械工业出版社，2009.
[13] 杨智勇. 二手车评估与交易一本通[M]. 北京：金盾出版社，2014.
[14] 张执玉，宋双羽. 二手车鉴定评估理论与实务[M]. 北京：中国劳动社会保障出版社，2013.
[15] 赵培全，蔡云. 汽车评估学[M]. 北京：中国水利水电出版社，2010.
[16] 中华人民共和国国家质量监督检验检疫总局，中国国家标准化管理委员会. GB/T 30323—2013 二手车鉴定评估技术规范[M]. 北京：中国标准出版社，2014.

北京大学出版社汽车类教材书目

序号	书　名	标准书号	著作者	定价	出版日期
1	汽车构造(第2版)	978-7-301-19907-7	肖生发，赵树朋	56	2014.1
2	汽车构造学习指导与习题详解	978-7-301-22066-5	肖生发	26	2014.1
3	汽车发动机原理(第2版)	978-7-301-21012-3	韩同群	42	2013.5
4	汽车设计	978-7-301-12369-0	刘涛	45	2008.1
5	汽车运用基础	978-7-301-13118-3	凌永成，李雪飞	26	2008.1
6	现代汽车系统控制技术	978-7-301-12363-8	崔胜民	36	2008.1
7	汽车电气设备实验与实习	978-7-301-12356-0	谢在玉	29	2008.2
8	汽车试验测试技术（第2版）	978-7-301-25436-3	王丰元，邹旭东	36	2015.3
9	汽车运用工程基础(第2版)	978-7-301-21925-6	姜立标	34	2013.1
10	汽车制造工艺（第2版）	978-7-301-22348-2	赵桂范，杨　娜	40	2013.4
11	车辆制造工艺	978-7-301-24272-8	孙建民	45	2014.6
12	汽车工程概论	978-7-301-12364-5	张京明，江浩斌	36	2008.6
13	汽车运行材料（第2版）	978-7-301-22525-7	凌永成	45	2015.6
14	汽车运动工程基础	978-7-301-25017-4	赵英勋，宋新德	38	2014.10
15	汽车试验学	978-7-301-12358-4	赵立军，白　欣	28	2014.7
16	内燃机构造	978-7-301-12366-9	林　波，李兴虎	26	2014.12
17	汽车故障诊断与检测技术	978-7-301-13634-8	刘占峰，林丽华	34	2013.8
18	汽车维修技术与设备（第2版）	978-7-301-25846-0	凌永成	36	2015.6
19	热工基础（第2版）	978-7-301-25537-7	于秋红，鞠晓丽等	45	2015.3
20	汽车检测与诊断技术	978-7-301-12361-4	罗念宁，张京明	30	2009.1
21	汽车评估（第2版）	978-7-301-26615-1	鲁植雄	38	2016.1
22	汽车车身设计基础	978-7-301-15619-3	王宏雁，陈君毅	28	2009.9
23	汽车车身轻量化结构与轻质材料	978-7-301-15620-9	王宏雁，陈君毅	25	2009.9
24	车辆自动变速器构造原理与设计方法	978-7-301-15609-4	田晋跃	30	2009.9
25	新能源汽车技术（第2版）	978-7-301-23700-7	崔胜民	39	2015.4
26	工程流体力学	978-7-301-12365-2	杨建国，张兆营等	35	2011.12
27	高等工程热力学	978-7-301-16077-0	曹建明，李跟宝	30	2010.1
28	汽车电气设备（第2版）	978-7-301-16916-2	凌永成，李淑英	38	2014.1
29	汽车电气设备	978-7-301-24947-5	吴焕片，卢彦群	42	2014.10
30	汽车电器与电子设备	978-7-301-25295-6	唐文初，张春花	26	2015.2
31	现代汽车发动机原理	978-7-301-17203-2	赵丹平，吴双群	35	2013.8
32	现代汽车新技术概论（第2版）	978-7-301-24114-1	田晋跃	42	2016.1
33	现代汽车排放控制技术	978-7-301-17231-5	周庆辉	32	2012.6
34	汽车服务工程（第2版）	978-7-301-24120-2	鲁植雄	42	2015.4
35	汽车使用与管理	978-7-301-18761-6	郭宏亮，张铁军	39	2013.6
36	汽车数字开发技术	978-7-301-17598-9	姜立标	40	2010.8
37	汽车人机工程学	978-7-301-17562-0	任金东	35	2015.4
38	专用汽车结构与设计	978-7-301-17744-0	乔维高	45	2014.6
39	汽车空调	978-7-301-18066-2	刘占峰，宋　力等	28	2013.8
40	汽车空调技术	978-7-301-23996-4	麻友良	36	2014.4
41	汽车CAD技术及Pro/E应用	978-7-301-18113-3	石沛林，李玉善	32	2015.4
42	汽车振动分析与测试	978-7-301-18524-7	周长城，周金宝等	40	2011.3
43	新能源汽车概论（第2版）	978-7-301-25633-6	崔胜民	37	2015.8
44	新能源汽车基础	978-7-301-25882-8	姜顺明	38	2015.7
45	汽车空气动力学数值模拟技术	978-7-301-16742-7	张英朝	45	2011.6

序号	书　名	标准书号	著作者	定价	出版日期
46	汽车电子控制技术(第 2 版)	978-7-301-19225-2	凌永成，于京诺	40	2015.1
47	车辆液压传动与控制技术	978-7-301-19293-1	田晋跃	28	2015.4
48	车辆悬架设计及理论	978-7-301-19298-6	周长城	48	2011.8
49	汽车电器及电子控制技术	978-7-301-17538-5	司景萍，高志鹰	58	2012.1
50	汽车车身计算机辅助设计	978-7-301-19889-6	徐家川，王翠萍	35	2012.1
51	现代汽车新技术	978-7-301-20100-8	姜立标	49	2016.1
52	电动汽车测试与评价	978-7-301-20603-4	赵立军	35	2012.7
53	电动汽车结构与原理	978-7-301-20820-5	赵立军，佟钦智	35	2015.1
54	二手车鉴定与评估	978-7-301-21291-2	卢　伟，韩　平	36	2015.4
55	汽车微控制器结构原理与应用	978-7-301-22347-5	蓝志坤	45	2013.4
56	汽车振动学基础及其应用	978-7-301-22583-7	潘公宇	29	2015.2
57	车辆优化设计理论与实践	978-7-301-22675-9	潘公宇，商高高	32	2015.2
58	汽车专业英语	978-7-301-23187-6	姚　嘉，马丽丽	36	2013.8
59	车辆底盘建模与分析	978-7-301-23332-0	顾　林，朱　跃	30	2014.1
60	汽车安全辅助驾驶技术	978-7-301-23545-4	郭　烈，葛平淑等	43	2014.1
61	汽车安全	978-7-301-23794-6	郑安文	45	2015.4
62	汽车安全概论	978-7-301-22666-7	郑安文，郭健忠	35	2015.10
63	汽车系统动力学与仿真	978-7-301-25037-2	崔胜民	42	2014.11
64	汽车营销学	978-7-301-25747-0	都雪静，安惠珠	50	2015.5
65	车辆工程专业导论	978-7-301-26036-4	崔胜民	35	2015.8
66	汽车保险与理赔	978-7-301-26409-6	吴立勋，陈立辉	32	2016.1

如您需要更多教学资源如电子课件、电子样章、习题答案等，请登录北京大学出版社第六事业部官网 www.pup6.cn 搜索下载。

如您需要浏览更多专业教材，请扫下面的二维码，关注北京大学出版社第六事业部官方微信（微信号：pup6book），随时查询专业教材、浏览教材目录、内容简介等信息，并可在线申请纸质样书用于教学。

感谢您使用我们的教材，欢迎您随时与我们联系，我们将及时做好全方位的服务。联系方式：010-62750667，童编辑，13426433315@163.com，pup_6@163.com，lihu80@163.com，欢迎来电来信。客户服务 QQ 号：1292552107，欢迎随时咨询。